中國學術思想 研究輯刊

三九編

林慶彰 主編

第3冊

審美政治的生成：晚明文化思潮的
「身體—空間」觀念的嬗變

丁文俊 著

花木蘭文化事業有限公司

國家圖書館出版品預行編目資料

審美政治的生成：晚明文化思潮的「身體─空間」觀念的嬗
變／丁文俊 著 -- 初版 -- 新北市：花木蘭文化事業有限公司，
2024〔民113〕
目 2+246 面；19×26 公分
（中國學術思想研究輯刊 三九編；第 3 冊）
ISBN 978-626-344-575-8（精裝）
1.CST：審美 2.CST：人文思想 3.CST：人文社會學
4.CST：明代
030.8   112022468

ISBN-978-626-344-575-8

9 786263 445758

中國學術思想研究輯刊
三九編 第三冊   ISBN：978-626-344-575-8

審美政治的生成：晚明文化思潮的「身體─空間」觀念的嬗變

作　　者　丁文俊
主　　編　林慶彰
總 編 輯　杜潔祥
副總編輯　楊嘉樂
編輯主任　許郁翎
編　　輯　潘玟靜、蔡正宣　美術編輯　陳逸婷
出　　版　花木蘭文化事業有限公司
發 行 人　高小娟
聯絡地址　235 新北市中和區中安街七二號十三樓
　　　　　電話：02-2923-1455／傳真：02-2923-1452
網　　址　http://www.huamulan.tw 信箱 service@huamulans.com
印　　刷　普羅文化出版廣告事業
封面設計　劉開工作室
初　　版　2024 年 3 月
定　　價　三九編 23 冊（精裝）新台幣 62,000 元

審美政治的生成：晚明文化思潮的「身體—空間」觀念的嬗變

丁文俊 著

作者簡介

丁文俊，廣東東莞人，文學博士，現任中山大學中國語言文學系特聘副研究員，華東師範大學文藝學博士，法國國立東方語言文化學院（Institut National des Langues et Civilisations Orientales）訪問學者（2016.10～2018.7），曾於中山大學中文系從事博士後研究（2019.9～2022.9），研究方向為文藝社會學，包括晚明美學研究、法蘭克福學派美學研究和中國當代文化研究，論文發表於《文學評論》《文藝理論研究》《文化研究》《中國美學研究》等學術刊物，主持國家社科基金項目1項，廣東省哲學社會科學規劃項目1項。

提　要

　　晚明是一個在經濟、政治和文化領域均發生了劇烈變化的歷史時代，以文化社會學作為研究方法，對士人階層的審美思潮進行考察，以「身體」和「空間」作為研究視角，將有助於揭示晚明審美政治的生成和介入機制。在晚明之前的中國思想史的傳統中，「身體─空間」表現為「規訓的身體」／「單一的倫理政治空間」的作用模式。明代自「大禮議」事件始，士人階層日益將政治場域的焦慮和失意轉化為構築日常生活的動力。晚明審美思潮的身體觀念發生了從「規訓的身體」向「欲望化身體」的轉向，以《長物志》為例，感官欲望的訴求轉化為實用性、自然性和雅致性審美原則；「單一的倫理政治空間」分化生成「日常化空間」，以閒適和欲望的二重性為特徵，以《園冶》為例，日常化空間分別將構建自然、雅致的審美趣味和追求欲望滿足確立為場域的外部和內部法則。「身體─空間」觀念的嬗變展現了晚明士人階層生存狀態的改變，並通過公共傳播的方式具有廣泛影響性，內在於晚明道統和治統之間的互動和分離的過程，一方面通過道統的更新而獲得合法性，另一方面則逾越了道統設想的界限，最終構建了士人階層為主導的自治性場域，通過和治統的分離而弱化皇權的控制力和聲譽，這是一種弱勢的批判性話語。

目

次

緒　論

第一節　研究背景與意義

　　明代中後期的思想文化與社會政治的演變，長期以來受到中外學界的持續關注，主要原因是學界對現代性問題意識的廣泛推崇。明代中後期的經濟發展模式、文化思想和各個階層的社會生活均發生了一系列劇變，儘管學界在具體歷史時期的分界點、社會文化現象的價值判定、經濟模式的定性等眾多問題上存有分歧，眾多中國學者和海外漢學家依然傾向於在現代性的視域對晚明這一歷史時段的社會文化現象進行多角度解讀。中外學者對於晚明的社會文化現象在何種範圍、在多大程度具備現代性的構成要素，具有顯然易見的分歧，縱觀他們得出的結論，從最經典的「資本主義萌芽」論斷，到此後在邏輯和論述上更加嚴謹和辯證的「前現代性」、「儒家現代性」、「晚期帝國」等系列判斷，學界力圖跳出普遍主義的思維陷阱，不再試圖將中國歷史完全整合進入世界歷史模式。同時，以現代性為核心的問題意識繼續貫穿於晚明研究，無論是做出何種立場的判定，即便是「反現代性」或「晚期帝國」的結論，依然將現代性問題意識作為晚明研究的介入路徑和反思視角。

　　那麼，在中國古代歷史發展進程中，晚明的社會歷史狀況具有何種斷裂性特徵以致受到中外學界的廣泛關注？日本漢學家內藤湖南將中國的近代社會的興起追溯至更久遠的宋代，儘管眾多學者並不完全認同內藤湖南的判斷，然而，宋代一直以來被視為中國現代思想的肇始或現代中國的史前史。這種判斷的原因在於宋代出現了市民社會的發展趨向，而且在思想領域，由周敦頤、二程和朱熹完成了理學思想體系的建構，推動了儒學的客觀化和科學化轉向。晚

明時代的社會發展狀況延續了宋代市民社會的特徵，在經濟—社會領域，進入市場買賣交易的商品的類別及其流通範圍不斷擴展，商業城鎮發展迅速，以士、商為主體的市民階層在日常生活中追求多元化的生活方式和豐富多樣的娛樂生活，推動整個社會的思想文化和精神日益趨向世俗化。在思想史領域，雖然程朱理學在官方層面依然受到推崇，繼續被確立為正統的意識形態，但是在士人階層內部以及民間社會中，程朱理學開始面對陽明心學的挑戰，由於王陽明對程朱理學的改造落實在確立「本心」和「天理」的一體化，將返諸內心作為自我修身的方法，人們由此可以從遵循程朱理學所要求的繁瑣複雜的修身儀式和窮究學問的殫精竭慮中得以解脫，王學在知識界和民間風行。其後，以泰州學派為代表的王門後學進一步推進儒學的世俗化進程，賦予人們的日常生活以神聖性，引導士人階層深入民間以講學的方式促進跨階層的思想交流，促進他們愈加關注自身的情感和欲望需求。相比於宋代，晚明時代市民社會在廣度和深度方面取得了長足的發展。同時，晚明和宋代的政治生態則是兩種截然不同的狀況。在中國古代歷史上，相比於其他王朝，宋代以寬善對待士大夫而著稱，士大夫儘管同樣面對朝堂位置的升降和黨爭等問題，但總體而言，絕大部分時候君臣矛盾和朝堂政爭最終不會發展到殺戮的地步，因此士大夫通常以從容的姿態參與到市民生活的經營和享受之中。與之相反，明代朝堂政治的環境極為險惡，從洪武年代開始，朝堂的政治鬥爭屢屢演變為大規模的黨爭清洗事件。朱元璋以嚴刑峻法和特務制度維繫皇權對士大夫的絕對控制，宰相制度的廢除嚴重削弱士大夫群體的政治地位，從而導致士人階層的尊嚴受到極大貶低。儘管內閣制度在建立初期部分承擔了宰相的職能，部分內閣首輔的職權和威望隱然和宰相接近，然而經過嘉靖皇帝即位之後「大禮議」事件引發的政爭，皇權確立了自身相對於士大夫群體的絕對優勢地位，其後內閣幾乎完全淪為皇帝的附庸，內閣輔臣普遍需要展示對皇帝的絕對服從以維繫權位和生命安全，士大夫階層在面對皇權時候徹底失去政治主體理應具備的人格和尊嚴。從這個角度而言，晚明士人群體對市民生活的參與和經營在很大程度上源於對朝堂政治的失望，他們通過將精力轉向閒暇生活的縱樂享受以逃避政治壓迫。因此，相比於宋代士大夫群體在閒暇生活中保持從容的心態不一樣，晚明士大夫群體在日常生活中更放縱自身沉溺於欲望的追求和情性的表達，而宋代士大夫在閒暇生活的享樂中則時常保留敏銳的哲思。

簡而言之，晚明時代處於中國市民社會不斷深化擴展的時期，既和宋代市

民治社會的發展具有相似性和延續性，又因為政治生態趨於惡化，呈現出和宋代相區別的模式。晚明時代社會經濟、朝堂政治和思想文化的狀況深刻影響了士人階層的審美文化理念和審美活動實踐。晚明的審美思潮區別於此前時代審美活動的顯著特徵，正是縱慾化與日常化的新特質，審美活動愈加獨立於倫理政治秩序和綱常倫理體系。明代思想界自王陽明創立心學思想體系始，愈加重視個體自身的本性，思想的新變深刻表現在士人階層的日常閑暇生活中，士人群體普遍推崇植根於身體感受的性情表達，而且追求享受和安樂的生活體驗。同時，由於士大夫日益放鬆對商品貿易可能引發道德水平下降的擔憂，士人群體開始以不同方式參與經濟活動。例如，部分士人以儒商的身份直接參與到商品交易和買賣，部分士人則憑藉自身的知識積累以鑒賞家的身份參與到文化商品的品評。總體而言，晚明的士大夫群體不再專注於道德品行的培育和精神境界的提升，不再將入仕看待為唯一有價值的人生發展路徑，開始重視從物性角度構築對於外在事物的感知和評價。晚明審美思潮新轉向的主要現象是器物賞玩成為流行的時尚，士人群體不僅延續對以玉石、墨硯、古琴、書畫為代表的一系列包含歷史內涵和精神體驗的器物進行收藏和清賞，並且將以技藝著稱的盆具、瓶器，甚至素來被看作玩物喪志的代表的蟋蟀、禽魚也納入到精細賞玩的對象範圍。由此可見，士人階層在日常生活中日益重視滿足自身的享樂欲望，而其中一種主要現象是園林文化在晚明取得深入進展，如何通過地理條件的改造和居室的修建等方式創構雅致的審美意境，並開展和審美意境相融合的家庭生活或社會交往，成為士大夫經營日常生活的重要主題；另外一種代表性現象是士人群體親自參與到通俗類文學作品的創作和傳播，以宣揚本真情性或再現世情生活作為主題，雅俗融合成為晚明文化的發展趨向。

　　總的來看，晚明這一歷史時段呈現了豐富多樣的社會文化景觀，在審美文化範疇出現眾多具有異端性質的新變。正如陳寶良用「妖」對這個時代予以概述，「在正統人士看來，明代中晚期是一個妖魔化的時代。服飾趨於新奇，甚至怪模怪樣，被人斥為『服妖』；時尚、稀罕之物，不斷湧現，人們趨之若鶩，同樣被人斥為『物妖』。至於人，也不再與傳統儒家的中庸相符，不但毫釐未妥，甚至還作怪，這種作怪就難免被人視為『妖人』。」〔註1〕因此，有必要引入文化社會學的研究思路，結合思想史與社會政治的視角思考晚明時期具有

〔註1〕陳寶良，狂歡時代：生活在明朝〔M〕，北京：人民出版社，2020，第455～456頁。

「異端」和「妖魔」性質的文化思潮所隱含的文化政治意義，不能止步於從感性美學的視角出發對審美思潮進行「雅致／通俗」式的現象解釋，而且需要跳出類似「現代／傳統」或「精神高尚／奢侈沉淪」的二元對立視角，回到儒學新變的思想史—政治的多重視野進行辯證再評判。

第二節　研究現狀

　　相比於長期以來的晚清研究熱潮，晚明研究在學術成果的數量上稍有遜色，然而由於晚明時期作為一個在經濟、政治和思想文化方面均發生劇變的歷史階段，同樣受到中國學界和海外漢學界長期和深入的關注，研究者對晚明時期多個領域的研究均取得了豐富的成果。由於進入晚明審美文化的研究必須結合朝堂政治、社會經濟以及思想文化的變動這一歷史視野中進行考察，在進入梳理晚明美學的研究現狀之前，需要回顧和晚明美學相關的以政治、思想和社會為主題的研究進展。

　　首先，晚明的歷史研究是一項全方位的工程，晚明政局的變化、商品經濟的不斷發展構成晚明思想文化變動的總體社會背景，因此晚明史學研究是一項綜合政治、經濟和思想史的三合一課題，任何維度的缺失都會影響對晚明歷史的全面理解。

　　歷史學家吳晗於 1943 年撰寫的《明代的新仕宦階級，社會的政治的文化的關係及其生活》是現代學術界對於明代士大夫研究的重要開創性文獻，圖繪明代士大夫階層的知識培養體系、政治活動和日常生活的總體狀況，批判新仕宦階級在知識結構範疇缺乏參與實際事務的能力，在從政生涯中沉溺於攫取財富和黨爭，在日常生活中沉溺於欲望放縱和附庸風雅，對明代士大夫群體的經世能力和道德境界進行了強烈批評，另一方面，如果擱置作者的價值觀立場，論作對於明代士大夫熱衷於收集清玩、縱慾享樂和熱衷於出版著述等日常生活的全面描述和史料收集，則有助於當代學界從更客觀和辯證的角度評判晚明美學。〔註 2〕樊樹志撰有多本專著論述晚明歷史，《晚明大變局》論述晚明經濟社會的變化和士大夫的精神流變，在經濟和社會層面首先闡述了晚明時代的對外交流情況，「海禁—朝貢」體制走向不穩，以廣東為代

〔註 2〕吳晗，明代的新仕宦階級，社會的政治的文化的關係及其生活〔J〕，明史研究論叢（第五輯），1991（2）：1～68。

表的部分地區逐步放寬對外貿易，對外貿易的不斷發展為中國帶來了巨大的白銀順差，西方科學和宗教開始進入中國。同期江南市鎮的紡織產業帶動了商業經濟的興起，導致人們的生活習慣日益奢靡。在文化領域，王陽明及其後繼者推動了儒學的思想變革，突破了謹守名教和崇拜聖賢的思想模式，而在政治層面士大夫開始出現結社潮流，但是朝堂政治的黨爭惡化導致最終的政治悲劇。〔註3〕《重寫晚明史：朝廷與黨爭》著重剖析從明神宗的「國本之爭」，到其後幾位皇帝對經濟利益的攫取，再到東林黨的發展以及閹黨掌權引發的劇烈黨爭的歷史進程，對明代的政治史進行系統的梳理。〔註4〕張顯清《明代社會研究》提出晚明時期正是中國從古代轉向近代的起始，繼續強調晚明處於資本主義萌芽階段的判斷，並著重凸顯思想領域崇尚實學的風氣。〔註5〕張顯清主編的《明代後期社會轉型研究》，對晚明的農業、手工業、貨幣信貸產業、城鄉關係、社會風俗以及中西對外交往等諸多領域的新變化進行多方位的描述，為全面理解晚明經濟和社會的變化和發展提供了史料基礎，在美學領域重點關注晚明文學在注重抒情、面向庶民階層等方面展現的世俗化轉向，並在士商互動和商業化進程的社會背景中探討藝術風格的新變。〔註6〕商傳《明代文化史》結合明代朝廷推動文化專制政策的政治背景，對明代的教育取士制度、思想史發展、宗教狀況、文學藝術的流變等方面進行全方位的講述，尤其指出，明代中後期世俗文化和享樂風尚對士人群體的滲透和影響，表現了有限度的近代文化特徵。〔註7〕許蘇民和申屠爐明主編的《明清思想文化變遷》試圖通過對「宋明啟蒙說」的批判，將晚明清初階段確立為近代啟蒙時代，將泰州學派對王陽明學說的改造視為中國早期啟蒙階段，重點突出泰州學派如何將儒學從「士學」轉化為「民學」，將李贄的「童心說」闡釋為一種新理性主義文藝思潮。〔註8〕趙軼峰對明代嘉靖至萬曆時期的政治文化進行研究，把「大禮議」作為轉折點，至此之後，士大夫階層在政治體制中的話語地位大幅下降，即使部分士大夫通過黨爭、依附權貴或逢迎皇帝的方式獲得權力，但是他們和皇權之間處於「高度附庸」的關係，

〔註3〕樊樹志，晚明大變局〔M〕，北京：中華書局，2015。
〔註4〕樊樹志，重寫晚明史：朝廷與黨爭〔M〕，北京：中華書局，2018。
〔註5〕張顯清編，明代社會研究〔M〕，北京：中國社會科學出版社，2015。
〔註6〕張顯清編，明代後期社會轉型研究〔M〕，北京：中國社會科學出版社，2008。
〔註7〕商傳，明代文化史〔M〕，合肥：安徽文藝出版社，2019。
〔註8〕許蘇民、申屠爐明編，明清思想文化變遷〔M〕，南京大學出版社，2009。

士大夫群體在黨爭中出現分裂，部分士大夫在看不到「得君行道」的前景而選擇離開政治。〔註9〕李佳則對明代以來君主與知識分子的政治關係進行了考察，通過對嘉靖朝的「大禮議」事件以及萬曆朝的「國本之爭」的史實梳理，闡述「理在君上觀」作為明代士人夫階層所堅持的政治價值並由此導致諸多君臣衝突事件的爆發。〔註10〕陳寶良對於明代社會思想文化以及士大夫的生活風尚和精神世界的研究全面而深入，《明代士大夫的精神世界》立足於明代的社會轉型，綜合考慮明代經濟、思想和政治方面的變動，在經濟方面表現為日益發達的商業和工業經濟形式，在思想文化方面表現為儒學的平民化、世俗化趨勢和經世致用思想的流行，在政治方面表現為皇權和士人群體圍繞國是的制定在公共輿論進行角力，綜合探討士大夫群體在道德倫理觀念、政治進退和審美趣味的變動，其中從雅俗互動的視角出發闡述晚明審美趣味在雅致和世俗兩個方面共同發展並相互轉化，展現了士大夫從重視道德的踐行轉為追求文化聲望的塑造，總體而言，明代從中期開始呈現出「活力」和「多樣性」的轉向。〔註11〕《明代社會生活史》結合明代不同時期朝廷政策、工商業發展的狀況，論述各個階層在社會生活中服飾、飲食、居室、宗教、娛樂等各個方面所發生的變化，涵蓋衣食住行的等級區隔制度日益走向瓦解，由於商業化的不斷加深，明代的社會生活日益走向世俗化，各個群體愈加關注自身的利益，同時藝術滲透進入日常生活，晚明出現了「近代性」的趨勢。〔註12〕《明代秀才的生活世界》將明代秀才的日常生活和社會交往置於明代社會發展變化的進程中進行考察，一方面闡述明代對於生員的教育培養和選拔機制，另一方面則將生員的社會生活置於朝堂政治的演變和商業興起的情境，闡述不同階層的生員的道德觀念、治生方式和參政路徑的新變。〔註13〕《狂歡時代：生活在明朝》以「遊逸嬉玩」和「不務本業」總述明朝士大夫群體的生活世界，一方面揭示了明代社會中期開始的一系列異變，士大夫在仕途普遍遇到困境而日漸失去理想情結，陷於謀取私利或逃避職責；

〔註9〕趙軼峰，明代嘉隆萬時期政治文化的嬗變〔J〕，社會科學輯刊，2012（4）：152～162。

〔註10〕李佳，論明代君臣衝突中士大夫的政治價值觀〔J〕，西南大學學報（社會科學版），2013（1）：140～145。

〔註11〕陳寶良，明代士大夫的精神世界〔M〕，北京：北京師範大學出版社，2017。

〔註12〕陳寶良，明代社會生活史〔M〕，北京：中國社會科學出版社，2004。

〔註13〕陳寶良，明代秀才的生活世界〔M〕，北京：北京師範大學出版社，2020。

另一方面，明代又是一個充滿活力的歷史時期，社會輿論興旺，士大夫沉溺於豐富多彩的世俗生活，追求日常生活中的時尚和閒適。因此這是一個「妖魔化」的時代，晚明社會政治文化秩序處於大變動的時期，而朱明皇朝的覆滅，則激發清初士人對明代士風墮落和風俗敗壞狀況的全面反思。〔註14〕趙園考察晚明士大夫群體的精神世界，從「政治—文化」的視野出發，以「戾氣」描述晚明士大夫的精神氣象，由於明代自建立以來，皇權在日益強化的過程中不斷削弱士大夫的精神尊嚴並加以肉體折磨，激發處於精神創傷狀況的士人階層在道德和精神方面更加嚴苛律己。〔註15〕林麗月考察晚明的「服妖」現象如何突破明朝初年制定的以區分等級和華夷為宗旨的冠服制度，「服妖」表現為對新奇、奢華和時尚的追求，產生的主要原因是商品經濟的不斷發展以及由此引發的奢靡現象，士人階層則從逾越等級、推崇奢華、違背性別、災異徵兆這四個角度予以反思和批判，展現了精英文化和通俗文化之間的觀念差異。〔註16〕加拿大漢學家卜正民《縱樂的困惑：明代的商業與文化》以一個在道德和政治範疇持保守派立場的官員的視角，描述明朝初年朱元璋建立的倫理等級秩序和相應的道德準則如何在商業發展的思潮中趨向瓦解，著作的獨特之處在於，指出明代初年出於應對戰爭的目的而致力改善交通基礎設施和運行機制，為加速商品貨物和人口的流動創造了條件，從而有利於增進社會思想的活躍並因而危及社會等級秩序和戶籍制度，朝廷的施政措施在實際效果上並沒有阻礙工商業的發展。〔註17〕

　　從上述歸納可以看出，當前學界對於晚明歷史的研究涵蓋政治、社會和思想文化等各個方面，為從多元角度進行晚明美學研究奠定了基礎。在晚明美學的研究領域，首先在研究材料方面，晚明士人階層撰寫的美學類著作繁多，參考李玉芝借助《四庫全書》所進行的文獻統計，「市場上關於文玩器物的鑒賞類書籍大量出現，僅《四庫全書總目》所輯錄的就多有 20 餘部，其中為後世所熟知的包括高濂的《遵生八箋》、袁宏道的《瓶史》、文震亨的《長物志》、計成的《園冶》、屠隆的《考槃餘事》《起居器服箋》《山齋清供箋》《文房器具

〔註14〕陳寶良，狂歡時代：生活在明朝〔M〕，北京：人民出版社，2020。

〔註15〕趙園，明清之際的思想與言說〔M〕，上海：復旦大學出版社，2010。

〔註16〕林麗月，衣裳與風教——晚明的服飾風尚與「服妖」議論〔J〕，新史學，1999（3）：111～157。

〔註17〕卜正民，縱樂的困惑：明代的商業與文化〔M〕，方駿、王秀麗等譯，北京：生活・讀書・新知三聯書店，2004。

箋》、衛泳的《枕中秘》、陳繼儒的《妮古錄》、谷泰的《博物要覽》等」〔註18〕。通過上述列舉，晚明士人群體的著述主題包含各種類別的器物鑒賞、園林的設計和建造、日常居室的布置等不同方面，相比於其他朝代，晚明時期完成的美學著作具有數量眾多和種類龐雜的特色，而且出現了諸多系統化和專題化的審美著作。再參看晚明美學的研究，晚明時期審美文化演變一直受到學術界的關注，業已取得豐富的研究碩果。

在美學史類著作中，晚明美學往往被置於明代美學史的發展脈絡，重點發掘晚明不同體裁的文學和各個類別的藝術對情性和欲望的推崇，以及在審美風格上所展現的雅俗互動的變化。葉朗《中國美學史大綱》對明代美學的關注分別集中在詩論和畫論中的意境問題，特別重視晚明李贄的「童心說」、湯顯祖的「唯情說」、公安派的「性靈說」所包含的個性解放訴求，認為這是對一貫以來儒家審美趣味「溫柔敦厚」原則的衝擊，同時也立足於意境的構造視角對以計成《園冶》為代表的造園著作所包含的美學思想進行解讀。〔註19〕朱忠元等合著的《中國審美意識通史：明代卷》，立足於明代的社會城鎮變動和商業發展的總體社會背景，探討明代整個朝代在諸種文體的文學創作、書法繪畫、園林建築、服飾時尚以及陶瓷家具等多個範疇所展現的審美意識的新變，從雅俗互動與藝術市場的介入等視角出發，指出明代士人群體在不同類別的審美活動中一方面突破了禮教的嚴格束縛，表現出崇尚「真」、「適世」的個性解放追求，另一方面則在追求雅致的同時表達對欲望的崇尚，尤其凸顯晚明時期審美活動對倫理等級意識的突破。〔註20〕肖鷹《中國美學通史：明代卷》結合思想史的視野，考察審美思想推崇性情和注重形態的轉向，以「化雅入俗」作為明代美學演變的主線，考察李贄、湯顯祖、袁宏道等晚明代表性人物的美學思想，指出晚明美學的新特徵集中體現在通俗文化的興盛、重視教化之外的性情以及欣賞物態美這三個方面。〔註21〕潘黎勇《中國美育思想通史：明代卷》關於晚明部分的內容，一方面在思想史層面考察了王陽明、泰州學派、李贄等思想家的哲學思考中包含的美育思想，另一方面則在審美實踐層面對「至

〔註18〕李玉芝，明代中晚期的休閒美學思想〔M〕，北京：中國社會科學出版社，2021，第216頁。

〔註19〕葉朗，中國美學史大綱〔M〕，上海：上海人民出版社，2014，第321～357頁，第439～448頁。

〔註20〕朱忠元等，中國審美意識通史：明代卷〔M〕，北京：人民出版社，2017。

〔註21〕肖鷹，中國美學通史（明代卷）〔M〕，南京：江蘇人民出版社，2021。

情說」、「情教說」、「性靈說」等文學創作思想以及繪畫、書法、園林等不同領域所展現的美育思想進行闡釋。〔註22〕祁志祥《中國美學全史》的明代部分，對涵蓋詩文、小說、詞曲等多種文體的文學創作、繪畫、音樂、園林等多個領域進行了簡明扼要的介紹，指出明清美學思想包含了道德美學、表現美學和形式美學三個範疇。〔註23〕敏澤《中國美學思想史》的明代部分，將晚明美學思想形容為「異端」，結合市民階層的興起的社會經濟狀況，以及泰州學派和禪宗流行共同構成的思想解放狀況，對晚明的詩、書、畫、音樂、園林、小說等多個門類的藝術體裁進行分類闡述。〔註24〕以晚明美學作為單獨研究主題的著述，尤其關注泰州學派的思想對美學的影響。胡學春結合泰州學派的思想史視野，將「真」確立為晚明美學的審美追求，結合泰州學派思想推崇生命精神以及面向百姓日用生活的價值取向，展現晚明審美活動順應情慾、彰顯本真性情的文學本質論追求。〔註25〕姚文放主編《泰州學派美學思想史》結合泰州學派思想家所處的社會背景，以及個人哲學思想的師承和獨特創見，分章節闡述了他們的美學思想，王艮、顏鈞、羅汝芳、何心隱、李贄、焦竑等代表性人物均納入解讀的範圍，例如指出王艮的美學思想具有平民主義特徵，羅汝芳主張生命美學，何心隱則倡導仁道美學。〔註26〕左東嶺關注陽明心學以及以泰州學派為代表的王門後學對晚明文學思想和詩學理論的影響，將王學的興起追溯到明代前中期道與勢之間的角力，一方面發掘王學所隱含的審美旨趣，指出陽明心學為士人群體在朝堂之外構建了實現儒者理想價值的新途徑，從而改造了傳統士人的心態；在另一方面則結合晚明政局日益惡化的社會環境，闡述心學如何內在於晚明士人群體的詩學思想脈絡，並指出心學在晚明已經沒法承擔挽救國家滅亡的歷史責任。〔註27〕

　　近年來，結合新的理論視野，從獨特的研究路徑進入晚明研究的代表作有趙強《「物」的崛起：前現代晚期中國審美風尚的變遷》，趙強將晚明美學置於

〔註22〕潘黎勇，中國美育思想通史：明代卷〔M〕，濟南：山東人民出版社，2017。
〔註23〕祁志祥，中國美學全史第四卷：明清現代美學〔M〕，上海：上海人民出版社，2018，第 4～431 頁。
〔註24〕敏澤，中國美學思想史（第 3 冊）〔M〕，北京：中國社會科學出版社，2014，第 985～1154 頁。
〔註25〕胡學春，真：泰州學派美學範疇〔M〕，北京：社會科學文獻出版社，2009。
〔註26〕姚文放，泰州學派美學思想史〔M〕，北京：社會科學文獻出版社，2008。
〔註27〕左東嶺，明代心學與詩學〔M〕，北京：學苑出版社，2002；左東嶺，王學與中晚明士人心態〔M〕，北京：商務印書館，2014。

生活美學的理論視野，以「物」作為切入視角考察晚明審美風尚的變動，結合晚明「大禮議」事件之後政治轉向、商業化趨勢以及士人群體追求清福的傳統，通過對「物」成為士大夫日常生活和審美活動的主題的揭示，指出了「生活美學」的形成以及具有的多重面向，一方面士人階層對物的迷戀促成生活和藝術之間的融合，另一方面士人階層同樣對日益強勢的物化趨向保持警惕和道德反思，最後在王朝更替的歷史背景中反思以浮華、奢靡為特徵的「極盛」和以粗鄙、奢靡為特徵的「極蔽」的關係，進而指出文化、思想、觀念和制度需要相應的發展才能避免在物慾繁盛中走向道德墮落的歷史結局。〔註28〕趙強在後續研究中繼續以「物」作為研究視角，並將時間跨度從晚明拓寬至清初，認為明清之際文人通過強調「物」和才情、韻致二者之間的關聯從而賦予「物」以正當性，他們的日常生活包含從物質享受和欲望滿足向精神自由的跳躍。〔註29〕田軍同樣從生活美學的理論視野出發，以《長物志》作為研究對象，將《長物志》視為晚明文人在日常生活中進行審美實踐的指南，從江南地域、文人的精神世界以及家族傳承三個角度探討了生活美學生成的脈絡，從生活情境的創構、對物的品鑒以及日常生活的審美經營，探討《長物志》展現的審美實踐的主題和方式，並認為這種生活美學指涉自我的形象構建以及面向社會進行「雅／俗」的階層區隔，並探討這種生活美學理念的當代闡發潛能。〔註30〕妥建清立足於晚明文學的現代性轉向，指出在文學史內部，以戲曲、小說為代表的通俗文學的崛起，弱化了以道德教化為主要功能的詩歌一直以來所據有的核心位置，結合晚明伴隨商業發展而引發全方面失序的社會總體狀況，以及王學對儒學崇尚身心合一的身體哲學傳統的改造，進而指出晚明文學展現了對感性身體的重視並由此形成頹廢的審美風格，具有個性解放的現代意義，產生了構建生活美學的潛能。〔註31〕譚玉龍以雅／俗之辯作為研究明代美學的切入點，結合心學崛起的儒學思想新變以及佛道宗教對社會總體精神世界的影響，在思想史視域對明代音樂、書法、繪畫、工藝和文學的審美

〔註28〕趙強，「物」的崛起：前現代晚期中國審美風尚的變遷〔M〕，北京：商務印書館，2016。

〔註29〕趙強，作為尺度的「物」：明清文人生活美學的內在邏輯〔J〕，江蘇行政學院學報，2018（4）：38～44。

〔註30〕田軍，《長物志》的生活美學研究〔博士學位論文〕，上海：華東師範大學，2014。

〔註31〕妥建清，間性審美風格與晚明文學現代性〔J〕，思想戰線，2019（1）：150～158。

思潮包含的雅／俗關係進行闡述，以「崇雅斥俗」、「尚俗貶雅」和「超越雅俗」作為構成明代美學思想圖景的三個主要面向。〔註32〕英國漢學家柯律格以「物」為主題，以文震亨的《長物志》等晚明美學著作為例，通過對古／今、雅／俗等審美法則的揭示，從社會學的視野不僅揭示晚明審美趣味所具有的階級區隔功能，而且結合晚明社會的商業化思潮指出這些美學著作具有自我解構的屬性，一方面作為指導消費的著述，同時自身也是作為商品而存在。〔註33〕

在日常文化方面，諸多研究者進行了紮實的文獻梳理工作，通過詳盡的文獻列舉，呈現了晚明知識分子熱衷鑒賞古玩與時玩的癖好，追求園林設計風尚的多樣化，崇尚閱讀通俗小說和觀賞戲劇，喜好外出結社交遊等生活習性，並結合思想史的背景予以解讀。吳功正考察明代賞玩文化的歷史淵源、表現形態、相關著作以及所呈現的士大夫的精神世界，認為這是一種以「物」為賞玩對象的審美時尚，表現了建立在雅致基礎上的清閒心態，批判其為「自慰性的身心滿足」。〔註34〕李玉芝以「清賞文化」和「休閒文化」作為理解晚明審美文化的視角，一方面指出器物的價值品評尺度從實用和禮儀的維度轉向審美維度，士人階層對於器物展現了強烈的佔有欲望，重視個人的感官體驗和欲望滿足，出現漸趨奢侈化的特徵；另一方面則指出明代藝術文化和社會氛圍出現世俗化、平民化、商品化趨向，並通過大量的例證圖繪明代社會豐富多樣的文化活動。〔註35〕戰雪雷描繪明代中後期士大夫階層普遍熱衷於收集古玩、時玩以及設計園林等等審美文化現象，並通過制定崇古、崇雅的審美品位以確立自身的文化話語權，商人群體的文化影響力儘管有所提升，但是在文化場域更主要居於「追隨者」的地位。〔註36〕王鴻泰以明代中後期的社會生活為主題的研究著述眾多，關於晚明感官欲望的商品化轉向，立足於嘉靖年間江南地區各個階層奢侈生活風氣的形成探索感官欲望和商業機制之間的互動，通過品石、飲食、納妾、煙草等以感官為中心的商品化現象，闡述社會生活和商品化之

〔註32〕譚玉龍，明代美學之雅俗精神研究〔M〕，北京：中國社會科學出版社，2019。
〔註33〕柯律格，長物：早期現代中國的物質文化與社會狀況〔M〕，高昕丹、陳恒譯，北京：生活・讀書・新知三聯書店，2015。
〔註34〕吳功正，明代賞玩及其文化、美學批判〔J〕，南京大學學報（哲學・人文科學・社會科學），2008（3）：114～122。
〔註35〕李玉芝，明代中晚期的休閒美學思想〔M〕，北京：中國社會科學出版社，2021。
〔註36〕戰雪雷，雅的裁量權——論明代士大夫集團在文化商業化中對話語權的壟斷〔J〕，故宮博物院院刊，2015（4）：97～109。

間的作用機制，感官欲望以商品的載體形式進入市場，市場則作為交易所在地為社會提供了促成感官欲望不斷交流的場所併因而推動欲望在社會生活中不斷擴張，同時也在交流和消費過程中對社會全體的感官欲望進行塑造。〔註37〕關於晚明審美的雅俗關係的變動，闡述隨著商人階層憑藉強大的經濟實力進入古玩和藝術品的賞玩和買賣領域，由宋、元延續到明代前期局限於精英群體的賞物圈子走向世俗化，為了應對商人階層的挑戰，士人群體通過強調賞物過程中需要包含個人感官的介入，以及外在環境需要細緻的審美經營，重新闡釋雅俗的分界，避免雅物完全淪為商品，不再將雅物的佔有權等同於文化品位。〔註38〕毛文芳將「閒賞」確立為晚明美學的風格，以高濂《遵生八箋》為主要例子闡述晚明士人群體在賞鑒古物、品評酒茗、外出遊樂等日常生活的所包含的美學趣味，指出「閒賞」不僅是晚明士人日常審美活動的特徵，同樣也展現了他們期待擺脫名利、追求清福的價值觀念，是對「識趣之心」的培育，並將這種美學思潮上溯到宋代。〔註39〕毛文芳運用物體系的理論，指出《長物志》在構建古、雅的審美趣味過程實際上以文化威權的立場確立一個具有區隔性質的物體系，並以「神話包裝」的再想像方式建構士人階層的文化身份和塑造一種具有反流行性面向的流行文化。〔註40〕加拿大學者劉千美以晚明的小品文作為考察對象，指出小品文的書寫和晚明士人群體追求閒適的生命意境相結合，展示晚明文人將關注對象拓展至世俗生活及其所包含的尋常事物，並在品味尋常事物的過程中表達對閒適生活的追求，這是一種以「常俗為美」的審美理念。〔註41〕李惠儀（Wai-Yee Li）則聚焦於晚明文人對物的收藏、鑒賞以及由此產生的感性思潮，通過結合社會總體狀況對《長物志》《閒情偶寄》等代表性文本的美學思想和文化價值觀念進行分析，區別於從道德立場予以否定和從弘揚公共價值的立場予以表揚這兩種常見的晚明文化評價模式，指出

〔註37〕 王鴻泰，明清感官世界的開發與欲望的商品化〔J〕，明代研究，2012（1）：105～143。

〔註38〕 王鴻泰，雅俗的辯證──明代賞玩文化的流行與士商關係的交錯〔J〕，新史學，2006（4）：73～143。

〔註39〕 毛文芳，晚明閒賞美學〔M〕，臺北：臺灣學生書局，2000；毛文芳，閒賞──晚明美學之風格意涵析論〔J〕，中正大學中文學術年刊，1999（1）：23～50。

〔註40〕 毛文芳，物‧性別‧觀看──明末清初文化書寫新探〔M〕，臺北：臺灣學生書局，2001。

〔註41〕 劉千美，日常與閒適：小品散文書寫的美學意涵〔J〕，哲學與文化，2010（9）：119～134。

這是文人對失落的文化價值的回憶和重建。〔註42〕J. P. Park 以明代繪畫的內容和審美趣味作為研究對象，將繪畫的體裁和審美標準的變化置於晚明人口增長、城市擴張、商業發展的總體社會結構的變化中予以考察，進而指出晚明時代處於歷史的十字路口，以文人趣味為代表的具有早期現代性的審美品位標準在逐步形成的同時也不斷受到質疑和挑戰，中產階級逐步形成並主導了社會趣味標準的建構，真實性和本源性構成晚明藝術趣味的標準。〔註43〕

晚明的園林美學在豐富造園實踐經驗的基礎上趨於體系化和系統化，夏咸淳《中國園林美學思想史：明代卷》認為晚明時期園林審美發展到鼎盛階段，欣賞園林成為一種「文化風氣」，對文震亨、陳繼儒、施紹莘等人品評園林的觀點進行了闡述，並將計成的《園冶》評定為「園林美學之偉構」。〔註44〕不少學者以《園冶》作為對象撰寫研究著作，曾繁仁從生態美學的視野闡述《園冶》在意境構造、推崇自然、宜居、生命意識等不同方面的美學特徵，揭示山水寫意園林所蘊含的生態美學意義。〔註45〕漢寶德將《園冶》視為「文人園」，重點考察計成的造園方法對繪畫技藝的借鑒，並且指出其體現了士大夫的文化精神。〔註46〕李世葵將《園冶》的園林建造和設計的理念和繪畫相類比，凸顯「如畫」的藝術特徵，展現了「文雅」和「清雅」的雅致審美趣味，表現了生態審美意識。〔註47〕張薇對《園冶》做了全方位的系統考察，結合江南的地理、經濟、政治、生活等多個方面的社會結構背景，以及晚明思想的心學轉向和文藝思潮的世俗化趨勢，圖繪《園冶》成書的外部因素，並且對造園方法的文化哲學內涵做了全面梳理。〔註48〕

總體而言，當前的晚明美學研究取得了豐富的成果，尤其體現在對大量明

〔註42〕 Wai-yee Li. The Collector, the Connoisseur, and Late-Ming Sensibility [J]. *T'oung Pao*, 1995(4/5): 269~302.

〔註43〕 J. P. Park. *Art by the Book: Painting Manuals and the Leisure Life in Late Ming China* [M]. Seattle and London: University of Washington Press, 2012; J. P. Park. The Art of Being Artistic: Painting Manuals of Late Ming China (1550~1644) and the Negotiation of Taste [J]. *Artibus Asiae*, 2011(1): 5~54.

〔註44〕 夏咸淳，中國園林美學思想史：明代卷〔M〕，上海：同濟大學出版社，2015，第 115~200 頁。

〔註45〕 曾繁仁，曾繁仁學術文集（十）‧生生美學〔M〕，北京：人民出版社，2021，第 237~258 頁。

〔註46〕 漢寶德，物象與心境：中國的園林〔M〕，北京：生活‧讀書‧新知三聯書店，2014，第 173~205 頁。

〔註47〕 李世葵，《園冶》園林美學研究〔M〕，北京：人民出版社，2010。

〔註48〕 張薇，《園冶》文化論〔M〕，北京：人民出版社，2006。

代史料文獻的梳理和解讀，幾乎所有展現士人階層的審美品位的清賞類著作，以及生動呈現文人的價值取向和日常生活的筆記小說，或者作為例證材料，或者作為專門的研究對象，得到學界的深入關注，起到全面圖繪明代中後期社會文化生活的效果。不僅如此，既有研究也對晚明中後期社會文化生活所關涉的思想史背景、朝堂政治形勢和商業日益廣泛開展的社會狀況進行了相應的分析，有助於本論題在既有研究基礎上進行立足於審美─政治視角出發開展後續研究。與此同時，晚明美學研究在以下兩個方面有待進一步拓展，其一，在晚明美學的研究文獻中，儘管思想史作為重要維度受到研究者的普遍關注，陽明心學和泰州學派對士人階層審美活動的影響得到廣泛的闡釋，然而研究者關於思想史對審美文化的影響更偏重考慮同一時期陽明心學和作為王門後學的代表泰州學派對審美活動的平行影響和建構關係，缺乏將思想和美學的相互關係置於長期以來儒家思想史的發展脈絡中予以進一步解讀，也較少從儒家思想史所具備國家意識形態的屬性的角度論述思想對審美文化的影響，因此晚明美學的政治價值並沒有受到充分的闡述。其二，既有美學研究較少涉及文化政治的視角，研究者主要在政治以外的其他維度探討晚明美學的價值和意義，晚明審美文化普遍被視為一種處於政治場域之外的文化思潮，或者從審美趣味出發論述士人階層對審美品位的重構，或者從文化的雅俗分野論述士人階層對表達情性的重視和對欲望滿足的追求，或者從王朝更替的歷史視角反思審美文化需要承擔的道德責任，而沒有探究晚明審美文化作為一種和朝堂政治疏遠、具有背離綱常倫理體系趨勢的文化思潮，如何通過審美觀念的重構從而以直接或間接的方式重返社會空間並介入政治。

第三節　問題意識與方法論

回顧當前以晚明為主題的研究文獻，涵蓋晚明思想史、社會經濟史以及政治史多個領域，文史哲多個學科的中外學者從各自學科思維出發，立足於不同研究視野對歷史文獻進行收集、整理和解讀，為本論題的研究提供了可供參照的多重視角。晚明美學研究的成果一方面體現在主題各有偏重的多個版本的明代美學史的撰寫，系統性展現晚明美學的歷史文獻材料並對其進行闡釋；另一方面則體現在立足於某種理論視角進行專題解讀，尤其以生活美學的理論視野最為常見，為本論題的下一步研究提供了可供借鑒的闡釋角度。

　　當前晚明美學研究在總體上缺乏文化政治的研究視角，事實上作為審美活動主體的士人階層，屬於朝廷建制的構成部分，他們不僅擁有官員身份的政治地位，而且在所接受的儒學教育中普遍以獲取仁君的賞識進而輔助其治理天下作為理想追求，那麼既然士人階層的社會實踐和思想均和政治密不可分，那麼他們的審美實踐和美學觀念就不可能完全和政治相互分離。換言之，士人階層的審美實踐包含了他們對待朝堂政治的態度以及對特定政治問題的回應，士人階層主導的審美活動和政治之間的互動有可能表現為正面的響應態度和積極的介入，也可能表現為消極的疏離態度和間接的介入。當前晚明美學研究往往在感性學的範疇探討不同類別的審美活動所展現的趣味和品位，陽明心學和泰州學派對美學觀念的影響也得到充分考慮，因而有必要在既有研究的基礎上做推進，以思想史作為中介，進一步思考晚明美學和政治的互動。可以借鑒思想史學科的研究成果，余英時將明清儒學思想包含的價值觀念的變化和士大夫的政治實踐的轉向緊密結合在一起，再參照趙園對明代士人階層的精神狀態的評述，由於士人群體的尊嚴和地位受到皇權的持續壓迫，士人群體的精神狀態呈現「戾氣」的姿態。考慮到晚明審美活動受到儒學思想變動的深刻影響，同時又和士人群體的生活精神狀態密切相關，正因如此，將文化政治視角引入晚明審美研究，具有可行性和必要性。另一方面，針對晚明美學的政治視野的考察並不能局限於現代性視角，其中一個原因是當前學術界對於晚明社會結構和思想文化變遷在多大程度上具備現代性要素已經進行了深入的研究，另一個原因在於現代性的問題意識在很大程度上是一種來源於西方歷史哲學的思維範式，當然這並不表明立足本土的思想文化資源建構一種中國本土現代性的思考視角不具有學理價值，然而本文試圖擱置預設以傳統和現代的區分為根基的歷史哲學視野，回到儒學長期作為中國古代官方意識形態這一歷史前提下，結合王陽明及其思想後繼者對儒學進行改造的思想背景，在儒學和政治的張力性關係，即道統和治統之間的互動關係，考察士人階層的審美觀念的嬗變所具有的政治潛能，即晚明審美思潮如何生成「審美的政治」。

　　在具體的研究方法上，本文選擇將「身體」與「空間」兩個概念作為理解晚明審美思潮的理論視角。

　　其一，在「身體」概念範疇，必須對中西方在「身體」概念上的差異進行必要的反思，海德格爾、福柯、梅洛‧龐蒂、舒斯特曼等理論家在哲學和

美學領域將身體作為一個重要的維度進行多角度的闡釋，身體美學更是當代西方文論的熱門問題。立足於「身體」所展現的感性和欲望，對理性同一性進行批判，進而構建生命政治以對抗異化的社會秩序，正是以身體為核心的西方理論常見的思考範式。「身體」同樣是中國古代思想傳統中的重要範疇。楊儒賓指出，「站在戰國秦、漢之交的轉折點，我們一回首，不難發現：身體觀雖然沒有成為先秦學術的大論述，但自有神聖的經典（五經）以來，它即成為許多重要命題背後的隱形預設。」〔註49〕特別需要指出的是，無論是儒家又或是道家，在先秦時代就圍繞著「身體」建構自身的學說，不僅將身體視為個體認知自身的重要基礎，而且將對於身體的修煉視為認識天道運行、履行宗族儀式的必要階段。陳立勝指出，「儒學誠是『生命的學問』，這個生命是身心一如的存在，它即扎根於宇宙生命的洪流之中，與之互動、共鳴，它的出生、成長與世代延展本身即是安身立命之所在，儒家之精神追求從未離『身』而行，恰恰相反，越是注重精神、注重心靈生活的儒者，也越是注重『身體』，這與那些以苦行、極端禁慾而追求靈性生活的西行僧們形成了鮮明對照。」〔註50〕身體一直以來都是儒學的重要範疇，圍繞著如何更有效地修身，儒家在不同時期發明了靜坐、冥思、齋戒等各種儀式，並對出席不同類別的儀典的著裝和禮儀進行區別規範，可以看出對於身體問題的思考一直貫穿於儒學的發展歷程。因而，我們不能將「身體」視為一個為西方文藝理論所獨佔的概念。對比來看，儘管西方不同理論家關於「身體」的界定和功能存在分歧，身體欲望對於理性思考能力究竟是發揮阻礙或增進的作用，對於統治權力的運行是否具有真正抵抗作用，由於理論家各自的問題意識不同而存在分歧。普遍而言，在西方理論脈絡中，「身體」所包含的欲望和情感往往被視為理性的他者。而在中國儒家思想傳統中，身體問題和道緊密結合在一起，修身正是士人階層體悟天道的重要階段，身體經驗構成了士人階層理解宇宙、外在世界以及作為普遍規律的道的重要基礎，而道則是士人階層介入政治的根本依據。在明確中西方思想傳統身體概念的區別的基礎上，本文在運用「身體」概念對晚明美學進行考究的過程中，將立足於中國的思想語境，思考晚明審美思潮中身體觀念的變化和心學對道的涵義的改造之間存在

〔註49〕楊儒賓，儒家身體觀〔M〕，上海：上海古籍出版社，2019，第88頁。

〔註50〕陳立勝，「身體」與「詮釋」——宋明儒學論集〔M〕，臺北：臺大出版中心，2011，第40頁。

何種相關性，並進而構建身體和政治的關聯。

　　其二，在「空間」概念範疇，本文主要在社會學意義上運用「空間」概念，尤其關注晚明審美思潮和社會空間之間關係。儒學的思想體系具有空間特性，道的合法性由天所賦予，道的合法性和權威性需要上溯到天，同時道又是貫穿於萬物生長和社會秩序運作的普遍性規律，也就是說，自然空間和社會空間處於「先在—同構」的關係。王陽明重構了儒學體系的空間關係，將天理和本心等同，這是一種將自然空間內轉化的變革，判別合法性的標準轉移到個體本身，需要思考儒家思想體系的空間觀念的轉變對於社會空間具有何種影響，而且考慮到晚明士人階層受到心學的深刻影響，那麼有必要進一步思考以心學為思想根基的美學實踐又是如何促成了社會空間的分化和再生產。同時，「身體」和「空間」又並非相互獨立的關係，二者之間的關係展現了士人階層和倫理政治秩序的互動，正是士人階層介入社會空間的表現形式，二者之間的相互作用呈現了士人階層的生存心態和政治價值觀念。因而，本文將考察在中國思想史譜系中「身體」和「空間」之間如何相互建構及其影響作用，探討晚明審美思潮所展現的「身體—空間」觀念的變化所具有的政治潛能。

　　最後，選擇以「身體」、「空間」兩個理念概念作為闡釋晚明美學的視角，並試圖揭示晚明審美思潮所具有的政治潛能，存在陷入「漢學主義」和過度闡釋的風險。然而，必須予以明確和進一步補充的是，身體視角是研究中國傳統思想問題的重要路徑，從身體出發研究中國思想問題的代表性學者包括楊儒賓、龔鵬程、陳立勝和貢華南。楊儒賓從身體視角進入中國思想史研究，先後撰寫或編撰了一系列相關著作。《儒家身體觀》以西周春秋時期的「威儀觀」與「血氣觀」作為儒家身體思想的起源，將儒家視野中的身體類型分為「意識的身體」、「形軀的身體」、「自然氣化的身體」和「社會的身體」四種主要類型，提出孟子主張踐形身體觀以及荀子主張禮義身體觀。〔註51〕主編《中國古代思想中的氣論及身體觀》，多篇論文或者圍繞「氣」的觀念，或者立足古代醫書典籍的治療和養生，或者從道、釋的宗教思想出發，對中國古代思想中的身體觀念進行了多維度闡釋，其中代表性論文包括：廖炳惠指出中國古代存在兩種主要身體觀念，儒學的身體觀念以周禮為根基，和正統的政體具有同構性，道德律令和實踐理性的結合共同促成了內聖外王的展開，而莊子則推崇醜怪的身體，以此構成對儒家身體觀念所確立的社會管治和規訓體系的衝擊和

〔註51〕楊儒賓，儒家身體觀〔M〕，上海：上海古籍出版社，2019。

瓦解。〔註52〕楊儒賓在《支離與踐行》中比較孟子和莊子的身體觀念，二人均
試圖將身體狀態調節為順應精神的狀況，莊子的「精神」落實在虛靈的層面，
對建基於禮樂體制的社會倫理規範提出質疑，試圖恢復被倫理規範所壓制的
本性；而孟子的「精神」則落實在以仁義禮智為核心的道德意志的層面，為儒
家所篤信但是已走向沒落的周代禮樂觀念賦予新的價值。〔註53〕龔鵬程關注
飲食之於儒家政治文化的重要意義，提出「飲饌政治學」的概念，通過追溯《周
易》《禮記》對飲食的重視並探究其對儒家思想的影響，以孟子的思想為例闡
述飲食在儒學禮樂教化中所起到的作用，通過對飲食養民觀念的強調，重申儒
學的身體維度開啟從以心性為主體的「生命儒學」到「生活儒學」的轉向。〔註
54〕陳立勝致力於宋明儒學的身體觀念研究，將「身體之為『竅』」作為構建宋
明儒學的身體本體論的根基，即身體作為管道連通身體內部和外部世界，並將
心確立為身體的主宰，以心主導修身活動，通過身體向外部世界的天地萬物開
放，構建身體和世界相互融通、相互融合的狀態。〔註55〕在王陽明研究中，以
「萬物一體」的視野闡述王陽明思想，通過闡釋由心主導的身體如何敞開和天
地相互融合以表現對仁的總體追求，並落實到身體感應、宗族倫理、政治參與、
天人關係等不同面向。〔註56〕貢華南著力於在中國思想傳統中構建以味覺為
核心的體驗和認知範式，將味覺優先性確立為儒家思想史乃至中國思想史的
內在邏輯，和古希臘傳統的視覺優先性和希伯來傳統的聽覺優先性相區別。〔註
57〕在初版於2008年的著作《味與味覺》，貢華南從味覺出發闡述中國古代思
想有別於古希臘思想強調視覺優先性的特質，以味覺為根基構造人與物之間的
相互融合貫通的認知關係模式，人們通過味覺實現對物的進入並實現達致對其
整體的認知，並進而延伸至對具有普遍真理性質的道進行體悟的境界。〔註58〕

〔註52〕廖炳惠，兩種「體」現〔M〕// 楊儒賓編，中國古代思想中的氣論及身體觀，
　　　　臺北：巨流圖書公司，2009，第215～226頁。
〔註53〕楊儒賓，支離與踐行〔M〕// 楊儒賓編，中國古代思想中的氣論及身體觀，
　　　　臺北：巨流圖書公司，2009，第415～449頁。
〔註54〕龔鵬程，儒學新思〔M〕，北京：北京大學出版社，2009，第1～19頁。
〔註55〕陳立勝，「身體」與「詮釋」——宋明儒學論集〔M〕，臺北：臺大出版中心，
　　　　2011。
〔註56〕陳立勝，王陽明萬物一體論：從「身—體」的立場看〔M〕，北京：北京燕山
　　　　出版社，2018。
〔註57〕貢華南，從見、聞到味：中國思想史演變的感覺邏輯〔J〕，四川大學學報（哲
　　　　學社會科學版），2018（6）：78～83。
〔註58〕貢華南，味與味道〔M〕，桂林：廣西師範大學出版社，2015。

在《中國早期思想史中的感官與認知》中通過對史書和醫書典籍的梳理，考察中國思想史內部的「耳目之爭」和「舌耳之辨」，中國古代思想確立了以味覺為核心的體驗和認知模式，人和對象之間處於「彼此交融、相互應和」的無距離狀態，進而將道置於個體的生命進程之中，啟發了「日用即道」命題的產生。〔註59〕黃俊傑將當前關於中國思想的身體觀研究歸納為三個主要方向，分別為「（1）作為思想方法的『身體』；（2）作為精神修養之呈現的身體；（3）作為政治權力展現場所的身體」〔註60〕。上述研究表明，中國思想史的身體觀念研究在學界已經取得了相當程度的進展，而且也可以看出，當前中國思想史視野下的身體研究更多集中在儒學的範疇，尤其聚焦於以氣、心等概念為根基構建儒學的身體觀念。

本文將在既有的中國歷史語境中的身體研究的基礎上，將研究範圍從思想史領域延伸到美學，並將晚明時代審美思潮中的身體觀念的變動置於社會空間中予以進一步考察，思考在中國歷史語境中身體所具備的政治潛能。具體到本文對理論概念的構建和運用，本文將在第一章對在中國思想語境中運用「身體—空間」視角的可行性進行論證，並在其後章節中將理論概念的考察和運用置於中國思想史的知識譜系和具體歷史語境，尤其在探討審美政治的生成條件和限度的時候考察「身體—空間」觀念的嬗變對道統的承繼和逾越，在道統和治統之間的互動關係中揭櫫晚明美學的政治潛能。

〔註59〕貢華南，中國早期思想史中的感官與認知〔J〕，中國社會科學，2016（3）：42～61。

〔註60〕黃俊傑，中國思想史中「身體觀」研究的新視野〔M〕// 東亞儒學：經典與詮釋的辯證，上海：華東師範大學出版社，2012，第149～150頁。

第一章 作為方法的「身體—空間」 視域

在中國思想史的傳統中，象徵真理的「道」是一個貫通自然萬物和社會秩序範圍的形而上概念，「道」不僅作為真理性規律體現在自然氣象、日常人倫和君王治國的理想性狀況中，同時也是自然萬物和人類社會的各方需要順應和遵循的規範性法則。陳來闡述了春秋時代天道的三重內涵——「宗教的命運式的理解」、「繼承周書中的道德之天的用法」以及「自然主義的理解」。〔註1〕根據陳來的研究，圍繞著對「道」的理解與遵行，個人的修身、政治和倫理的秩序和自然萬物的化生之間具有相通性，這種思維範式在西周—春秋時代的政治文化中已經看到體系性的建構。通過這種相通性，將「身體」、「空間」兩個觀念的建構及其相互作用的過程作為理解中國思想史的視角具有可行性。由於審美思潮和士人階層在政治界和思想界的際遇密切相關，因而對身體和社會空間的考察有助於開拓從文化社會學角度進入中國美學研究的路徑。

第一節 空間的倫理政治

空間問題是中國古代思想史的重要維度，中國哲人圍繞如何對「道」進行發現、理解和遵行，建構了一個涵蓋自然世界和人類社會的全方位思考體系，這種思考方式始於先秦時代，一直延續到當代新儒家思想家。從先秦到晚明的

〔註1〕陳來，古代思想文化的世界：春秋時代的宗教、倫理與社會思想〔M〕，北京：北京大學出版社，2017，第84～88頁。

歷代思想者對倫理政治問題的思考往往建立在重新理解和闡釋「道」、「理」、「氣」等普適性概念的基礎之上。與西方近現代的世俗知識分子的思考路徑相異，中國古代思想家對倫理和政治問題的思考往往建基於對自然萬物的觀察和天人關係的理解，個人修德與國家施政的合理性需要從空間維度獲得依據。正如張載所講，「天人不須強分，易言天道，則與人事一滾論之，若分別則只是薄乎云爾。自然人謀合，蓋一體也，人謀之所經畫，亦莫非天理（耳）。」〔註2〕這種區別於西方的思考範式受到海外漢學家的重視，美國漢學家安樂哲通過闡釋《周易》指出，「《易經》的宗旨是處於永遠變化的世界同人本身的經驗活動須有變通關係；目的是交代人實踐經驗的基本規範性與方略性，回應關切人生的緊迫問題：面對自然變化的過程，人的什麼形式的參與活動，才能產生對現有世界條件最佳狀態的利用？這是一種自然現象與人的行為現象相繫不分，彼此互相塑造的狀態。」〔註3〕中國歷代思想家力圖構建個人實踐和自然世界相共通的關係，個人與自然之間的「彼此互相塑造的狀態」展現了對天人合一境界的追求，這是中國哲學區別於建立在主客二分關係基礎之上的西方近現代哲學的重要特徵，對天和人之間的關係問題的思考正是一種空間視角。

中國思想史的空間問題的緣起可以追溯到諸多思想流派的源頭《周易》。正如馮友蘭《中國哲學史》的歸納，「《易》之為書，依《易傳》說，即所以將宇宙諸事物及其變化之公例，以簡明之象徵，摹擬之，代表之，以便人之取法。《易》之一書，即宇宙全體之一縮影也。」〔註4〕《周易》通過卦象傳達啟示性意義，將自然界和涵蓋個人修德和聖人治國這兩個主要方面的社會秩序納入一個由道所貫通的同構性世界。卦象的組成要素是八種具有一般性的自然事物，分別為天、地、山、澤、雷、風、水、火。周振甫做了進一步解釋，「這八種自然物中，天地又是總根源，天地為父母，產生雷、火、風、澤、水、山這六個子女。這是一種十分樸素的萬物生成的唯物主義觀念。」〔註5〕例如

〔註2〕張載，橫渠易說〔M〕// 張載集，章錫琛點校，北京：中華書局，1985，第232頁。

〔註3〕安樂哲，儒家角色倫理學——一套特色倫理學詞彙〔M〕，孟巍隆譯，田辰山等校譯，濟南：山東人民出版社，2017，第63頁。

〔註4〕馮友蘭，中國哲學史（上）〔M〕，上海：華東師範大學出版社，2011，第221頁。

〔註5〕周振甫，前言〔M〕// 周易譯注，北京：中華書局，2013，第21頁。

《蒙》卦的卦象是「山下出泉」，《復》卦的卦象是「雷在地中」，《明夷》卦的卦象是「明入地中」，卦象就是不同自然事物在時空結構中進行組合，這是一種自然空間的構型，並被賦予對「道」的啟示性意義進行表徵的功能。借助卦象的啟示性意義和作為共同真理的「道」的中介作用，自然空間和社會空間之間發生聯繫，以乾卦和觀卦為例：

> 《彖》曰：大哉乾元！萬物資始，乃統天。雲行雨施，品物流形。大明終始，六位時成，時乘六龍以御天。乾道變化，各正性命。保合大和，乃利貞。首出庶物，萬國咸寧。〔註6〕

> 《彖》曰：大觀在上，順而巽，中正以觀天下，《觀》。「盥而不薦。有孚顒若」，下觀而化也。觀天之神道，而四時不忒。聖人以神道設教，而天下服矣。〔註7〕

根據乾卦的卦爻辭，雲、雨、太陽在方位結構中組成了自然空間，自然空間的正常運轉需要依賴「乾道」的主導，「乾道」即為「天道」，天道不僅是自然空間的法則，同時也是人類社會中個體和邦國得以產生的根源和需要順應的規範性法則，與天道主導下自然空間常態發展狀況相對應的則是社會空間的「萬國咸寧」，「萬國咸寧」所描述的則是社會空間在天道的主導下理想性運作的情況。再參看觀卦的卦爻辭，觀卦的卦象為「風行地上」，這種自然空間中的意象呈現了天道以及其所引申的四季運轉所需遵循的規則，與之相應發生在社會空間的情況是聖人根據天道的時勢教化百姓使其歸順，這裡的聖人形象就是以堯、舜、禹為代表的理想君王的形象，聖人對百姓進行教化和管治所展現的圖景正是社會空間中政權在理想運作狀況下的形勢。從乾卦和觀卦的例子可以看出，自然空間與社會空間二者一方面具有同構性，代表了真理的道同時主導了自然空間與社會空間的運行與發展，自然空間中形態的變化呈現了道在運行規律方面的功效，這種運行規律同時也在社會空間中發揮作用，關涉社會空間的個人、群體乃至國家層面的行動；另一方面自然空間相對於社會空間具有先在性，發生在自然空間的各個季節的自然氣象遵循規律和順地運行，沒有特異的氣象情況發生，為君王有效合理管治國家創造有利的條件和提供需要遵循的規律，從而在社會空間中達致「萬國咸寧」和「天下服矣」的最優狀況。參考瑪麗・塔克對中國早期思想史的考察，「宇宙論的相關關係有

〔註6〕周振甫，周易譯注〔M〕，北京：中華書局，2013年，第3頁。
〔註7〕周振甫，周易譯注〔M〕，北京：中華書局，2013年，第79頁。

助於保持自然、政治和社會秩序之間的和諧。」〔註8〕這是一種以陰陽五行學
說為根基，將所有事物置於普遍相互聯繫的關係中的宇宙論視野，正是宇宙論
的共鳴理念為自然空間和社會空間之間的相互關係提供了知識依據。見諸乾
卦和觀卦的自然空間和社會空間之間的相互關係，同樣大量存在於其他卦象
所表徵的意義中，而且自然空間展示的啟示性指引涵蓋社會空間的不同方面，
包括個體範疇的修德與功業，家族範疇的婚嫁與綿延後代，以及國家範疇的教
化百姓、軍隊征伐等，覆蓋倫理和政治領域的所有維度，並轉化為社會空間的
不同領域需要遵循的行動法則。

　　對處於社會空間中的行動者而言，尤其對於佔有大量文化資本與政治資
本的中國士大夫階層，社會空間的行動法則如何起到規訓和指引作用？換言
之，這是一個如何理解空間的運作機制的問題。再次以《周易》為例，這是來
自《繫辭上》的段落：

　　　　夫《易》廣矣大矣，以言乎遠而不禦，以言乎邇則靜而正，以
　　　言乎天地之間則備矣。夫乾，其靜也專，其動也直，是以大生焉。
　　　夫坤，其靜也翕，其動也闢，是以廣生焉。廣大配天地，變通配四
　　　時，陰陽之義配日月，易簡之善配至德。〔註9〕

　　自然空間通過展示天地在動和靜之間的交替轉向的變動狀況，為自然生
物和人類社會的發展變化提供需要遵循的規律，對處於社會空間內部的行動
者而言，需要根據自然空間動靜變化所呈現的處於變動中的啟示性意義，進行
德行修習。值得注意的是，《周易》這段論述中凸顯了「四時」的概念，意為
自然空間在四季中會不斷變動，個人需要在不同季節的變動中對道進行體悟
和理解，並落實在行動中。在中國古代哲學中，「時」包含了時機、時勢之義，
並不是一種同質、空洞的時間觀念，法國漢學家弗朗索瓦·朱利安將其形容為
「時—機會」〔註10〕。「四時」在標示季節時間的同時，也暗含了行動者有必要
根據具體的時勢開展不同實踐之義。《周易》包含諸多類似的論述，例如，參見
《大有》卦的內容，「其德剛健而文明，應乎天而時行，是以『元亨』。」〔註11〕

〔註8〕Mary Evelyn Tucker. Religious Dimensions of Confucianism: Cosmology and Cultivation [J]. *Philosophy East and West*, 1998(1): 5~45.

〔註9〕周振甫譯注，周易譯注〔M〕，北京：中華書局，2013，第 250 頁。

〔註10〕朱利安，論「時間」：生活哲學的要素〔M〕，張君懿譯，北京：北京大學出版社，2012，第 34 頁。

〔註11〕周振甫譯注，周易譯注〔M〕，北京：中華書局，2013，第 60 頁。

「大有」指豐收的年份，要有豐年來臨則需要順應上天並遵循時勢行動。其後儒家、法家、兵家的思想對時勢的觀念也多有強調，「道」所包含的真理性內容需要在變化的時勢予以理解、遵行，「時」構成理解空間運作機制的關鍵視角。自然空間和社會空間都將「道」視為可貫穿兩個空間的真理，自然空間所表徵的啟示性意義，需要社會空間的行動者根據時勢予以理解並轉化為自身在不同領域的具體實踐，這個過程正是中國古代空間觀念的運作機制。

由於空間的運作機制和時勢結合在一起，並不是永恆不變的固定模式，同時自然空間之於社會空間的關係既是同構的也是先在的，因而不少思想家試圖通過闡釋天人關係從而爭奪制定社會空間的行動法則的話語權。儒家引入關於個人稟性的「性」、「氣」概念，通過闡述「性」、「氣」和天道的關係，借助來源於「天」的合法性參與制定社會空間的規範性法則。根據《中庸》的論述，「天下之達道五，所以行之者三：曰君臣也，父子也，夫婦也，昆弟也，朋友之交也：五者天下之達道也。」〔註12〕子思認為士大夫需要達到把握道的境界必須處理好這五個方面的關係，逐一來看，君臣分屬政治範疇，父子、夫婦和昆弟分屬家庭倫理範疇，而朋友之交則分屬社會交往範疇，上述這五個方面共同組成了維繫社會空間正常穩定運轉的綱常倫理體系，構成了社會空間的行動者在實踐過程中需要遵循的規範性法則。董仲舒則從天人感應的神學角度闡發孔子所論述的綱常倫理體系，政治範疇的重要性得到了強調。其一，在等級次序的範疇，「天子受命於天，諸侯受命於天子，子受命於父，臣妾受命於君，妻受命於夫。諸所受命者，其尊皆天也，雖謂受命於天亦可。」〔註13〕其二，在施政效應的範疇，「春者，天下之所為也；正者，王之所為也。其意曰，上承天之所為，而下以正其所為，正王道之端云爾。……四方正，遠近莫敢不壹於正，而亡有邪氣奸其間者。是以陰陽調而風雨時，群生和而萬民殖，五穀熟而草木茂，天地之間被潤澤而大豐美，四海之內聞盛德而皆徠臣，諸福之物，可致之祥，莫不畢至，而王道終矣。」〔註14〕董仲舒將自然空間的啟示性意義神學化，進一步凸顯「天」的權威地位，儘管皇權一定程度上由於需要遵循「天」呈現的啟示性意義而受到制約，但董仲舒的學說更主要是從「天」

〔註12〕朱熹，四書章句集注〔M〕，北京：中華書局，2016，第 29 頁。

〔註13〕蘇輿，春秋繁露義證〔M〕，鍾哲點校，北京：中華書局，2015，第 406 頁。

〔註14〕班固，董仲舒傳 // 漢書（第八冊），顏師古注，北京：中華書局，1962，第 2501 ～2503 頁。

出發確立皇帝的權力在來源和行使方面的正當性，重要性遞次下降的君臣、父子、夫婦的關係分別形成既有區別又相互滲透的不同範疇，共同組成了王朝統治下的社會空間，並將社會空間的行動者整合進入支撐以皇權為核心的綱常倫理體系，而只有順應天意行使政治權力，才能構建有序而和睦的社會形態。

　　子思和董仲舒都是從自然空間和社會空間二者之間既同構又兼具「先在—回應」的關係出發，對社會空間的場域法則進行構建，他們均認為從政治和家庭的基本方面出發建立的綱常倫理體系構成了社會空間的基本內容，兩人的區分在於如何闡發自然空間對社會空間的啟示性意義。子思著重點在如何通過確立和完善綱常倫理體系的方式重建禮崩樂壞之前的美好政治秩序，主要從樸素自然主義的角度解讀天人關係，而董仲舒在承認綱常倫理體系的重要性的同時，獨特之處在從神學角度強調皇權來源於天，從而削弱了以社會空間內部的規範性法則為依據質疑皇權的合理性。

　　子思和董仲舒兩人既相似又有區別的構建社會空間行動法則和等級結構的路徑，成為明代中期之前中國思想史的主流，社會空間的運作機制緊密圍繞著如何完善綱常倫理體系而展開。例如，以李澤厚對宋明理學的解讀為例，「所有的格物、致知、窮理，所有對事事物物的理解體會，都只是為了達到對那個倫理本體的大徹大悟。而這種徹悟也就正是『行』——倫理行為。」〔註15〕源於自然空間的天理，貫穿了所有事物，並構成了社會空間的倫理秩序，同時也對進入社會空間的個體的行動進行規範，即王夫之對張載思想的闡發所言——「中正，則奉天下之大本以臨事物，大經審而物不能外，天下之道貫於一矣。有成心者有所倚，徇見聞者必屢遷；唯其非存大中而守至正，故與道多違。」〔註16〕在王陽明及其後以泰州學派為代表的王學後繼者的思想具有廣泛社會影響力之前，即截止至明代中期，中國的社會空間是一個單一的倫理政治空間。自然空間則因為和社會空間處於同構性和先在性關係，為社會空間的綱常倫理體系提供合法性來源，這種來源可能是《中庸》所展現的樸素自然主義形式，也可能是董仲舒所宣揚的神論形式，運作模式則正如陳立勝的歸納，「因

〔註15〕李澤厚，中國古代思想史論〔M〕，北京：生活・讀書・新知三聯書店，2017，第211頁。

〔註16〕王夫之，張子正蒙注〔M〕// 船山全書（第十二冊），船山全書編輯委員會編校，長沙：嶽麓書社，1996，第156頁。

此，宇宙發生的一切事情都與人間有著千絲萬縷的聯繫，也就是說，一切『自然現象』都是一個『索引』、一個『指引』，它總是指向它之外的領域。於是，『天災』指向的是『人禍』，『天文』指示『人文』。」〔註17〕儘管一直存在反對綱常倫理的思潮，以及追求欲望享受的群體，然而在明代中期之前的社會空間中，這些群體和思潮更多作為異端而存在，始終無法真正介入社會空間的政治秩序和改變社會空間的支配性法則。有機會獲得良好教育的士人階層，在實踐中只有遵循綱常倫理體系的一系列規範性法則，才能獲得主流社會的認可和接納。

第二節　身體的規訓／抵抗

在中國的歷史傳統中，尤其對儒家知識分子而言，「修身」是一個重要的思想命題。從先秦儒家開始，「修身」就被視為依次實現齊家、治國、平天下的儒家士大夫理想的首要階段，此後到了宋代，程朱理學進一步將「修身」明確為達到得道和明理的境界的自省性路徑。對處於社會空間的個體來說，自然空間和社會空間在「先在─回應」運作機制下構建了單一的倫理政治空間，社會空間在運作過程中對個體進行規訓，以及個體相應地接受規訓或抵抗控制的主要場所集中在身體維度。

有必要明確中國思想史的「身體」概念所涵蓋的範圍，參見段玉裁所注釋的《說文解字》對「身」的解讀──

> 躳也。呂部曰。躳，身也。二字為互訓。躳必入呂部者。躳謂
> 身之傴。主於脊骨也。從人。申省聲。大徐作象人之身。從人，厂
> 聲。按此語先後失倫。厂古音在十六部。非聲也。今依韻會所據小
> 徐本正。韻會從人之上有象人身三字。亦非也。申，籀作𦥔。故從
> 其省為聲。失人切。十二部。凡身之屬皆從身。〔註18〕

《說文解字》的解釋指出「身」的最基本含義就是人的形體，而在中國社會對身體的思考在立足於形體的基礎之上，從對形體的修飾和身體欲望兩個方面拓展了身體概念的界限。參考楊儒賓的研究，「西周春秋時期的『威儀觀』

〔註17〕陳立勝，王陽明萬物一體論：從「身─體」的立場看〔M〕，北京：北京燕山
　　　　出版社，2018，第 87 頁。

〔註18〕許慎，說文解字注〔M〕，段玉裁注，上海：上海古籍出版社，2003，第 388
　　　　頁。

與『血氣觀』是儒家思想的兩個源頭，這兩種身體觀觸及了身體與禮、身體與心（或心氣），甚至隱約間也觸及了身體與自然（自然之氣）的領域。我們可以說：後來儒者對身體的諸種解釋都是沿著這個源頭發展出來的。」〔註19〕早期中國的身體觀念包括「威儀觀」與「血氣觀」兩種主要模式，前者主要指個體根據共同體的禮樂規範展現身體，後者主要指個體的身體建基於感官知覺、道德修養和外部自然之間的互通和調適，後代儒家身體觀念則對「威儀觀」與「血氣觀」這兩種身體範式做進一步拓展。楊儒賓的研究揭示了中國身體觀念的基本構成以及生成模式，一方面身體觀念涵蓋個體的軀體裝扮、感官調節和情感表達等多個維度，是一個廣義的概念；另一方面身體並非一個自我封閉的孤立範疇，而是和社會的禮儀規範和道德準則對身體的介入密切相關。簡言之，身體的概念建基於個體返向自身的修身行動和回應社會空間的規訓法則之間的張力性互動。

具體來說，在最基本的身體形體層面，個人行走、端坐的標準姿態和髮飾款式均有約定俗成或成文的禮法規定。例如，在先秦時期，《論語》記載，「原壤夷俟。子曰：『幼而不孫弟，長而無述焉，老而不死，是為賊。』以杖叩其脛。」〔註20〕原壤在等待孔子時候持雙腿分開的坐姿，結果引來孔子的嚴厲指斥。在形體修飾的層面，以《後漢書》中《輿服志》的內容為例，「夫禮服之興也，所以報功章德，尊仁尚賢。故禮尊尊貴貴，不得相踰，所以為禮也。非其人不得服其服，所以順禮也。」〔註21〕個人的衣冠搭配是否匹配自身社會地位，是評價個人品行的重要指標之一，同時也是觀察社會是否穩定有序的主要標誌。在身體欲望的層面，個體如何處理形體不同部位的欲望享受，則是鑒別個人是否賢德的重要標準。例如，朱熹認為，「飲食者，天理也；要求美味，人欲也。」〔註22〕飲食需求因為是個體的正常需求而被視為天理和本性的組成部分，但是如果沉溺於無節制的食物享用和對味道的過度講究，則會激發超出常規的欲望訴求，造成折損德行的負面影響。簡而言之，中國思想史的「身體」

〔註19〕楊儒賓，儒家身體觀〔M〕，上海：上海古籍出版社，2019，第 47 頁。
〔註20〕陳大齊，論語輯釋〔M〕，周春健校訂，北京：華夏出版社，2016，第 205 頁。根據陳大齊輯錄的注解，「《筆解》本作『扣』，解曰：『扣，文之誤也，當作指。指其足脛，使知夷踞之罪』。」
〔註21〕范曄，後漢書（四）〔M〕，李賢等注，北京：中華書局，2012，第 2946 頁。
〔註22〕朱熹，朱子語類（一）〔M〕，鄭明等校點，莊輝明審讀 // 朱子全書（第十四冊），朱傑人、嚴佐之、劉永翔編，上海：上海古籍出版社，合肥：安徽教育出版社，2010，第 389 頁。

既包含了基礎層面的個人形體，也延伸到形體的各種修飾行為和不同方面的欲望追求。

在中國哲人的思考和士人的行動上，身體問題並非一個封閉在個人生活領域的私人性問題。參見余英時對中國士人階層修身歷史的溯源，「『修身』最初源於古代『禮』的傳統，是外在的修飾，但孔子以後已轉化為一種內在的道德實踐，其目的和效用則與重建政治社會秩序密不可分。」〔註23〕修身作為「一種內在的道德實踐」，正是士人階層培育智慧與德行的實踐行動，不僅對自然空間和社會空間所提出的倫理政治維度的訴求做出回應，並且憑藉身體經驗所獲得的體悟介入到倫理政治空間的秩序建構。參見《周易》的頤卦的內容：「天地養萬物，聖人養賢以及萬民，《頤》之時大矣哉！」〔註24〕頤卦以「自求口實」作為主題，這是關於個體的飲食欲望方面的啟示，個人節制飲食的行動和在自然空間中天地對萬物的滋養，以及在社會空間中國家對百姓的養育具有共通性，三者共同遵循時勢並貫穿了「道」的觀念。當代學者貢華南著力探索「味」的文化意義，指出，「道以其『味』呈現，以其『味』召喚每個人，那麼，這樣的大道就不能通過客觀性的『看』來把握，而只能看過『味—道』這種特定方式來完成。」〔註25〕古代中國人通過味覺以「感」這種思考方式體驗對象，並進一步通過把握物的共通性從而達到理解道的生存境界，與建立在視覺優先基礎上的西方認識論觀念具有範式性差異。正是因為在中國傳統中，身體相關的感覺和欲望構成了人們認識世界的基礎，所以修身成為了士人生活中不容忽視的事情。《中庸》將修身視為道能否得以確立的前提，「脩身則道立，尊賢則不惑」〔註26〕。朱熹通過更全面系統的論述將個體的修身納入倫理政治的框架中，《近思錄》輯錄了張載的說法，「仁之難成久矣！人人失其所好，蓋人人有利欲之心，與學正相背馳，故學者要寡欲。」〔註27〕張載認為，每個個體都不可避免地有癖好和利欲追求，因而必須時刻節制自身的欲望才能學習聖賢的過程中培育仁德的品質。再看朱熹本人的論述，「人且逐日自把身心

〔註23〕余英時，中國知識分子的古代傳統——兼論「俳優」與「修身」〔M〕// 中國知識分子論，鄭州：河南人民出版社，1997，第 10 頁。

〔註24〕周振甫，周易譯注〔M〕，北京：中華書局，2013，第 101 頁。

〔註25〕貢華南，味與味道〔M〕，桂林：廣西師範大學出版社，2015，第 89 頁。

〔註26〕朱熹，四書章句集注〔M〕，北京：中華書局，2016，第 30 頁。

〔註27〕朱熹，近思錄〔M〕，王澔、陸暉校點 // 朱子全書（第十三冊），朱傑人、嚴佐之、劉永翔編，上海：上海古籍出版社，合肥：安徽教育出版社，2010，第 224 頁。

來體察一遍，便見得吾身便是天地之塞，吾性便是天地之帥；許多人物生於天地之間，同此一氣，同此一性，便是吾兄弟黨與；大小等級之不同，便是親疏遠近之分。」〔註28〕朱熹通過以「氣」、「性」這些概念作為中介，把身體納入倫理政治的秩序，將身體在何種程度共享相似的「性」和「氣」作為判別是否屬於精神同道的標準，從自身的身體出發論述仁和孝的同構性，身體修身正是依次實現家庭和睦、君臣合作、四方歸順的儒家倫理政治的最高理想的第一步。身體被視為個人德行的載體，倘若不能有效節制欲望，將與追求道和仁的正道方向相背離。

正因為身體作為呈現個人德行和智慧的直接載體，並與倫理政治秩序和道相關聯，對個人來說，尤其是試圖在社會空間的政治場域中佔據優勢地位的士人而言，力圖通過嚴格自律使身體符合社會空間的要求，這是一個既是主動也同時是被動地接受社會規訓的過程。對身體的規訓可以歸納為三個主要方面，分別是得體、節制和誠心。以《中庸》的兩段論述為例：

> 使天下之人齊明盛服，以承祭祀。〔註29〕

> 唯天下至誠，為能盡其性；能盡其性，則能盡人之性；能盡人之性，則能盡物之性；能盡物之性，則可以贊天地之化育；可以贊天地之化育，則可以與天地參矣。〔註30〕

修身的主要要求是要依禮而行，「齊明盛服」意為飲食齋戒，使身心潔淨，並穿上莊重的服飾，這是是祭祀上天和鬼神需要遵循的禮儀，個人能否參與祭祀儀式關乎到其能否被家國倫理秩序所容納。齋戒是祭祀前飲食方面的儀式性要求，食欲屬於身體欲望的其中一個方面，沉溺於過量和過於精美的酒肉以滿足味覺追求和食欲，這會被視作違背天道的私欲，是一種道德品質不高和缺乏禮儀的表現。正因如此，祭祀作為重大的倫理儀典，士人需要在事前進行齋戒，以節制身體欲望的方式使靈魂潔淨，同時需要「盛服」出席，即穿上莊重服飾以表示對祭祀儀式的尊重，這是通過修飾形體的方式滿足禮儀要求。對欲望的節制和對形體的合禮修飾，是為了表達參與祭祀的誠意和對祭祀儀式所關聯的家國倫理秩序的承認，因此誠心是身體規訓的第三個方面。誠是《中庸》

〔註28〕朱熹，朱子語類（四）〔M〕，鄭明等校點，莊輝明審讀 // 《朱子全書》（第十七冊），朱傑人、嚴佐之、劉永翔編，上海：上海古籍出版社，合肥：安徽教育出版社，2010，第3319頁。

〔註29〕朱熹，四書章句集注〔M〕，中華書局，2016，第25頁。

〔註30〕朱熹，四書章句集注〔M〕，中華書局，2016，第33頁。

的重要命題，成中英更是認為「誠」具有「終極實在」〔註31〕的地位。士人對祭祀儀典的誠意同樣需要在社會空間的其他場合中做到，而且通過個人的秉承天賦或者接受教育達到誠心的境界，將能充分發揮善良天性而不被私欲所蒙蔽，同時可以啟發他人發揚良好的天性乃至引導萬物遵循正確的趨勢發展變化，這是一個融入天地化生、培育萬物的過程，即對貫穿自然空間和社會空間的天道予以認識和把握，最終培育對國家的治理和發展的預判性認知。需要意識到的是，誠心不僅是個體道德良知的表現，同時也和個體智慧的培育密切關聯。先秦儒家關於規訓身體的論述在後世儒學的發展中不斷得以深入推進，尤其到了宋代，儒學在理學轉向中，通過規訓身體的手段達到悟道的境界，繼續得到宋代大儒的強調。例如，周敦頤在闡釋《周易》時凸顯「誠」的重要地位，「誠者，聖人之本。『大哉乾元，萬物資始』，誠之源也。『乾道變化，各正性命』，誠斯立焉。純粹至善者也。」〔註32〕將「誠」確立為天地萬物化生和人們自正本性的重要尺度，將「誠」作為自我修身的重要手段，達致守禮而節欲。再根據朱熹《近思錄》對程頤語錄的選輯，「哲人知幾，誠之於思。志士厲行，守之於為。順理則裕，從欲惟危。造次克念，戰兢自持。習與性成，聖賢同歸。」〔註33〕天理和欲望將分別導致豐裕和危險這兩個截然相反的結局，只有誠心地思考並節制欲望，遵循法度行動並勤於修習才能達到聖賢的境界。得體、節制和誠心三個方面依然是士人自我規訓身體的主要方面，士人將身體視為道德和智慧的載體和象徵，接受單一的倫理政治空間的規訓。

與此同時，中國思想史的內部存在解放身體以對抗倫理規訓的思潮，以老子、莊子追求無為、崇尚自然的思想為源頭，阮籍、嵇康、王弼、劉伶等魏晉士人群體是這種思潮的代表。與儒家的主流傳統對循禮修身的重視相異，魏晉士人推崇通過放縱慾望、清談玄理和親近自然的生活方式擺脫禮教的束縛，他們以接近病態的放縱方式追求欲望和宣洩情感，常見的行為包含沉溺於酒色藥物帶來的快感，劇烈表達個人的悲歡離合的情感，或者熱衷深入山林遊樂而無心世務等，這些所為與禮教和儒家的經綸世務的理想相違背。身體正是魏晉士人抵抗禮教規訓的重要場所，與倫理秩序從得體、節制、誠心三個方面規訓

〔註31〕成中英，本體詮釋學（一）〔M〕，北京：中國人民大學出版社，2017，第 127 頁。
〔註32〕周敦頤，通書：朱熹解附〔M〕，中華書局，2009，第 13～14 頁。
〔註33〕朱熹，近思錄〔M〕，王澔、陸暉校點 //《朱子全書》（第十三冊），朱傑人、嚴佐之、劉永翔編，上海：上海古籍出版社，合肥：安徽教育出版社，2010，第 220 頁。

身體相對立，他們選擇放縱身體對酒色、藥物的欲望而不加限制，以極致率真的方式表達大喜大悲的情感而並不加以節制，衣著服飾也不遵循禮節規範。這些名士直接反對的對象是司馬氏政權所推行的禮教，即社會空間的倫理秩序。以阮籍的《大人先生傳》為例，「大大人者，乃與造物同體，天地並生，逍遙浮世，與道俱成，變化散聚，不常其形。天地制域於內，而浮明開達於外，天地之永固，非世俗之所及也。」〔註34〕阮籍以大人先生的口吻說出自己觀點，人們是和天地和自然萬物同時產生，因而人們理應恢復到倫理政治秩序構成之前的生存狀態，而不需要遵循禮教規定的人生模式。阮籍設計了另一個虛擬人物對大人先生進行質詢，為什麼不遵循萬世不變的法度和禮教從而謹言慎行並謀求高位，這段表明阮籍基本志向的論述正是大人先生的作答。由此可見，阮籍等魏晉士人所針對的主要對象是禮教，即社會空間中的倫理政治秩序，他們援引道家的思想資源強調身體的自主性，通過欲望和情感的放縱以抵抗倫理政治秩序的規訓，將身體從修身、治國、平天下的經典儒家人生模式中解放出來。但是魏晉士人的身體抵抗思潮具有局限性，這種思潮具有鮮明的反禮教色彩，體現了反倫理政治秩序的特徵，但是卻沒有試圖在享樂或審美的啟發下構想一種新的社會組織形式，而是不斷強化自身作為倫理政治秩序的他者的特徵。事實上部分士人正是通過反倫理政治秩序的行為而贏取民間聲望，並最終轉化為政治資本獲得統治者重用，例如竹林七賢之一的山濤四十歲後出仕並位居高位。

總結來看，身體不僅是士人呈現自身德行和智慧的載體，而且是士人表達對社會空間的倫理政治秩序認同與否的重要場所之一。在明代後期王學日益興盛之前，對主流知識分子而言，為了獲取社會空間的權位以謀取權力利益或實現個人治理天下的政治理想，需要在身體的不同範疇保持與倫理政治秩序相一致；而對以魏晉士人為代表的異端知識人而言，他們通過身體反抗禮教，但是這種反抗更多作為倫理政治秩序的對立他者而存在，並沒有跳出既有的倫理政治秩序的基本命題，而且存在著以反禮教的方式獲得文化資本並重新進入政治場域的投機性考慮。因此，儘管身體表現了士人接受規訓和進行抵抗兩種不同的價值取向，實際上這兩種狀態依然是在社會空間既有的倫理政治的框架內進行。

〔註34〕〔魏〕阮籍，阮籍集校注〔M〕，陳伯君校注，北京：中華書局，2014，第137頁。

第三節　身體和空間的相互建構

明代中期之前，自然空間和社會空間的共同作用下，社會體系演變為單一的倫理政治空間，身體是社會空間再生產過程中對人們進行規訓的重要場所，對人們的著裝、行為、欲望等身體範疇的方方面面制定了細緻的規範，而對處身於社會空間的士人而言，身體是他們自身德行和智慧的重要展示場所，他們立足於身體的自我規訓或抵抗，與空間構成了雙向互動，這種互動關係是理解中國古代的文化—政治問題的重要視角。

其一，身體的規訓和抵抗需要置於空間中予以理解。自然空間和社會空間在「先在—回應」的體系下，建構了單一的倫理政治空間。身體則是對行動者的社會地位和道德修為的表徵，是行動者對貫穿自然空間和社會空間的倫理政治秩序的回應。從身體的規訓與空間的關係看，士人作為社會空間的行動者，讓身體接受得體、節制和誠心的規訓，正是遵循社會空間的倫理法則進行自我規訓的行為，這是一種自上而下和自下而上相結合的行動。一方面王朝的統治者以禮教約束士人的言行舉止，制定了士人群體需要在身體範疇遵循的法度，便於將其完全整合進入王朝統治秩序之中。例如明代建立之後即頒布服飾等級制度，各個級別的任職官員以及尚未進入官僚系統的生員、貢監生的服飾均不相同。〔註 35〕統治者規定了士人群體必須根據自身在社會空間中據有的位置，穿戴相匹配的服飾，既通過凸顯士人在服飾範疇與平民的區別以抬升士人的地位，將具備知識積累和道德修養基礎的士人吸納進入官僚系統，同時統治者通過服飾將士人群體內部進行嚴格分層，迫使士人為了追求更榮耀的身份地位而保持對王朝的忠誠。另一方面，士人試圖進入社會空間並獲得政治場域的位置和聲望，以實現自身的政治抱負。正如余英時對宋代士大夫政治文化的分析，「道學雖然以『內聖』顯其特色，但『內聖』的終極目的不是人人都成聖成賢，而仍然是合理的人間秩序的重建。」〔註 36〕儘管在不同時代士人的劃分範圍和政治上升的機遇不同，然而余英時對宋代士大夫意圖通過「內聖」以求獲得政治地位踐行政治理想的分析，也適用於絕大部分歷史時期的士人階層。在明代晚期商業社會開始興起之前，政治是士人首先願意介入的領

〔註 35〕參見陳寶良，明代社會生活史〔M〕，北京：中國社會科學出版社，2004，第192 頁。

〔註 36〕余英時，朱熹的歷史世界：宋代士大夫政治文化的研究（上）〔M〕，北京：生活・讀書・新知三聯書店，2004，第 118 頁。

域，他們需要通過嚴格的自我規訓使身體符合社會空間的場域法則，在身體範疇貫徹落實儒家經典典籍對修身的規定，以求展示自身的德行和智慧，獲得政治場域的聲望並得到起用。再從身體的抵抗與空間的關係看，與規訓身體的思潮相對立的是以魏晉名士為代表的身體抵抗的思潮，他們將身體視為展示自身反對名教、崇尚自然的場所，這種身體抵抗的思潮同樣與社會空間的倫理政治秩序密切相關。對將身體視為抵抗的象徵的士人而言，從思想基礎來看，他們對身體的抵抗特質的建構是以社會空間的倫理政治秩序的反面為基礎，與社會空間規訓身體的三個方面得體、節制和誠心剛好完全相反，倡導了一種不受任何綱常倫理約束的生活習慣和情感表達方式，並且試圖與修身出仕的傳統士人方式保持距離。但是這種反向構建並沒有在既有的倫理政治秩序所涵蓋的範圍外提出新的命題，只是構建了一種以「反─倫理政治」為特徵的抵抗性身體，因而在以身體抵抗為特徵的行動者在介入社會空間的過程中缺乏構建新的場域法則的能力和話語資源，社會空間依然是單一的倫理政治空間。究其原因，從思潮的緣起看，魏晉士人群體對名教的激進反對立場，部分原因來自於當時的政治現實──門閥士族日益成為社會空間的主導者，更具體直接的緣由或者是他們拒絕認同司馬氏的主政，或者是他們擔心被捲入殘酷的權力鬥爭而危及性命。簡言之，魏晉士人通過在身體範疇反對禮教的方式隱匿地表達對政治的不滿。同時，也有部分士人反而通過激烈的身體抵抗行為而在文化場域贏得聲望，並由此轉化為政治場域中更高的權力位置之後，重新回到規訓身體的軌跡之上。所以，從身體抵抗的思潮的思想基礎、起因和個別轉換的案例中可以看到，身體的抵抗實際依然局限在既有的社會空間的倫理政治視閾之內。

其二，士人可以借助身體經驗介入對空間的行為法則做出修正。社會空間的行為法則制定需要上溯到自然空間所呈現的貫穿萬物的天道，對社會空間的行動者而言，尤其對具有政治信念的儒家士人而言，他們在遵循禮法自我規訓，並非一個完全的自上而下的整合過程。參考余英時的說法，「中國古代知識分子所持的『道』是人間的性格，他們所面臨的問題是政治社會秩序的重建。」〔註37〕他們也試圖通過對以道為核心的形而上領域進行重新解釋，並以此為基礎在介入社會空間的過程中主動參與政治社會秩序的改良，而身體在

〔註37〕余英時，中國知識分子的古代傳統──兼論「俳優」與「修身」〔M〕// 中國知識分子論，鄭州：河南人民出版社，1997，第 7 頁。

規訓過程中的經驗構成了闡釋天道的資源之一。例如，靜坐從宋代開始成為儒家修身的重要方法之一。根據陳立勝的研究，雖然二程、朱熹等大儒對靜坐在悟道的作用大小存在分歧，但是他們均把靜坐作為修身明道的手段之一，靜坐具有「觀未發前氣象、默識仁體、養出端倪、見性、悟道」、「收斂身心，澄息思慮」、「觀天地生物氣象」、「省過、懺悔之有力手段」這四個方面的作用。〔註38〕再參見日本學者馬淵昌也對宋、元、明時期的靜坐經驗的歸納，「如此，藉著靜坐而有特殊的體驗——露出清澈的心之本體，突破時空的限制，此心不僅以世界整體為內涵，並且成為流露能源的支點。」〔註39〕靜坐是一種包含節制和誠心特質的身體規訓手段，士人借助來源於靜坐的身體經驗得以體悟天道和觀察天地變化之象，即體會和把握貫穿自然空間和社會空間的真理和規律，這個過程包含了士人立足身體經驗的基礎上闡釋道的過程，而非完全被動接受經典典籍和統治者對道的論述，從而為微調社會空間的行為法則提供了潛在可能。

　　這種趨向在朱熹的思想中體現得更為明顯，朱熹承繼二程在理學體系中進一步推動儒學的知識化和客觀化轉向。朱熹先後講到，「宇宙之間，一理而已，天得之為天，地得之而為地，而凡生於天地之間者，又各得之以為性。」〔註40〕「是皆必有當然之則，而自不容己，所謂理也。外而至於人，則人之理不異於己也；遠而至於物，則物之理不異於人也；極其大，則天地之運，古今之變，不能外也；至於小，則一塵之微，一息之頃，不能遺也。」〔註41〕由此，理和道的合法性來自於上天，具備貫穿自然空間和社會空間的普遍有效性和客觀性，和個體的入世行動密切相關，需要個體通過修身的實踐獲得對道予以認知和體悟的道德基礎。回溯朱熹對「格物致知」的解讀，參考他對《大學》的補注：

〔註38〕參見陳立勝，靜坐在儒家修身學中的意義〔J〕，廣西大學學報（哲學社會科學版），2014（4）：1～12。

〔註39〕馬淵昌也，宋明時期儒學對靜坐的看法以及三教合一思想的興起〔M〕// 楊儒賓、馬淵昌也、艾皓德編，東亞的靜坐傳統，臺北：臺大出版中心，2012，第67頁。

〔註40〕朱熹，晦庵先生朱文公文集（四）〔M〕，徐德明、王鐵校點 //《朱了全書》（第二十三冊），朱傑人、嚴佐之、劉永翔編，上海：上海古籍出版社，合肥：安徽教育出版社，2010，第3376頁。

〔註41〕朱熹，四書或問〔M〕，黃坤校點 //《朱子全書》（第六冊），朱傑人、嚴佐之、劉永翔編，上海：上海古籍出版社，合肥：安徽教育出版社，2010，第527頁。

閒嘗竊取程子之意以補之曰：「所謂致知在格物者，言欲致吾之
知，在即物而窮其理也。蓋人心之靈莫不有知，而天下之物莫不有
理，惟於理有未窮，故其知有不盡也。是以大學始教，必使學者即
凡天下之物，莫不因其已知之理而益窮之，以求至乎其極。至於用
力之久，而一旦豁然貫通焉，則眾物之表裏精粗無不到，而吾心之
全體大用無不明矣。此謂格物，此謂知之至也。」〔註42〕

　　根據朱熹論述的脈絡，天理貫通於萬物之中，人們需要通過持久的刻苦學
習才能成功領悟貫通於物中的理，達到窮理的境界，他試圖構建一個具有一定
客觀性基礎的認識論體系，推崇道德和認知相統一。再結合朱熹與陳亮的往來
書信來看，「已往是非不足深較，如今日計，但當窮理修身，學取聖賢事業，
使窮而有以獨善其身，達則有以兼善天下，則庶幾不枉為一世人耳。」〔註43〕
朱熹將「窮理」和「修身」視為效法聖賢的途徑，「窮理」和「修身」並不是
兩件可以截然分開並立的事情，朱熹的思想體系儘管出現了認識論的轉向趨
勢，但是他的思想依然承繼先秦儒家傳統，將修煉心性和遵循禮教視為核心內
容和最終目標。「窮理」不僅包含了認識論意義上的發掘客觀知識的推進，而
且也是個人通過修身達到體悟天理的道德境界的過程。誠心作為規訓身體的
重要手段，根據《中庸》的論述，緣由在於誠心有助於個人把握天道進而獲得
如何管治國家的智識經驗，而朱熹的人生目標在效法聖賢之後還包含了「兼善
天下」的政治理想，在修身方面必須做到誠心，在這個基礎上的「窮理」才能
兼備智識和道德。所以，「修身」和「窮理」密切相關，「修身」是實現「窮理」
的前提和必要條件。

　　簡而言之，在朱熹看來，通過身體的自我規訓，為格物這一下工夫的學
習過程建立心性和道德的基礎，這是通過格物達到窮理的境界的前提條件。
在認識論範疇，窮理的結果將導致具有客觀性基礎的知識生產，構成了以知
識分子為主體的「道統」，這在一定程度上挑戰了皇權主導的「治統」。參考
余英時對朱熹的研究，「朱熹一方面運用上古『道統』的示範作用以約束後世
的『驕君』，另一方面則憑藉孔子以下『道學』的精神權威以提高士大夫的政

〔註42〕朱熹，四書章句集注〔M〕，北京：中華書局，2016，第6～7頁。
〔註43〕朱熹，晦庵先生朱文公文集（二）〔M〕，劉永翔、朱幼文校點 //《朱子全書》
　　　　（第二十一冊），朱傑人、嚴佐之、劉永翔編，上海：上海古籍出版社，合肥：
　　　　安徽教育出版社，2010，第1592～1593頁。

治地位。」〔註44〕這是以朱熹為代表的諸多具有政治影響力的儒家知識分子所追求的理想和踐行的政治實踐，知識分子憑藉具備一定自主性基礎的窮理所獲得的客觀性知識，參與到對形而上的天道的賦義，從而不同程度地介入到對社會空間的既有行為法則的修訂。而窮理的前提和必要條件可以追溯到修身，也就是說，身體的抵抗或被規訓不僅需要被置於空間的倫理政治秩序中理解，而且士人的身體也可以通過為認識實踐和政治活動的合理性提供經驗性支持，從而對自然空間啟示性意義的再解讀和社會空間的再生產施加影響。

　　總結來看，在中國古代思想史中，「身體」是士人德行和智識的載體，「空間」呈現了王朝統治的社會形態及其合法性依據，「身體」和「空間」的雙向互動，展示了中國古代士人與政治權力之間的複雜張力性關係。對「身體」和「空間」以及二者之間雙向互動的考察，可以歸納為「身體─空間」的視角，這是一種複合性的文化社會學視角，以此作為方法論介入到對中國古代審美思潮的解讀，將有助於揭示存在於審美文化場域中的審美與政治之間的關係。在中國古代，思想分別和審美、政治之間具有顯然易見的密切關聯，尤其對儒家知識分子來說，藝術表達思想的功能始終受到不同程度的強調，楊乃喬將儒家詩學傳統需要遵循的文化規範表述為「經學中心主義」〔註45〕，羅成則概述為「『道─德─文─教』的整全構造」〔註46〕。儒家思想更是作為官方意識形態始終受到不同王朝的重視和運用，借助於思想作為中介，審美和政治之間的相互關係有必要受到重視和進一步思考。在明代王學日益成為社會主流之前，士人在社會活動的空間更局限在上層政治，因此空間呈現為單一的倫理政治空間。當晚明在政治和思想領域發生雙重異變之後，伴隨著商品生產的進一步發展，「身體」和「空間」兩個概念及其之間的互動發生了劇烈變化，在晚明審美場域運用「身體─空間」視角進行文化社會學的考察，將有助於從審美政治的維度理解晚明的社會和思想的巨變及其限度。

〔註44〕余英時，朱熹的歷史世界：宋代士大夫政治文化的研究（上）〔M〕，北京：生活・讀書・新知・三聯書店，2004，第35頁。

〔註45〕楊乃喬，東西方比較詩學──悖論與整合〔M〕，北京：文化藝術出版社，2006，第62頁。

〔註46〕羅成，「錯畫」的秩序──《文心雕龍・原道》的「自然─歷史」闡釋及文明論意義〔J〕，文藝爭鳴，2020（6）：110～116。

第二章　圖繪晚明的社會狀況

　　明朝是一個跨越了 276 年的帝制王朝，始於明太祖朱元璋 1368 年稱帝，結束於 1644 年李自成攻佔北京，自此政權不再對中國完整疆域具有控制權。明朝前中期的政治和社會形勢和唐宋兩代統一王朝之間具有相似性，延續了重農和均富的施政方略。與此同時，明代前中期的政治和社會領域發生了諸多新變，官僚制度發生了廢除宰相的根本性變革，商業借助交通條件的改善得到不斷擴大發展的良好機會，這些變化在不同程度上促成了晚明政治、思想和經濟場域的巨變。

第一節　政治場域的劇變：作為晚明開端的「大禮議」事件

　　在明代前中期，程朱理學依然是士人修身出仕的重要思想依據，根據《明史·儒林傳》的記載——「原夫明初諸儒，皆朱子門人之支流餘裔，師承有自，矩矱秩然。曹端、胡居仁篤踐履，謹繩墨，守儒先之正傳，無敢改錯。學術之分，則自陳獻章、王守仁始。」〔註1〕儘管朱元璋以廢除宰相的方式從根基上變革了文官制度，士人作為權力分享者的地位呈不斷下降的趨勢。根據參與著述《明史》的萬斯同閱讀《洪武實錄》後的評論，「迨不為君用之法行，而士子畏仕途甚於穽坎。蓋自暴秦以後所絕無而僅有者。」〔註2〕首先表現在經濟

〔註1〕張廷玉等，明史：清乾隆武英殿原刊本（六）〔M〕，王雲五編，臺北：臺灣商務印書館，2010，第 3094 頁。
〔註2〕萬斯同，石園文集〔M〕// 《萬斯同全集》（第八冊），寧波：寧波出版社，2013，第 248 頁。

待遇上，根據《明史‧食貨志》的記載，「自古官俸之薄，未有若此者。」〔註3〕陳寶良進一步寫到，「自明代中期以後，很多初任官員無不陷於困頓的窘境，甚至導致『京債』的盛行。」〔註4〕更為惡劣的情況來自於針對官員的嚴厲刑法，根據《菽園雜記》的引述，「洪武問，秀才做官喫多少辛苦，受多少驚怕，與朝廷出多少心力？到頭來，小有過犯，輕則充軍，重則刑戮。善終者十二三耳。其時士大夫無負國家，國家負天下士大夫多矣。」〔註5〕特別是廷杖的懲戒方式，自朱元璋始，明朝歷任皇帝經常使用廷杖處置官員，從肉體和精神兩個方面嚴重打擊了士大夫的尊嚴，廷杖在《明史》的個人傳記中隨處可見——

弘治、正德年間出仕的御史蔣欽被多次杖打之後身亡：

> 方欽屬草時，燈下微聞鬼聲。欽：「念疏上且掇奇禍，此殆先人之靈欲吾寢此奏耳。」因整衣冠，立曰：「果先人，盍厲聲以告。」言未已，聲出壁間，益悽愴。欽歎曰：「業已委身，義不得顧私，使緘默負國為先人羞，不孝孰甚！」復坐，奮筆曰：「死即死，此稟不可易也！」聲遂止。杖後三日，卒於獄，年四十九。〔註6〕

正德、嘉靖年間出仕的葉應驄因為勸諫南巡和參與「大禮議」事件被杖打：

> 葉應驄，字肅卿，鄞人。正德十二年進士。授刑部主事。偕同官諫南巡，杖三十。嘉靖初，歷郎中。伏闕爭「大禮」，再下獄，廷杖。〔註7〕

嘉靖年間出仕的御史葉經被杖打之後身亡：

> 葉經，字叔明，嘉靖十一年進士，除常州推官，擢御史。嵩為禮部，交城王府輔國將軍表杷謀襲郡王爵，秦府永壽王世子惟燫與嫡孫懷埁爭襲，皆重賄嵩，嵩許之。二十年八月，經指其事劾嵩。嵩懼甚，力彌縫，且疏辯。帝乃付襲爵事於廷議，而置嵩不問。嵩由是憾經。又二年，經按山東監鄉試。試錄上，嵩指發策語為誹謗，

〔註3〕張廷玉等，明史：清乾隆武英殿原刊本（二）〔M〕，王雲五編，臺北：臺灣商務印書館，2010，第870頁。

〔註4〕陳寶良，明代官員的收入與生活水平〔J〕，人民論壇，2022（13）：126～128。

〔註5〕陸容，菽園雜記〔M〕，北京：中華書局，1985，第16頁。

〔註6〕張廷玉等，明史：清乾隆武英殿原刊本（四）〔M〕，王雲五編，臺北：臺灣商務印書館，2010，第2013～2014頁。

〔註7〕張廷玉等，明史：清乾隆武英殿原刊本（四）〔M〕，王雲五編，臺北：臺灣商務印書館，2010，第2236頁。

激帝怒。廷杖經八十，斥為民。創重，卒。〔註8〕

而作為明顯的對比，宋代士大夫的生存環境則相對寬鬆和優渥，清代史學家趙翼關於「宋制祿之厚」寫到，「惟其給賜優裕，故入仕者不復以身家為慮，各自勉其治行，觀於真、仁、英諸朝，名臣輩出，吏治循良，及有事之秋，猶多慷慨報國，紹興之支撐半壁，德祐之畢命疆場，歷代以來，捐軀徇國者，惟宋末獨多，雖無救於敗亡，要不可謂非養士之報也。」〔註9〕蘇澈則描述了宋真宗資助官員購買姬妾供其享樂的故事，「真宗臨御歲久，中外無虞，與群臣燕語，或勸以聲妓自娛。王文正公性儉約，初無姬侍。其家以二直省官治錢，上使內東門司呼二人者，責限為相公買妾，仍賜銀三千兩。二人歸以告公，公不樂，然難逆上旨，遂聽之。」〔註10〕

明朝士大夫的生存境況和宋代有天壤之別，朱元璋以嚴刑峻法整肅吏治和清除重臣，嚴重打擊了士人群體堅持「得君行道」的信心。但是，士人地位的下降進程尚在進行中，內閣在一定程度上繼承了宰相的部分權力，參見趙翼對仁宗、宣宗執政時期的觀察，「迨洪、宣間，三楊在內閣久，所兼官屢加至師、傅，於是官階益尊，雖無相之名，而已有鈞衡之重」〔註11〕。在部分以開明著稱的皇帝執政時期，士人階層依然有能力以道和禮作為理據對皇帝進行勸諫。例如，丘濬以義理作為重要理據嚮明憲宗諫言：「陛下端身以立本，清心以應務。謹好尚勿流于異端，節財費勿至於耗國，公任用勿失於偏聽，禁私謁以肅內政，明義理以絕奸佞，慎儉德以懷永圖，勤政務以弘至治。庶可以回天災，消物異，帝王之治可幾也。」〔註12〕士人繼續把出仕視為可以實現濟世理想和提升社會地位的首要途徑，參見萬斯同對明代中期朝局的論述，「當是時，正人君子布列朝端，百司眾職莫不得人，天下之士皆欲有所發舒，以赴功名之會，一時望治者，無不以為太平可俟矣。使從此君臣相得，信任老成，何

〔註8〕 張廷玉等，明史：清乾隆武英殿原刊本（四）〔M〕，王雲五編，臺北：臺灣商務印書館，2010，第2287頁。

〔註9〕 趙翼，廿二史劄記校正〔M〕，王樹民校正，北京：中華書局，2013，第565頁。

〔註10〕 蘇澈，龍川略志、龍川別志〔M〕，俞宗憲點校，北京：中華書局，1982，第74頁。

〔註11〕 趙翼，廿二史劄記校正〔M〕，王樹民校正，北京：中華書局，2013，第806頁。

〔註12〕 谷應泰，明史紀事本末（二）〔M〕，河北師範學院歷史系點校，北京：中華書局，2015，第613頁。

難致一代之盛治哉？」〔註 13〕萬斯同描述的正是士人階層所期待的「得君行道」的朝堂環境，君臣相互合作實現共建盛世的願景，儘管明代前中期商業持續發展，士人階層依然將獲得功名視為最理想的事業追求。同期，商人階層在社會空間中的地位和聲譽仍然遠遜於士人階層，在外在形象方面，以服飾為例，「令農衣綢、紗，商賈止衣絹、布，農家有一人為商賈者，亦不得衣綢、紗。」〔註 14〕在社交方面，以士人階層為主要成員的業餘畫家並不樂意以畫作交換商人的金錢或禮物，索畫的商人屬於「不願與之建立起平等關係者」〔註 15〕。因此，在明朝的前中期，在士人的人生規劃中，從事商業活動尚未成為出仕的替代性選擇，社會空間依然是單一的倫理政治空間。在「身體─空間」的視域下，身體是居於社會空間頂端的皇權用以規訓包括士人在內的全體民眾的場所，朱元璋制定了一套涵蓋王族、大臣、貢生、平民各個階層的服飾規範，具有「貴賤有別，服飾有等」的特徵。〔註 16〕明代前中期的士人普遍願意遵循官方頒布或約定俗成的修身規範，相信通過規訓身體可以提升自我的德行和智慧，表現對天道和禮教的領悟和遵行，從而獲得進入社會空間並得到認同的資格，進而在倫理政治範疇的實踐中提升自身在社會空間的位置，位置的提升則主要表現在佔據更高的權力位置和享有更高的政治聲望。

　　區別於明代前中期，乃至於明代之前的歷史時期，晚明時期中國社會的政治、經濟和文化各個方面均發生了巨大變化，尤其體現在商品交易規模不斷擴大的社會經濟狀況，並因此導致士商階層相互流動加劇、審美趣味轉向等現象，晚明時期在中國歷史進程中的重大意義在中國學術界以及海外漢學界持續受到關注。

　　然而對於如何定義晚明的開端，學術界尚沒有一個公認的時間點。如果以

〔註 13〕萬斯同，石園文集〔M〕//《萬斯同全集》（第八冊），寧波：寧波出版社，2013，第 251 頁。

〔註 14〕張廷玉等，明史：清乾隆武英殿原刊本（二）〔M〕，王雲五編，臺北：臺灣商務印書館，2010，第 703 頁。

〔註 15〕高居瀚，中國繪畫中畫家與贊助人交易的各種類型〔M〕//李鑄晉編，中國畫家與贊助人──中國繪畫中的社會及經濟因，石莉譯，天津：天津人民美術出版社，2013，第 17 頁。

〔註 16〕陳寶良指出朱元璋所制定的服飾制度的主要特點是「貴賤有別，服飾有等」，對這套制度進行了簡明扼要的分類介紹，並從等級制度、傳統禮教、行為特徵、社會風俗和審美價值等方面進行評價，參見陳寶良，明代社會生活史〔M〕，北京：中國社會科學出版社，2004，第 191～196 頁。

均質時間的角度看，明代歷史的最後 92 年可以被視為晚明階段，即 1552 年～
1644 年。嵇文甫認為，「這樣一個思想史上的轉型期，大體上斷自隆萬以後，
約略相當於西曆 16 世紀的下半期以及 17 世紀的上半期。」〔註 17〕嵇文甫並
沒有對晚明的開端進行精確定位並闡述理由，而是將隆慶皇帝於 1566 年繼位
視為粗略的參照性定位。吳晗認為，「我曾習慣地把明代分為兩個段落，分水
嶺是嘉靖朝（西元一五二二至一五六六）。談到明代的吏治時也不能例外。」
〔註 18〕吳晗將明代分為前後兩個時間段，將嘉靖朝作為明朝走向全面衰落的
起點。張顯清從中國近代化歷史起源的角度，通過對社會結構的多維度考察，
將「16 世紀初葉（明代嘉靖年間）」視為晚明的開端，這個具體的時間點就是
嘉靖皇帝繼位的 1521 年。〔註 19〕卜正民將 1550 年～1644 年視為晚明的年代
跨度，這是一個近似均質時間的劃分，他也強調了晚明的獨特性在於商品經濟
的急劇發展帶來了階層之間區隔的弱化和總體道德水平的下降。〔註 20〕總的
來說，結合中國學術界和海外漢學對晚明開端的界定和對晚明時期的社會歷
史文化的研究現狀來看，精確確定晚明開端的年份並不是一個不可或缺的學
術問題，將開端定於 1522 年～1566 年期間是當前學術界普遍採用，甚至在大
多數時候是不言自明的慣例，並不影響從社會歷史或者思想文化角度對晚明
開展考察。因為晚明研究的兩個主要座標分別是商品經濟的擴大化和王學成
為社會主流，這兩個座標並不容易也沒有必要確立一個具體定格的年份。然
而，對中國古代的社會歷史和文化的考察，需要重視朝堂政治的影響，皇權處
於社會空間的頂端，士人一方面以傚忠皇權的方式提升自身的權力資本，另一
方面則通過展現自身對天道和禮教的理解對皇帝進行一定程度的指導和規
勸，這兩個方面共同構成儒家士大夫理想的從政模式。正因如此，由皇權所主
導的政治場域的劇變，可以作為界定晚明開端的其中一種思路。〔註 21〕

〔註 17〕嵇文甫，晚明思想史論〔M〕，北京：東方出版社，1996，第 1 頁。
〔註 18〕吳晗，明代的新仕宦階級，社會的政治的文化的關係及其生活〔J〕，明史研究
　　　論叢（第五輯），1991（2）：1～68。
〔註 19〕參見張顯清編，明代後期社會轉型研究〔M〕，北京：中國社會科學出版社，
　　　2008，第 5 頁。
〔註 20〕參見卜正民，縱樂的困惑：明代的商業與文化〔M〕，方駿、王秀麗等譯，北
　　　京：生活·讀書·新知三聯書店，2004，第 2 頁。
〔註 21〕對晚明開端的討論可參見李佳的研究，李佳對如何定義晚明的開端進行了文
　　　獻梳理，提出「大禮議是一個對中樞政治權力關係格局走勢產生極大影響的
　　　標誌性事件，而皇權終究是傳統政治體系的中心」，將晚明政治史的開端上溯

　　晚明時期的開端可以上溯至嘉靖皇帝繼位後發生的「大禮議」事件，「大禮議」事件橫跨 1521～1538 年，以嘉靖皇帝繼位後針對自己和父親興獻王的名分問題發起的論爭開始，至 1538 年嘉靖皇帝將興獻王以「睿宗」廟號納入太廟最終結束，皇權在與士人階層的鬥爭中取得徹底勝利。〔註 22〕之所以將「大禮議」事件視為晚明的開端，需要從皇權和士大夫群體在集權和分權之間的矛盾角度予以理解。從明代早期開始，皇權不斷嘗試壓縮士大夫的權力，試圖在政治和知識層面同時將士人階層整合進入完全附屬於皇權的政治體制，士大夫則訴諸具備一定超越性和客觀性的道和禮，試圖保留不斷被皇權收回的政治決策權。儘管皇權不斷上升的趨勢在不同時期有所曲折，「大禮議」事件卻最後確立了皇權相對於士人的絕對強勢地位。

　　在「大禮議」事件中，士人階層一方面在知識層面立足於前朝的歷史事實和傳統的宗法制度，試圖在儒家綱常倫理的體系下要求嘉靖皇帝遵循宗法之禮；另一方面士人階層更是通過壟斷朝廷輿論和發動集體行動的方式逼迫嘉靖皇帝做出讓步，最後結局卻是楊廷和等重臣離任，左順門哭諫被強硬處理，士人階層試圖在一定程度上限制皇權的努力徹底失敗。參見萬斯同在評價楊廷和的「相業」時候對「大禮議」事件的回顧，「自史道發難而廟堂之釁隙始萌，曹嘉繼起而水火之情形益著，至『大禮議』定，天子之視舊臣元老真如寇仇。於是詔書每下，必懷憤疾，戾氣填胸，怨言溢口。而新進好事之徒，復以乖戾之性佐之，君臣上下，莫非乖戾之氣，故不十數年，遂致南北大亂，生民塗炭，流血成渠，蓋怨氣之所感，不召而自至也。由是觀之，和氣致祥，乖氣致戾，豈不諒哉！故愚嘗以『大禮』之議，非但嘉靖一朝升降之會，實有明一代升降之會也。」〔註 23〕隨著在士人階層中享有盛譽的輔臣之首楊廷和被迫離開朝堂，皇權和大臣之間的關係走向惡化，皇帝和士人群體互相視為仇敵。皇帝為了彰顯自身的權勢，在延續朱元璋在明初強化皇權的執政基調上更進一

　　　　至嘉靖元年（1522 年）。參見李佳，君主政治的演進與權力關係格局——關於晚明政治史研究的範式、問題與線索的思考〔J〕，求是學刊，2018（3）：145～153。

〔註 22〕孟森在引述大量史料的基礎上，從嘉靖皇帝繼位前後與群臣關於自身和父母名位的數次論爭，到嘉靖十七年興獻王以睿宗廟號進入太廟，對「大禮議」事件進行了詳盡的論述。參見孟森，明史講義〔M〕，鄭州：中州古籍出版社，2019，第 208～241 頁。

〔註 23〕萬斯同，石園文集〔M〕//《萬斯同全集》（第八冊），寧波：寧波出版社，2013，第 251 頁。

步，通過訓斥、廷杖的方式將大臣視為需要徹底壓服的對象，而士人階層則以劇烈對抗的姿態予以回應。正如萬斯同的描述，朝堂充溢「乖戾之氣」，君臣之間缺乏以相互妥協的方式緩和對抗的嘗試，由此開啟了「明一代升降之會」，這是明代轉向衰落的重要節點。

這個論述可以在「大禮議」之後的朝堂政治中得到進一步體現，「世宗於議禮之後，繼以奉道。議禮之摧折廷臣，以張璁、桂萼尸其禍，而璁、萼所未盡者，大抵由帝獨斷，而嚴嵩輩成之。」〔註24〕嘉靖皇帝在「大禮議」的政爭中取得勝利之後，沒有嘗試修復和士大夫群體的關係，而是轉而沉迷修道，並且獨斷朝政，士人階層只有像嚴嵩那樣放棄原則一味迎合皇帝，才可以獲得穩固的權位，這進一步明確了「大禮議」事件之後儒家士大夫理想中的從政模式走向終結。這種趨勢一直延續至明朝滅亡，劉宗周在崇禎年間的未呈交的上疏寫到，「始焉皇上出言以為是，而部、院、臺、省莫敢矯其非；即間有矯其非者，而皇上亦無從而得其非之實，國是遂終於不可問。」〔註25〕即使官至內閣首輔的葉向高，也感歎閣臣在君權之下缺乏發揮作用的空間，「不知以如此之閣臣，事如此之英主，天顏隔于九閽，事權操于六部，而欲用一手一足之力，盡厭天下之人心，竊恐皋夔稷契而在，亦有所不能也。」〔註26〕黃宗羲對內閣的運作制度進行了精闢的評述，「入閣辦事者，職在批答，猶開府之書記也。其事既輕，而批答之意，又必自內授之後而擬之，可謂有其實乎？吾以謂有宰相之實者，今之宮奴也。」〔註27〕黃宗羲所闡述的內閣和丞相兩種制度的區別在「大禮議」事件後得到徹底體現，閣臣的權力被進一步收回，除了張居正主政的特殊時期，內閣官員在大部分時候僅僅是執行皇帝意志的「書記」，而與士人階層權力下降所同時發生的則是宦官在政局中的地位不斷提升。由於「大禮議」事件之後進一步明確了士人群體淪為完全依附於皇權意志的執行者，不再具有作為協助皇帝治理天下的合作者和引導者的尊嚴和權力，由此導致士人群體在人生選擇的優先考慮上發生了變化。

〔註24〕 孟森，明史講義〔M〕，鄭州：中州古籍出版社，2019，第232頁。

〔註25〕 劉宗周，再申皇極之要以端治本疏〔M〕//劉宗周全集（第三冊），杭州：浙江古籍出版社，2007，第121頁。

〔註26〕 葉向高，答劉雲嶠〔M〕//陳子龍等選輯，明經世文編，北京：中華書局，1962，第5049頁。

〔註27〕 黃宗羲，明夷待訪錄〔M〕//黃宗羲全集（第一冊），吳光編，杭州：浙江古籍出版社，2012，第9頁。

　　士大夫群體對於「得君行道」的儒家政治理想日益失去信心，或表現為以消極敷衍態度對待政務，正如袁宏道闡述為官的苦惱，「弟作令備極醜態，不可名狀。大約遇上官則奴，候過客則妓，治錢穀則倉老人，諭百姓則保山婆。一日之間，百煖百寒，乍陰乍陽，人間惡趣，令一身嘗盡矣。苦哉，毒哉！」〔註28〕呂坤以「巧宦」形容為政消極的官員，「第七等人，實政不修，粉飾以詐善；持身不慎，彌縫以掩惡。要結能為毀譽之人，鑽刺能降祥殃之竈。地方軍民之事，毫髮不為；身家妻子之圖，殷懃在念。此巧宦也。近日大家成風，牢不可破矣。」〔註29〕或表現為致力於通過權術和黨爭謀取利益，從而進一步惡化了士大夫群體對於朝堂政治的信心，明末清初的士大夫對此多有批評。魏禧批評結黨風氣，「不從吾黨者，其人雖有可用之才，可賞之功，則必排抑之，曰，是邪類也，不可令其得志。」〔註30〕《四庫全書》編者在關於顧憲成《涇皋藏稿》的提要寫到，「明末東林聲氣傾動四方，君子小人互相搏擊，置君國而爭門戶，馴至於宗社淪胥，猶蔓延詬爭而未已。春秋責備賢者，推原禍本，不能不遺憾於清流。」〔註31〕最後參見趙強的研究結論，「士人階層在政治和社會層面受挫，轉向建設和享受日常生活，這在一定程度上改變了中國古代知識分子的價值觀和生活觀，使人得以正視自己的身體、欲望和個體生存。」〔註32〕他的研究立足於對「大禮議」事件導致士人的心態發生變化的考察，隨著從政環境日益惡化的情況，士人或者毫無原則地逢迎皇權而失去了一貫以來的道德原則和政治主體性，又或者選擇離開朝堂將關注領域轉向社會和享樂，和日益發達的商業合流。相近的觀點見諸陳寶良的研究，「這是相當大的士風、士氣異動。那麼，這種大的士風變動，就其大處而論，應該說以嘉靖前後為界，加以區分。」〔註33〕朱曦林同樣認為，「以上在朝諸臣對內閣職責的諫言，實

〔註28〕袁宏道，丘長孺〔M〕// 袁宏道集箋校（一）〔M〕，錢伯城箋校，上海：上海古籍出版社，2018，第 224 頁。

〔註29〕呂坤，實政錄〔M〕// 呂坤全集（中），王國軒、王秀梅整理，北京：中華書局，2008，第 927 頁。

〔註30〕魏禧．魏叔子文集〔M〕．胡守仁、姚品文等校點，北京：中華書局，2003，第 76 頁。

〔註31〕顧憲成，涇皋藏稿〔M〕// 景印文淵閣四庫全書（第一二九二冊），臺北：臺灣商務印書館，1986，第 1 頁。

〔註32〕趙強、王確，「大禮議」與明代後期士人心態蛻變〔J〕，東北師大學報（哲學社會科學版），2014（5）：13～19。

〔註33〕陳寶良，狂歡時代：生活在明朝〔M〕，北京：人民出版社，2020，第 250 頁。

際上是希望回到嘉靖『大禮議』以前的政治態勢，即以內閣為核心的士大夫群體來負責國家事務。」〔註34〕可以說，正是發生在嘉靖朝的「大禮議」事件在根本上加速了晚明社會文化狀況的變動。

在考慮到「大禮議」所呈現的明代政治場域的危險和敗壞狀況對士人從政造成的直接負面影響的同時，有必要從「身體—空間」的視域進一步闡述「大禮議」為何理應視作晚明的開端。儘管明代前中期的商品經濟不斷擴大和發展，對士人階層來說，商人所擁有的經濟資本依然沒有達到和士人階層所擁有的政治資本和文化資本相提並論的水平，社會空間依然是單一的倫理政治空間，從身體規訓到政治體制的運作均需要遵循以天道和禮教為核心的綱常倫理體系，合法性來源於自然空間的道和天理具有外在於皇權的權威。因此，士大夫不僅在修身和實踐中自我規訓，嚴格遵循天道的啟示和禮教的訓示，彰顯自身作為政治主體的德行和智慧，而且他們也把引導君王在治理國家過程中合乎天道和禮教視作自身的天然責任，這兩者共同構成了士人階層對美好政治的信仰。士大夫的這種精神信仰和道德境界即錢穆的概述，「中國傳統政治歷代取士標準，亦必奉孔子儒術為主。政統之上尚有一道統。帝王雖尊，不能無道無師，無聖無天，亦不能自外於士，以成其為一君。」〔註35〕

然而，「大禮議」事件的過程和結局嚴重打擊了士大夫群體的精神世界。以楊廷和為首的士大夫階層試圖通過突出自身的德行和智性以獲得對道和禮的解釋權，從而在一定程度上以皇權的合作者身份行使政治權力，但是嘉靖皇帝卻拒絕接受士大夫群體對歷史典故的引用和對綱常倫理的解釋。即便士大夫群體在清寧宮失火事件中援引五行學說指責皇帝在禮節和言行有虧，也只是暫緩了皇帝為興獻王追尊名位的時間，這意味著自然空間的啟示意義也沒辦法真正制約皇權，最終導致了士大夫階層政治信仰的瓦解，植根於倫理政治框架的身體規訓也因此有必要重新加以調整。

左東嶺將「大禮議」事件形容為「帝王之勢與儒者之道的又一次較量」〔註36〕，最後的結局則標示「帝王之勢」的絕對優勢地位，當置身朝堂面臨生命危險和失去道德底線的情況下，士人階層在哲學思考和日常生活中將關注重

〔註34〕朱曦林，繪扆宣夢：黃景昉與晚明政局〔M〕，北京：中國社會科學出版社，2022，第147頁。

〔註35〕錢穆，晚學盲言〔M〕，桂林：廣西師範大學出版社，2004，第320頁。

〔註36〕左東嶺，王學與中晚明士人心態〔M〕，北京：商務印書館，2014，第210頁。

點轉向內心和身體欲望，個體在知識思考和身體實踐中開始正視欲望的正當性，同時加深對日益發展的商品貿易的參與度，經濟資本的地位在士人的價值觀念中得到提升，社會空間不再是單一的倫理政治空間。根據漢學家卜正民的論述，「明朝從奠基者太祖所強力推行的穩定的道德秩序最終滑向一個完全商業化的，在張濤眼中還是道德墮落的社會。」〔註37〕卜正民以秉持傳統保守價值觀的官員張濤的視角描述了明朝早期的道德秩序在晚明的商業化過程中走向瓦解，道德的墮落實際上包含了對身體欲望的重視和對經濟利益的追求，開啟了在社會文化方面具有諸多異端色彩的全新歷史時期。參考陳寶良對晚明生活轉變的闡述，「若以文化史的變遷為視角，晚明又是一個極度注重『玩』的時代。如果說傳統的中國社會通過勤儉勞作的生活觀念，乃至禮教的等級制度規定，藉此維持社會的『和諧』，那麼，晚明社會大眾共同持有的『玩』的心態，既是社會商業化的產物，又會對傳統等級森嚴下形成的『和諧』造成一種衝擊，於是給人以一種『失範』社會的感覺。」〔註38〕這種轉向一方面自然來源於晚明商業的發展，然而更重要的原因正是士人階層的政治信仰逐步崩塌，從而將生活重心轉向日常生活和世俗社會。因此，晚明的開端理應上溯至「大禮議」事件，即1521～1538年。

第二節　思想場域的新發展：王學對庶民空間的介入

明代政治場域自「大禮議」事件之後，士人階層曾經對政治場域寄予的美好想像日趨破滅，由此導致作為明代正統意識形態的程朱理學日益受到質疑，士人通過複雜細緻的外在工夫所體悟得到的天理，卻沒有受到皇權的充分尊重並轉化為實現治國理想的政治權力。同時，儒學思想的發展也面對自我革新的訴求，參見嵇文甫對晚明時代之前的思想狀況的批判性陳述，「從南宋末年，到明朝中葉，完全成一個朱學獨佔的局面。所謂一代大儒，如許魯齋薛敬軒輩，都不過陳陳相因，謹守朱子門戶。道學至此，幾乎純成一種爛熟的格套了。」〔註39〕吳震同樣認為，「朱子學在元明時代被定格為科考制度下的官方學問之後，遂成為一種固態化的知識體系，而其內部的思想活力便逐漸萎縮，整個明

〔註37〕卜正民，縱樂的困惑：明代的商業與文化〔M〕，方駿、王秀麗等譯，北京：生活・讀書・新知三聯書店，2004，第9頁。
〔註38〕陳寶良，狂歡時代：生活在明朝〔M〕，北京：人民出版社，2020，第21頁。
〔註39〕嵇文甫，晚明思想史論〔M〕，北京：東方出版社，1996，第3頁。

代朱子學的理論發展乏善可成，特別是在陽明心學以及明代氣學等思想輪番
夾擊下，朱子理學幾乎難以做出有力的理論回應。」〔註40〕朱學建立在一系列
繁瑣複雜的外在儀式的基礎上，有日益淪為「爛熟的格套」和「固態化的知識
體系」的趨勢，不僅無法在思想傳統內部推出創見，也日漸無力為士人階層應
對新的政治局面提供有力的思想指引。基於這兩個方面的原因，儒學作為士人
階層的思想根基，相應地發生了新的轉向，王陽明的學說逐漸成為士人階層新
的知識資源。

參照《明史》對王陽明的概述：

> 守仁天姿異敏。年十七謁上饒婁諒，與論朱子格物大指。還家，
> 日端坐，講讀《五經》，不苟言笑。遊九華歸，築室陽明洞中。泛濫
> 二氏學，數年無所得。謫龍場，窮荒無書，日繹舊聞。忽悟格物致
> 知，當自求諸心，不當求諸事物，喟然曰：「道在是矣。」遂篤信不
> 疑。其為教，專以致良知為主。謂宋周、程二子後惟象山陸氏簡易
> 直捷，有以接孟氏之傳。而朱子《集注》、《或問》之類，乃中年未
> 定之說。學者翕然從之，世遂有「陽明學」云。〔註41〕

王陽明早年專習朱熹思想，並遵循程朱理學的教義對行動和情感進行嚴
格規訓，但是他自認為沒有所獲。「龍場悟道」正是王陽明思想發生轉向和陽
明心學初步確立的標誌，「陽明學」以「自求諸心」的方式重新理解程朱理學
的經典命題「格物致知」，他的學術思想以「專以致良知為主」，而在得道的路
徑則表現「簡易直捷」。根據《明史》對陽明心學的影響力的陳述，「嘉、隆而
後，篤信程朱不遷異說者，無復幾人矣。」〔註42〕顧炎武得出同樣的觀察結
論，「嘉靖以後，從王氏而詆朱子者始接踵於人間」〔註43〕。深層次而言，陽
明心學和程朱理學的分歧並不僅僅是思想分歧，而是展現了士人階層對政治
和皇權的不同態度。

王陽明因為上疏直諫而遭遇廷杖處罰，並被貶謫至貴州龍場驛丞，參見

〔註40〕吳震，朱子思想再讀〔M〕，北京：生活・讀書・新知三聯書店，2018，第 3
　　　頁。

〔註41〕張廷玉等，明史：清乾隆武英殿原刊本（四），王雲五編，臺北：臺灣商務印
　　　書館，2010，第 2102～2103 頁。

〔註42〕張廷玉等，明史：清乾隆武英殿原刊本（六）〔M〕，王雲五編，臺北：臺灣商
　　　務印書館，2010，第 3094 頁。

〔註43〕顧炎武，日知錄（二）〔M〕，嚴文儒、戴揚本校點 // 顧炎武全集（第十九卷），
　　　上海：上海古籍出版社，2011，第 729 頁。

《明史紀事本末》的記載：

> 兵部主事王守仁上疏言：「戴銑等職居司諫，以言為職。其言而善，自宜嘉納；如其未善，亦宜包容，以開忠讜之路。乃今赫然下命，遽事拘囚。在陛下之心，不過少示懲創，使其後日不敢輕率，妄有論列，非果有意怒絕之也。下民無知，妄生疑懼。在廷之臣，莫不以此舉為非。然莫敢為陛下訟言者，豈其無憂國愛君之心哉？懼復以罪銑等者罪之，則無補國事，而徒增陛下之過舉耳！臣恐自茲以往，雖有上關宗社危疑之事，陛下孰從而聞之？苟念及此，寧不寒心！況今天時凍沍。萬一遣去官校督束過嚴，銑等在道或遂失所，填溝壑，使陛下有殺諫臣之名。然後追咎左右，莫有言者，則既晚矣！伏願追收前旨，使銑等仍舊供職，擴大公無我之仁，明改過不吝之勇，豈不休哉！」疏入，瑾怒，矯詔杖五十，斃而復甦，謫貴州龍場驛丞。既謫後，瑾使人伺之途，將置之死。守仁至錢塘，慮不免，乃乘夜佯為投江，而浮冠履水上，遺詩有「百年臣子悲何極，夜夜江濤泣子胥」之句。浙江藩、臬及郡守楊孟瑛皆信之，祭之江上，家人亦成服。守仁遂隱姓名，入武夷山中。已而慮及其父華，卒赴驛。華時為南京吏部尚書，劉瑾勒令致仕。〔註44〕

陽明心學在晚明士人群體的流行，很大程度由於王陽明所確立的儒學轉向切合了「大禮議」事件之後士人階層的處境變化和心態轉變。余英時從政治視角出發對朱熹和王陽明進行對比，「與朱子反覆向皇帝陳說『正心、誠意』不同，陽明說教的對象根本不是朝廷而是社會。他撇開了政治，轉而向社會去為儒學開拓新的空間，因此替當時許多儒家知識分子找到了一條既新鮮又安全的思想出路。」〔註45〕區別於二程、朱熹、陸九淵等宋代大儒試圖通過獲得皇帝的賞識實現政治理想的路徑，王陽明及其後學則將平民階層納入學說傳播的受眾範圍，將士人階層踐行天道信仰的場所拓寬到庶民階層的活動空間。此前士人階層進行實踐的社會空間是單一的倫理政治空間，家庭生活和政治生活統一於綱常倫理體系之下，王學興起之後，庶民階層的生活空間被納入士人階層的活動區域範圍，庶民階層的生活空間成為了和倫理政治空間既相互

〔註44〕 谷應泰，明史紀事本末（二）〔M〕，河北師範學院歷史系點校，北京：中華書局，2015，第 634～635 頁。

〔註45〕 余英時，現代儒學的回顧與展望〔M〕，北京：生活·讀書·新知三聯書店，2012，第 143 頁。

並存又相互滲透的另一種類型的社會空間。參考余英時的說法，這是一種由「得君行道」向「化民成俗」的轉向。〔註46〕

晚明儒學上述轉向對士人在社會空間的實踐所產生的影響，需要從王陽明學說的知識脈絡中予以理解。王學的首要特點在於心理合一，王陽明的核心觀點可以通過這句話予以概述，「身之主宰便是心，心之所發便是意，意之本體便是知，意之所在便是物。」〔註47〕朱熹認為士人需要通過一系列外在的學習和修行才能體悟普遍存在於物中的天理，即「知在我，理在物」〔註48〕。與朱熹的觀點相異，王陽明並不認為存在外在於心的理。王陽明通過將「格」理解為「正」，「物」理解為「意之所在」，從而將「格物致知」詮釋為以內心自正的方式體悟理的過程，即「把格物的方向從外在事物移向意向行為本身」〔註49〕。同時，王陽明的學說立足於心、性、理均為一體的基礎，需要通過內心自省的方式來體悟的天理又並非外在於心，本心的自正將達至心的本體得以自然呈現的狀態，這種狀態的實現本身就意味主體實現對理的體悟。在知行合一的方法論體系下，對理的體悟同時也將在綱常倫理的不同方面分別表現為孝、忠、仁。對於理的體悟和世界萬物的真理性理解均立足在本心的呈現，心的本體得以自然呈現的前提條件是人們需要擺脫欲望的遮蔽。也就是說，人們只需要通過正心培育誠意，就可以清除欲望對本心的遮蔽，本心即呈現為天理，個人無需通過一系列指向外部的複雜工夫或者儀式性程序就能體悟到天理。對於「大禮議」後對朝堂政治感到失望的晚明士人，王學的最大影響力在於重建士人的主體自信，他們在「得君行道」的政治信仰崩塌後在王學中獲得替代性的思想資源。在王陽明的學說中，具有貫通萬物的真理內涵的天理和人的本心是為一體，士人只需順應本心的呈現即可以得道成為聖賢，劉小楓稱之為「將成聖人工夫落實於常人的個體性情的率性」〔註50〕。在知行合一的

〔註46〕參見余英時，士商互動與儒學轉向——明清社會史與思想史之表現〔M〕// 現代儒學的回顧與展望，北京：生活・讀書・新知三聯書店，2012，第 248 頁。

〔註47〕王守仁，傳習錄〔M〕// 陽明先生集要（全二冊），施邦曜輯評，北京：中華書局，2008，第 36 頁。

〔註48〕朱熹，朱子語類（一）〔M〕，鄭明等校點，莊輝明審讀 // 朱子全書（第十四冊），朱傑人、嚴佐之、劉永翔編，上海：上海古籍出版社，合肥：安徽教育出版社，2010，第 472 頁。

〔註49〕陳來，有無之境：王陽明哲學的精神〔M〕，北京：北京大學出版社，2013，第 124 頁。

〔註50〕劉小楓，儒教與民族國家〔M〕，北京：華夏出版社，2015，第 156 頁。

方法論基礎上，順應本心的率性抉擇就是同時順應天理和貫徹良知的行動，無需依賴皇權的器重和評價，因此士人的主體人格得到大幅提升，不再需要仰視聖賢而在德行和學識方面自認低微，也無需強求皇權對自身德行和智識的認可，並且更為自主地進入到不同領域進行多樣化的實踐行動。在陽明心學的影響下，部分晚明士人選擇跳出建基倫理綱常所主導的倫理政治場域，在社會空間中開拓出日常生活空間，在審美場域、經濟場域等領域有所建樹，而不再執迷於政治場域的名位得失。

同時，王陽明關於心理合一的論斷，指出每個人只需要秉持本心即把握了天理，順應本心的行為就是致良知的實踐，這個觀點的適用範圍並不僅僅局限於士人階層，而且適用於包括庶民階層在內的所有人。明代詩文家姚汝循據此讚揚王學對庶民階層的積極作用，為良知學說辯護，「世以聖人為天授，不可學久矣。自良知之說出，乃知人人固有之，即庸夫小童，皆可反求以入道，此萬世功也，子曷病？」〔註51〕王陽明認為，「蓋所以為精金者，在足色而不在分兩；所以為聖者，在純乎天理而不在才力也。故雖凡人而肯為學，使此心純乎天理，則亦可為聖人；猶一兩之金比之萬鎰，分兩雖懸絕，而其到足色處可以無愧。」〔註52〕判別成聖的標準在於人的本心能否祛除任何私欲的遮蔽，呈現為純粹的天理，而不在於知識才學的積累豐富與否，即使是庸夫、小童也能夠通過以「誠」的心態擺脫物慾對本心的困擾，即能做到澄明本心而達到體悟天理的境界，也就能夠成為聖賢。相反，如果有才之人將精力沉溺在考據知識、追逐名利的欲望中，本心愈加為私欲所遮蔽，和成聖得道的境界反而背道而馳，精神境界將落後於擺脫私欲的屠夫和小童。

王陽明關於庸夫、小童也能入道成聖的論說，對晚明士人階層具有深刻的影響，這需要結合他對程頤關於聖人「必降而自卑」論的批判予以理解。程頤認為，「聖人之教人，俯就之若此，猶恐眾人以為高遠而不親也。聖人之言，必降而自卑，不如此則人不親。賢人之言，必引而自高，不如此則道不尊。」〔註53〕在程頤看來，聖人的訓示對於大眾的修身和行動具備啟示性和指

〔註51〕黃宗羲，明儒學案〔M〕，沈芝盈點校，北京：中華書局，2008，第581頁。
〔註52〕王守仁，傳習錄〔M〕// 陽明先生集要（全二冊），施邦曜輯評，北京：中華書局，2008，第75頁。
〔註53〕程顥、程頤，程氏外書〔M〕，朱熹編定，嚴佐之校點 // 朱子全書：外編（第二冊），朱傑人、嚴佐之、劉永翔編，上海：上海古籍出版社，合肥：安徽教育出版社，2010，第463頁。

引性的作用，他講到，「三者之中，復以立志為本。所謂立志者，至誠一心，以道自任，以聖人之訓為可必信，先王之治為可必行，不狃滯於近規，不遷惑於眾口，必期致天下如三代之世也。」〔註54〕

　　與程頤的觀點相反，王陽明否認聖人和天道對於諸如農工商賈之人而言是高高在上的存在，反而指出聖人和天道同時在「三光之上」和「九地之下」存在。人們並不需要為了修習天道而遠離日常事務，向聖人學習德行和學識也無需秉持過于謙卑的立場，聖人和他的學識就存在於日常生活的環境之中，天道同樣可以在日常生活的環境和事務之中獲得，學識的不同只會導致社會分工的不同，並不會導致德行和境界的等級差別。正因如此，晚明的士人階層開始重視庶民階層的日常生活空間，一方面如前所述士人的主體自信重新得以確立，士人相信只要遵循本心進行實踐就是順應天理的行為，無需執著於政治秩序下的事功名位能否得到皇權和後世的認可；另一方面，王陽明強調庸夫、小童只需要培育誠心即可以擺脫私欲而成為聖賢，顯然易見的情況是，市井的庸夫和普通家庭的小童並沒有經濟條件和審美品位去擺脫日常事務和營造高雅的生活趣味，然而他們所處身的生活環境卻沒有成為阻礙他們達到成聖和悟道的境界，貫穿於宇宙萬物中的天道也存在於日常生活之中，所以士人階層也將日常生活空間納入到實踐場所的範圍之內。王陽明此論的另外一個重要影響，則是士人階層以講學的形式介入到庶民階層的生活空間。根據王陽明《答顧東橋書》的說法，「天下之人心，其始亦非有異於聖人也，特其間於有我之私，隔於物慾之蔽。大者以小，通者以塞，人各有心，至有視其父子兄弟如仇讎者。聖人有憂之，是以推其天地萬物一體之仁，以教天下，使之皆有以克其私，去其蔽，以復其心體之同然。」〔註55〕儘管王陽明認為包括農工商賈的眾人的本心和聖人沒有任何差異，然而私利和物慾的追求會遮蔽他們本然的心體，導致了他們沉溺於利益的得失，不安守基業，良知沒法通暢於日常處理各類事務的行動中。因此，聖人有必要對眾人施教，以祛除私心物慾對本心的遮蔽，恢復天然存在的良知。王陽明和諸多王門的後繼者投入社會講學事業，例如王畿講到，「春夏往赴水西、白山之會，秋杪赴江右之會，歲暮始返

〔註54〕　朱熹，近思錄〔M〕，王澔、陸暉校點 //《朱子全書》（第十二冊），朱傑人、嚴佐之、劉永翔編，上海：上海古籍出版社，合肥：安徽教育出版社，2010，第 242 頁。

〔註55〕　王守仁，答顧東橋書〔M〕// 陽明先生集要（全二冊），施邦曜輯評，北京：中華書局，2008，第 222 頁。

越。知我者謂我心憂，不知我者謂我何求。人生惟此一事，六陽從地起，師道立則善人多。挽回世教，敘正人倫，無急於此。惟可與知己道也。」〔註56〕王陽明和其門徒深信庶民階層同樣具有良知的本心，因而有必要通過深入市井的講學教育引導他們成聖得道。

得益於活躍在不同地域的王門後繼者致力於以講學的方式傳播思想，王陽明學說在不同地域和不同階層中的影響力不斷擴大。《明儒學案》寫到，「陽明先生之學，有泰州、龍溪而風行天下，亦因泰州、龍溪而漸失其傳。泰州、龍溪時時不滿其師說，益啟瞿曇之秘而歸之師，蓋躋陽明而為禪矣。」〔註57〕

以王艮、顏鈞為代表的泰州學派和龍溪先生王畿詮釋王陽明的學說的時候，傾向於凸顯良知的本然存在、即時呈現的特性，以及強調士人階層和庶民之間的無差別性，歷史學家嵇文甫稱之為「王學左派」〔註58〕。這是一種偏向日常化、重視平等化的闡釋策略，王學因此具備跨地域、跨階層的傳播影響力。參見師從王艮的王棟所言，「自古士農工商業雖不同，然人人皆可共學。」〔註59〕泰州學派主持的講學活動中，農工商賈均可以參與學習和討論，進一步強調即使是缺乏學識的「愚夫俗子」和「不識一字之人」，也擁有自足的良知而無需外求，進一步吸引各個行業的民眾參與到王學主辦的講學活動中，並將關於致良知的心得轉化用於日用生活。王艮認為，「良知天性，往古來今人人具足，人倫日用之間舉措之耳，所謂大行不加，窮居不損，分定故也。」〔註60〕再參見同屬泰州學派的羅近溪針對「如何用工」的回答語錄，「學問須要平易近情，不可著手太重。如粗茶淡飯，隨時遣日，心既不勞，事亦了當，久久成熟，不覺自然有個悟處。蓋此理在日用間，原非深遠，而工夫次第亦難以急迫而成。學能如是，雖無速化之妙，卻又雋永之味也。」〔註61〕要做到致良知的學問，無需下狠工夫，在日常生活中順應內心而行，即可以獲得頓悟。但是，由於王學左派對王陽明學說的闡釋和推廣過程中過分強調良知的天然存在和推崇行為的率性而為，王學在泰州學派的闡釋和推廣中存在「漸失其傳」的風

〔註56〕王畿，與蕭來鳳〔M〕// 王畿集，吳震編校，南京：鳳凰出版社，2007，第327頁。

〔註57〕黃宗羲，明儒學案〔M〕，沈芝盈點校，北京：中華書局，2008，第703頁。

〔註58〕嵇文甫，晚明思想史論〔M〕，北京：東方出版社，1996，第16頁。

〔註59〕黃宗羲，明儒學案〔M〕，沈芝盈點校，北京：中華書局，2008，第741頁。

〔註60〕王艮，答朱思齋明府〔M〕// 王心齋全集，陳祝生等校點，南京：江蘇教育出版社，2001，第47頁。

〔註61〕黃宗羲，明儒學案〔M〕，沈芝盈點校，北京：中華書局，2008，第772頁。

險。王艮和王畿受到同時代王學的其他繼承學派的批評，例如以聶豹、羅洪先為代表的江右王門學派則倡導以「歸寂」作為修煉本心以達到致良知的工夫，重要的原因是避免心學在日益強調率性之後被釋道思想所滲透、置換。聶豹指出，「不睹不聞便是未發之中，戒懼以養之，所以立本也。……今人不知養良知，但知用良知，故以見在為具足，無怪也半路修行，卒成鬼仙。」〔註62〕聶豹和泰州學派所持的觀點相異，他主張「良知」需要通過「歸寂」的工夫在戒懼中予以培育和確立，而非可以現成地運用於實踐中。

　　儘管王陽明的後繼者之間存在分歧，這不妨礙王學在晚明思想場域中佔據首要地位，對日常生活的關注和對庶民空間的介入成為越來越多晚明知識分子的選擇。在講學活動中，庶民階層不僅聽講並參與到討論，甚至成為講者，在教學互通中也進一步促進士人階層在倫理政治空間之外拓展新的實踐場域。當然，這並不意味士人階層完全退出政治，諸多王學傳人在晚明政治中發揮了不同程度的影響，例如參與到萬曆朝的國本之爭，但是相比於明代前中期及更早的朝代，顯然易見的改變是，士人階層所面對的和願意主動參與的社會空間不再是單一的倫理政治空間，民間社會和日常生活日益受到士人階層的關注和重視。

第三節　經濟場域的新變化：士商互動的加劇

　　晚明社會空間的另外一個顯著變化是商業的發展和商人階層地位的上升，士人階層對日常生活的關注和對庶民空間的介入，不僅表現在思想文化層面以講學的形式促進了跨階層的對話和交流，還表現在經濟場域圍繞著審美趣味和義利之辯等主題與商人階層之間發生張力性互動。

　　對晚明經濟場域的梳理，有必要上溯至明代初期，將朱元璋在商業範疇的措施置於整體執政方略中予以理解。根據《明太祖實錄》的記載，「為國之道，以足食為本。大亂未平，民多轉徙，失其本業。而軍國之費，所資不少，皆出於民；若使之不得盡力田畝，則國家資用，何所賴焉。今春時和，宜令有司勸民農事，勿奪其時。一歲之中，觀其收穫多寡，立為勸懲。若年穀豐登，衣食足給，則國富而民安，此為治之先務，立國之根本，卿等其行之。」〔註63〕明

〔註62〕聶豹，聶豹集〔M〕，吳可為編校，南京：鳳凰出版社，2007，第351頁。
〔註63〕姚偉軍、李國祥等編，明實錄類纂：經濟史料卷〔M〕，武漢：武漢出版社，1993，第39頁。

代政權建立之初，朱元璋繼承了傳統農耕王朝的治理路線，以農業為本，並將立足於農耕基礎上的國富民安作為王朝統治的願景，以此作為確立朱元璋作為明君的歷史地位以及維繫王朝合法性和永續性的基石。因此，朱元璋寄望於百姓通過農業耕種，不僅以自給自足的方式實現豐衣足食的生活，重建朝代更替之際走向瓦解的鄉村基層秩序，而且為國家稅收提供穩定的經費來源，用於與北元政權持續數十年的軍事戰爭。商業在洪武年間受到一定程度的壓制，統治者通過制定涵蓋衣飾、飲食、居住等日常多個方面的等級區隔制度，以及以行業和地域作為劃分標準的戶籍和里甲制度，以強制降低商人生活質量並貶低其尊嚴的方式施行重農抑商的基本國策，同時在具體措施上嚴格限制農民棄農從商，嚴加管制商人的跨地域買賣活動。

然而，正如杜維明的判斷，「儒家傳統是重農而不輕商，重農輕商基本是法家精神。」〔註64〕即使在明代初期，商業依然被皇權和官僚階層認可為四業之一，士農工商並稱，儘管四業各自的社會地位並不平等和得到政權的重視程度不一，但是四業之間的分工實際是一種得到認可的合法社會分工。例如，朱元璋將合理經商營生的商人群體視為「良民」，「其良善者將本求利，或開鋪面於市中，或作行商出入，此市中之良者也。」〔註65〕統治者對商業主導措施是管制而非取締，試圖通過對從商的人員和數量進行管控，對商人的財產積累和經商路線的變化進行記錄，以便將商人階層也嚴格納入王朝自上而下的管治秩序。

根據當前明史學界的研究成果，歷史學者通過對洪武年間朱元璋的諸多言論以及不同年份的商業稅收政策的整理和解讀，指出部分時段朝廷給予了減免商稅的優惠，例如洪武初年商稅發生了從「十五稅一」向「三十稅一」的減免；得益於朝廷在邊境允許「商屯」的存在，行商通過在邊境銷售糧食獲利，而對於坐商，朝廷通過開設宣課司等各級機構按照統一標準徵收商稅；同時朝廷注意約束官吏對商人利益的不法侵害，例如敦促作為議價場所的牙行合理定價，禁止官吏限制商人經商旅途中的合法通行，修建儲存貨物的塌房等。〔註66〕加

〔註64〕曾明珠整理，儒家與自由主義——和杜維明教授的對話〔M〕//哈佛燕京學社、三聯書店主編，儒家與自由主義，2001，北京：生活·讀書·新知三聯書店，第84頁。

〔註65〕朱元璋，市民不許為吏卒〔M〕//錢伯城、魏同賢等編，全明文（第一冊），上海：上海古籍出版社，1992，第669頁。

〔註66〕參見余同元，明初「抑商」到「使商」政策下的商人與商業〔J〕，煙台師範學

拿大漢學家卜正民則認為，「明朝政府從背後給人口和貨物的流動——同樣也包括思想和社會地位的變動——一個推動力，而市場則從前方加速了這種運動。」〔註67〕他立足朱元璋的農業政策和交通建設，認為明初卓有成效的重農政策反而產生了更多可用於交易的剩餘產品，得到改善的運河和驛道交通為商品的運輸銷售創造了便利。《明史紀事本末》列有專章「河漕轉運」，以會通河的改造事宜為例，「至是，濟寧同知潘叔正言：『會通河道四百五十餘里，其淤塞者三之一。浚而通之，非惟山東之民免轉輸之勞，實國家無窮之利也。』」〔註68〕該官員的奏請得到明成祖和工部官員的重視，促成河道治理工程的開展。可以看出，明代一直重視河道在交通運輸中所發揮的作用，儘管其主要目的是調配糧食用於軍事作戰或彌補地域之間糧食產量的不平衡狀況，然而，在實際情況中，朝廷致力於提升水路運輸量的舉措，有力促進商品跨地域的銷售，推動商業市場的擴大。經濟史的相關闡述確證了明代交通對於促進經濟發展的積極意義，「由於各地商業往來的加強，在物產豐富和交通方便的地方，便形成了大大小小的商業中心區。」〔註69〕王汎森則寫到，「運河的疏通使得南北的長程貿易變得順暢，所以明代三十三個鈔關，有好多是在運河邊，包括臨清鈔關，有一些地方原來在元代的時候都不算什麼，可是在明成祖時疏通運河後，都成了重要的商業城市。」〔註70〕

　　簡而言之，即使在明代初年國家政權對商業管控最嚴密的時段，商業依然

院學報（哲學社會科學版），2002（2）：40～43；張明富，抑商與通商：明太祖朱元璋的商業政策〔J〕，東北師大學報（哲學社會科學版），2001（1）：27～32；孫傑，民生、國計與求道之方——明代「本業」觀的多重內涵〔J〕，中國經濟史研究，2016（3）：41～51。上述研究文獻對明初朝廷關於商業政策的史料以及相關的地方志、家族材料進行了細緻的梳理，並結合帝國所處的外部環境、知識界的思想轉向、大家族內部的擇業情況等視角對明朝初年的商業及相關的社會治理政策進行了辨析和解讀。同時參見孟森結合明初的總體治理政策對明史的《食貨志》的梳理和解讀，孟森，明史講義〔M〕，鄭州：中州古籍出版社，2019，第34～54頁。

〔註67〕卜正民，縱樂的困惑：明代的商業與文化〔M〕，方駿、王秀麗等譯，北京：生活‧讀書‧新知三聯書店，2004，第12頁。

〔註68〕谷應泰，明史紀事本末（一）〔M〕，河北師範學院歷史系點校，北京：中華書局，2015，第376頁。

〔註69〕吳量愷等，中國經濟通史‧第七卷〔M〕，長沙：湖南人民出版社，2002，第230頁。

〔註70〕王汎森，晚明清初思想十論〔M〕，北京：北京師範大學出版社，2020，第353頁。

獲得一定的發展空間，商業作為得到統治者認可的合法職業，商人的權益也能得到朝廷力所能及的保障和維護。

到了明朝中期，朝廷日益意識到商業的重要性，參考經濟史的闡述，「至明朝中、後期，因生產力的提高，商品經濟的發展，明統治者也不得不對明前期所實行的一些政策鬆動一下，作點相應的調整。因之，遂使商品經濟得到較快的發展，商業呈現了繁榮的景象。」〔註71〕儘管皇族依然熱衷於通過商稅等方式攫取商業發展的利益，然而長期主政的張居正已經認識到商業和農業之間的相互促進作用，對明初將商業視為農業的重大威脅這一傳統國策做出調整，「古之為國者，使商通有無，農力本穡。商不得通有無以利農，則農病；農不得力本穡以資商，則商病。故商農之勢，常若權衡。然至於病，乃無以濟也。……故余以為欲物力不屈，則莫若省徵發，以厚農而資商，欲民用不困，則莫若輕關市，以厚商而利農。」〔註72〕統治集團意識到，商業的發展有助於促進農業產品的流通，從而有利於農業的長期良性發展，因此主張在新的稅制中以減少徵稅的方式同時促進農業和商業的平穩發展。

明朝後期的商業發展進一步加速，社會階層的從業狀況發生了重大改變，生活在嘉靖、隆慶年間的文人何良俊寫到，「余謂正德以前，百姓十一在官，十九在田，蓋因四民各有定業，百姓安於農畝，無有他志。官府亦驅之就農，不加煩擾，故家家豐足，人樂於為農。自四五十年來，賦稅日增，繇役日重，民命不堪，遂皆遷業。……昔日逐末之人尚少。今去農而改業為工商者，三倍於前矣。」〔註73〕有必要結合史學研究闡述晚明的經濟圖景，參考樊樹志對晚明經濟發展的狀況和內外緣由的精闢論述，「地理大發現後的全球經濟帶動了晚明的進出口貿易，源源不斷流入中國的白銀，作為『一般等價物』的硬通貨，為晚明社會的銀本位貨幣體制奠定了堅實的基礎。……誠然，商品經濟的高度成長與商品市場的繁榮，有它的內在動力，這種動力從宋代以來一直在穩定而持續地起作用，到了明代中葉達到一個新高峰。」〔註74〕隨著社會秩序的恢復和穩定，農業和手工業的剩餘產品不斷增加，不

〔註71〕 王毓銓編，中國經濟通史：明代卷〔M〕，北京：經濟日報出版社，2000，第734～735頁。

〔註72〕 張居正，贈水部周漢浦榷竣還朝序〔M〕// 張太岳集（下），張嗣修、張懋修等編撰，北京：中國書店，2019，第103頁。

〔註73〕 何良俊，四友齋叢說〔M〕，北京：中華書局，1959，第111～112頁。

〔註74〕 樊樹志，晚明大變局〔M〕，北京：中華書局，2015，第146頁。

同地區差異化的生產分工導致了跨地區的商品轉賣具有必要性，而全球貿易的發展進一步促進明代中後期商品貿易規模的不斷擴大，出現了初具規模和組織形態的商幫以及以商品貿易為主要功能的市鎮。相對於收入變化平穩的農田耕作，商業所展現出來的收益對試圖提升社會地位的平民而言，明顯更具有吸引力。經商成功的例子頻繁見諸明人的記載，張翰《松窗夢雨》記載了家族前輩經營紡織業致富，「毅庵祖家道中微，以酤酒為業。成化末年值水災，時祖居傍河，水淹入室，所釀酒盡敗，每夜出傾敗酒濯甕。一夕歸，忽有人自後而呼，祖回首應之，授以熱物，忽不見。至家燃燈燭之，乃白金一錠也。因罷酤酒業，購機一張，織諸色紵幣，備極精工，每一下機，人爭鬻之。計獲利當五之一。積兩旬復增一機，後增至二十餘。商賈所貨者常滿戶外，尚不能應，自是家業大饒。後四祖繼業，各富至數萬金。」〔註75〕錢泳《履園叢話》記載了萬曆年間的孫春陽棄文從商並取得成功的例子，「案春陽寧波人，明萬曆中年甫弱冠，應童子試不售，遂棄舉子業為貿遷之術。……自明至今已二百三四十年，子孫尚食其利，無他姓頂代者。吳中五方雜處，為東南一大都會，群貨聚集，何啻數十萬家，惟孫春陽為前明舊業，其店規之嚴，選製之精，合郡無有也。」〔註76〕隨著政權的統治不斷鞏固，後續更替的統治者對人口流動的監視和管控日漸放鬆，由於國家和中上階層財富積累的增加，當政者也缺乏朱元璋對民間疾苦的切身體驗，明初確立的以區隔等級為特徵同時又將奉行節儉作為道德追求的關於衣食住行的規範性制度日漸被社會各階層遺忘。這種變化趨勢尤其在正德年間開始尤為明顯，朝廷也無力對服飾和居住方面的僭越嚴格限制。商人的生活水平和社會地位因而得以獲得顯著的提升，雄厚的經濟資本成為商人階層的重要標識，不僅對從事農、工業的庶民階層變換職業起到導向性作用，而且也對以文化精英自居的士人階層的價值觀造成衝擊。

正如卜正民的論述，「明代政府可能並沒有按歐洲中產階級的理想去促進商業，但至少它在相當大程度上，讓商業按照自己的方式發展。」〔註77〕明代各級政權儘管缺乏從現代意義上意識到商業對社會結構的變革性影響，

〔註75〕 張翰，松窗夢語〔M〕，蕭國亮點校，上海：上海古籍出版社，1986，第 105 頁。

〔註76〕 錢泳，履園叢話〔M〕，張偉校點，北京：中華書局，1979，第 640～641 頁。

〔註77〕 卜正民，縱樂的困惑：明代的商業與文化〔M〕，方駿、王秀麗等譯，北京：生活‧讀書‧新知三聯書店，2004，第 119 頁。

尤其嘉靖皇帝、萬曆皇帝以及皇族開設由宦官執掌的皇店攫取利潤、強截商品和暴徵商稅。然而，由於商業稅收不僅可以為政權的日常運作和災荒時期的施政提供必要的財政支持，而且商人群體也願意在一定程度的讓利基礎上和地方基層政權、富有名望的士紳群體開展合作以尋求庇護，因而在很多時候晚明的基層政權願意按照等價購買的貿易法則和商人展開正常的買賣交易，貿易法則日漸得到全社會的基本認可和遵守。隨著晚明時期世界貿易的開拓，白銀被確立為全社會通行的等價貨幣，其後朝廷也不定期頒布減免商人賦稅、維護商人經商權益的政策，有利於促進商業生產和銷售市場的不斷擴大和完善。

隨著商品貿易規模的不斷擴大，商人階層的價值觀念和行為方式產生的影響力向其他階層擴展，這種趨勢在明代中後期愈加明顯。在弘治、正德和嘉靖三朝出仕的何瑭寫到，「起自貴近之臣，延及富豪之民，一切皆以奢侈相尚。一宮室臺榭之費，至用銀數百兩，一衣服燕享之費，至用銀數十兩，車馬器用，務極華靡。財有餘者，以此相誇；財不足者，亦相仿傚，上下之分，蕩然不知。風俗既成，民心迷惑，至使閭巷貧民，習見奢僭，婚姻喪葬之儀、燕會賄贈之禮，畏懼親友譏笑，亦竭力營辦，甚至稱貸為之。」〔註78〕商人階層對奢靡生活的追求蔓延到士大夫階層，根據明末清初的文人李漁的描述，「風俗之靡，日甚一日。」〔註79〕崇禎朝閣臣黃景昉觀察到，「中州士大夫豪富僕妾多，僕以數十計，妾以數十計，直謂固然，各省直未有也。小民積憤不堪，逞於一決，如褚泰初、曹文衡之禍，可為炯鑒。」〔註80〕人們對享樂生活進行無節制的追求，對金錢的渴望超越了對道德品行的追求，正如焦竑所言，「人之四端無不具足，只緣不學，都錯用卻。如德業不若人，不以為恥，所恥乃在名位受享間，豈不顛倒？……『恥尚失所』四字甚佳，世之失所者，不獨羞惡一端也。」〔註81〕再參考柯律格的觀察，他針對士人群體及其創作的藝術品參與到商品貿易的現象指出，「在明代社會中，市場是一股

〔註78〕何瑭，民財空虛之弊議〔M〕// 明經世文編，北京：中華書局，1962，第1440頁。
〔註79〕李漁，閒情偶寄〔M〕// 李漁全集（第三冊），單錦珩點校，杭州：浙江古籍出版社，2014，第6頁。
〔註80〕黃景昉，自敘宦夢錄卷〔M〕// 羅振玉輯，羅氏雪堂藏書遺珍（九），北京：全國圖書館文獻縮微複製中心，2001，第148頁。
〔註81〕焦竑，崇正堂答問〔M〕// 澹園集，李劍雄點校，北京：中華書局，1999，第722頁。

強大的力量，是人與人之間，以及物與物之間，新型互動方式的一種有力象徵。」〔註82〕余英時將這種跨階層的新型互動方式稱為「士商互動」，用以論述從明代中期開始商人和士人階層之間的張力性互動的情況。參見余英時《士商互動與儒學轉向——明清社會史與思想史之表現》的具體闡述，首先，人員出現跨階層相互流動的現象，數量不少的士人選擇改業從商，同時儒商群體出現，這兩種現象意味著儒學思想進入商人階層並成為商人群體予以認同和接受的精神和知識資源，由此導致士商兩個階層的日常生活日趨融合；其次，士人利用自己的文化積累的優勢，通過撰寫文章、創作字畫等途徑獲取酬金，商人則考慮直接或者間接利用金錢積累的經濟優勢交換獲取政治地位或者社會榮譽，由此引起了儒家思想的總體價值觀念和關於社會發展方向的規劃發生轉變，義、利轉化為一對相互促進的概念，奢侈帶來的積極一面的社會功能被提出，以王學及其後繼者為代表的儒家流派將發展重心從朝廷轉向庶民階層，並且和商人合作對抗宦官及其背後的皇權。〔註83〕

　　余英時對「士商互動」的考察基於明清之交儒學轉向的問題意識，借助他對史料的梳理和闡釋，可以進一步理解晚明經濟場域中商人對士人階層的影響。余英時寫到，「商人背景的太學生在明代中、晚期已形成了一股不容忽視的社會勢力；他們處於士與商之間，加速了雙方的合流。」〔註84〕士商互動不僅體現為兩個具有一定區隔特徵的階層的張力性互動，而且這種相互滲透的趨勢已經延伸到太學生群體，即商人的力量已經成功進入到士人階層的根基。這種影響一方面正如余英時所解讀，商人利用太學生的身份便捷地與地方政府交涉；另一方面，國子監作為官方培育、選拔官員的最高教育機構，是儒家經典的研習和禮儀操演的場所，就讀國子監的時期正是士人階層規訓身體以提升德行和智性的重要階段之一。〔註85〕商人背景的太學生的生活習性和社

〔註82〕柯律格，長物：早期現代中國的物質文化與社會狀況〔M〕，高昕丹、陳恒譯，北京：生活・讀書・新知三聯書店，2015，第123頁。

〔註83〕參見余英時，士商互動與儒學轉向——明清社會史與思想史之表現〔M〕//現代儒學的回顧與展望，北京：生活・讀書・新知三聯書店，2012，第187~252頁。

〔註84〕余英時，士商互動與儒學轉向——明清社會史與思想史之表現〔M〕//現代儒學的回顧與展望，北京：生活・讀書・新知三聯書店，2012，第201頁。

〔註85〕商傳對明代建立國子監的歷史，以及如何制定針對學員的培養、實習和任命機制以及國子監的物質生活條件進行了言簡意賅的介紹，參見商傳，明代文化史〔M〕，合肥：安徽文藝出版社，2019，第200~210頁。

會視野將隨著日常交往等潛移默化的方式影響其他階層出身的太學生，對士人階層而言，無論是認同或者反對這種發生在日常交往的價值觀念的滲透，都必然需要通過知識生產和行為方式的改變做出回應，而由於士商的跨階層互動的深入，在文化上重新確立絕對的階層區隔已經不再可能。常文相通過對明代文集有關商人內容的梳理，得出和余英時相近的結論，「儘管部分商人心裏仍顯示出儒、賈擇業的一些內在緊張，然在勉為『廉賈』『良賈』的激勵下，不僅合理獲取財富作為實現人生理想物質基礎的取向被他們逐漸認可接受，而且他們還常常發揮自身優勢做出切實社會貢獻，並因此受到世人稱讚與尊重。此外，源於對傳統儒家文化倫理的深度認同，又有不少商人試圖在實踐層面打開儒、賈之間的通路，並為家族長遠發展計慮，務使一門之內儒、賈相資互濟，兼得並舉。」〔註86〕與商人以「儒商」自詡的同時，士人階層也開始公開參與商業活動，例如歸莊寫到，「遭亂家破，先處士見背，余饑窘困躓，瀕死者數矣；比年來，余文章書畫之名稍著，頗有來求者，賴以給饘粥。」〔註87〕嘉靖朝內閣首輔徐階也通過紡織業謀取暴利，「吳人以織作為業，即士大夫家，多以紡績求利，其俗勤嗇好殖，以故富庶。然而可議者，如華亭相在位，多蓄織婦，歲計所積，與市為賈，公儀休之所不為也。」〔註88〕簡言之，士人階層意圖通過調和義和利之間的矛盾，為經濟生活和奢侈享受尋找合法性依據，儘管這種思想趨勢並沒有得到全體士人階層的全盤接受，但已經足以印證士商在價值觀念上出現調和的趨勢。

士商階層不斷深入的交往和滲透，以及共同面對「大禮議」事件後權力不斷集中、擴張的皇權，士商階層具備政治合作的現實條件和迫切性。李贄對商人所受到的權力壓迫感同身受，「且商賈亦何可鄙之有？挾數萬之貲，經風濤之險，受辱於關吏，忍訽於市易，辛勤萬狀，所挾者重，所得者末。」〔註89〕余英時針對士商互動中的政治合作問題寫到，「16世紀以來，明代專制皇權的最大特色是宦官在皇帝的默許甚至慫恿之下廣泛地濫用權力，其結果不但朝

〔註86〕常文相，儒、賈之間：明代商人的職業選擇及價值理念〔J〕，齊魯學刊，2021（6）：42～51。

〔註87〕歸莊，筆耕說〔M〕//歸莊集，上海：上海古籍出版社，2010，第490頁。

〔註88〕于慎行，相鑒〔M〕//穀山筆麈，呂景琳點校，北京：中華書局，1997，第39頁。

〔註89〕李贄，焚書〔M〕//張建業主編，李贄全集注（第一冊），張建業、張岱注，北京：社會科學文獻出版社，2010，第119頁。

廷與士階層互相異化，而且也嚴重地損害了商人階層的權益。」〔註90〕余英時以晚明時期的蘇州商人的一次抗爭案件為例，面對宦官利用皇權壓榨商人的現狀，士人普遍持支持商人的立場，士商在政治領域開展跨階層的合作，由此進一步促進了晚明儒家的關注領域日益從倫理政治空間轉向庶民空間。在余英時論述的基礎上，可以做進一步分析，在王學及其後繼者更新了儒家的知識譜系與實踐指向之後，晚明的士人階層受到王學的影響，出現了將行道的重心從由皇權主導的倫理政治空間向庶民空間轉變的趨勢，這種趨勢並不意味著士人階層在日常生活中遠離政治，儘管「大禮議」事件導致了「得君行道」的政治信仰開始崩塌，然而在士商互動普遍發生的庶民空間中士人則以另一種方式重新介入政治。這種轉向可以從王陽明的致良知論中予以理解，「吾心之良知，即所謂天理也，致吾心良知之天理於事事物物，則事事物物皆得其理矣。」〔註91〕士人階層將本心在祛除私欲情況下的呈現即等同為天理、良知，以此心之本體介入現實即是貫徹天理的致良知行動，因此士人階層無需將貫徹道的實踐局限在以皇權為中心的倫理政治空間，為商人階層面對皇權壓迫時候提供政治支持也是一種致良知的形式。這意味著道統內涵發生了更新，隨著商人階層也成為社會生活的諸多方面中不可或缺的參與者，維護商人的正當性利益也被納入道統範疇之內。

　　有待進一步思考的將是，由於士商互動的交往主要集中在日常化的生活空間，日常化的生活空間究竟如何改造了道統的內涵，並進而生成一種新的政治實踐。

〔註90〕余英時，士商互動與儒學轉向——明清社會史與思想史之表現〔M〕// 現代儒學的回顧與展望，北京：生活·讀書·新知三聯書店，2012，第 228 頁。

〔註91〕王守仁，答顧東橋書〔M〕// 陽明先生集要（全二冊），施邦曜輯評，北京：中華書局，2008，第 208 頁。

第三章　晚明審美思潮的身體觀念

　　將「大禮議」事件界定為晚明的開端，這是對政治場域中士人階層日益惡化的處境的凸顯，士大夫群體實現政治理想的通道不斷縮窄，後續相應發生在思想場域的事件則是王學成為儒家思想的主流，王陽明及其後繼者強調個人的主體性以及將庶民空間納入知識思考的視野，並且以講學的形式推動了知識的跨階層傳播，與之同期發生的則是經濟場域中商品貿易的規模不斷擴大和交易機制的漸趨完善。面臨政治地位日趨下降的社會處境和儒學向內轉向的思想狀況，士人階層在士商互動的過程中一方面更主動開拓區別於倫理政治空間的新場域，另一方面則試圖在新的社會空間中依然掌握話語權，以維護自身的優越地位，那麼以士人階層作為創作和鑒賞中心的審美思潮發生了怎樣的改變？在晚明之前的時代，在單一的倫理政治空間中，身體是士人階層展現自身智性和德行以及回應意識形態的規訓的主要場所，那麼在社會空間的新變革過程中，身體觀念發生了何種變化？這種變化又是如何通過審美思潮予以表徵？

第一節　晚明審美思潮的新轉向

　　在明代的前中期，由於朝廷一直試圖重建社會秩序和恢復生產力，為此制定了涵蓋衣食住行多個方面的等級區隔制度，總體特徵表現為「倫理等級制度向社會生活的滲透」[註1]。士人階層將更多精力放在應對丞相制度廢除之後如何延續「得君行道」的問題，審美依然僅僅是倫理政治空間的附庸，並沒有

〔註 1〕陳寶良，明代社會生活史〔M〕，北京：中國社會科學出版社，2004，第 648
　　　　頁。

具有變革意義的事件發生。而到了晚明，甚至更早的正德年間，由於商品貿易的不斷發展，商人階層的經濟實力和社會地位的提高，商人階層憑藉巨額財富介入文化領域收集和購買古董字畫等文化藝術品，同時將金飾大量引入器物製作和居室裝潢等領域，有力衝擊了士人夫在精神領域的獨尊姿態。隨著「大禮議」激發的政治變動，以及陽明心學在思想界對儒學傳統的革新，士人階層開始將更多精力轉向經營日常生活。士商互動的社會進程是張力性的互動過程，在包含了相互對話和滲透的同時，也存在圍繞話語權而展開的階層競爭，由此引發晚明審美思潮發生諸多有待進一步闡釋的裂變。

　　晚明社會和宋代具有一定相似性，宋代的商業發展進入興盛階段，城市規模的擴大為集市的發展和完善創造了更有利的條件，同時市民階層群體不斷擴大，士人階層得益於政治管制的放鬆，更頻繁地參與到城市娛樂活動中。再結合在思想領域程朱理學發生了知識化、客觀化的轉向，對於宋代植根於市民階層和商業社會的審美狀況，潘立勇從「休閒文化」的視野出發對宋代美學進行述評，「一方面，宋代士人開始自覺地追求閒適、自然的生活，他們通過玩遊山水，親近林泉，構建私人園林，遊戲文墨等方式展現出瀟灑飄逸而又極具才情的休閒生活；但同時，在這種看似玩弄風月的生活方式下，休閒的人生訴求包涵了士人對政治出處、顯隱、得失，以及對人生情性之道、人生意義與價值乃至宇宙天地意識的深入思考和體悟。」〔註2〕再從具體藝術體裁出發，錢穆評述宋代繪畫，「宋代人論畫，重人品心胸，又深涉性理，乃亦知重日常人生之修養。」〔註3〕參考朱良志的進一步論述，「宋代畫學追求的理趣主要包括三個方面的內容，它們都和理學有密切關係：一是哲理化，即賦予繪畫以哲理的內涵，以繪畫來表現宇宙人生的思考；二是倫理化，繪畫中的趣味，是為滿足人們某種道德的追求而產生的，這突出表現在宋畫中所普遍存在的比德觀念上；三是詩意化，宋代畫學極力撮合詩與畫的關係，以畫境表現詩意，畫境和詩心結合，可以產生特殊的理趣。」〔註4〕

　　總之，宋代的總體審美狀況可以從兩個層次予以理解。在第一個層次，以

〔註2〕潘立勇、陸慶祥等，中國美學通史：宋金元卷〔M〕，南京：江蘇人民出版社，2014，第314頁。

〔註3〕錢穆，理學與藝術〔M〕//中國學術思想史論叢（六），北京：生活・讀書・新知三聯書店，2019，第247頁。

〔註4〕朱良志，扁舟一葉——理學與中國畫學研究〔M〕，合肥：安徽教育出版社，2006，第83頁。

士大夫為主要參與者的審美活動是一種以休閒為主要特徵的生活方式，包含了創作並鑒賞字畫、構築園林、參觀自然名勝等活動，展現了士人階層對以閒適為特徵、以生命精神為立足點的人生境界的追求。在第二個層次上，這種以休閒為特徵的審美文化又是和士大夫的政治追求和思想界的理學思潮密切相關，審美活動包含對宇宙的總體認知以及對倫理道德的思考。

　　宋代士大夫的審美狀況需要結合其時的政治形勢和思想狀況予以闡釋。余英時寫到，「總之，與皇帝『同治』或『共治』天下是宋代儒家士大夫始終堅持的一項原則。」〔註 5〕宋代士人階層以皇權的合作者自居，政治主體的自我認知和家國責任的意識得以確立，高揚主體自信，因而士人階層一方面擁有閑暇時間和情致參與文化交流和娛樂活動，而另一方面宋代士人的娛樂活動實際上依然是建基於綱常倫理體系的社會空間的附庸，僅僅是士大夫閑暇之餘陶冶性情的自我放鬆，而涵蓋藝術創作和鑒賞審美活動往往也以表達「特殊的理趣」為宗旨，並沒有對倫理政治空間的行動法則產生任何實質挑戰。

　　同時，士人階層的休閒活動普遍具有精英主義式的區隔特徵，壟斷了審美趣味的裁斷權，品評器物和參觀自然山水往往被視為體悟天理和提升自我道德境界的一種方式，不僅並沒有產生超越既有倫理政治秩序的實踐或反思的契機，而且事實上在審美文化維度為倫理政治秩序提供了合理性論證。貢華南指出，「宋儒追求克己、涵養工夫，都指向對理會者的約束與規範，而成為天理之化身無疑是其最高目標。」〔註 6〕宋巍、董慧芳則認為，「與此同時，宋元高官待遇優厚，且多經科舉入仕，故他們在治政以外的消閒中發展出符合儒家理念的雅致生活文化，如填詞、書畫、置園、集會、鬥茶、把玩金石，等等。」〔註 7〕宋代士人在休閒活動中通常遵循規訓身體的節制原則，身體享受和詩意情感的抒發均控制在適度範圍，以「逸」、「平淡」、「適」為追求，避免因沉溺欲望而損害體悟天理的精神體驗，避免減損身體所表徵的德行和智性而影響士人在倫理政治空間中的位置和聲譽。

〔註 5〕余英時，朱熹的歷史世界：宋代士大夫政治文化的研究（上）〔M〕，北京：生活‧讀書‧新知三聯書店，2004，第 229 頁。

〔註 6〕貢華南，理、天理與理會：論「理」在中國古代思想世界的演進〔J〕，復旦學報（社會科學版），2014（6）：11～16。

〔註 7〕宋巍、董惠芳，中國審美意識通識（宋元卷）〔M〕，北京：人民出版社，2018，第 25 頁。

　　宋巍、董惠芳從現代性的視角，將明代美學視為宋代審美趣味的延續，「宋元以後，城市經濟、市民階層、文化消費等對審美意識的影響越來越大，不甚符合這一社會新變的部分漢唐審美意識漸漸退化為符號性的存在，宋美審美意識被明清文人視為更為合理的宗法對象。」〔註8〕然而，這種觀點忽視了朝堂政治形勢的重要影響，作為審美活動主體的士大夫群體，他們的審美趣味和品位的變化，和他們的政治主業的前景變動密切相關。明代士大夫在政治中的境遇明顯不如宋代士大夫，特別到了嘉靖朝，「大禮議」事件讓士人階層普遍認清以皇權為核心的政治場域的行動法則，立足自身的德行和智性踐行「得君行道」的政治信念已經和倫理政治空間的場域法則相左，因而庶民空間成為了士人階層介入的新的社會空間，審美活動日漸獨立於倫理政治空間。例如，參見陳文新對明代山林詩審美特徵的論述，和展現王朝氣象為主旨、隸屬於倫理政治空間的臺閣體相異，「山林詩以獨善其身為宗旨，抒發了一種疏遠皇權的情懷。」〔註9〕再參見肖鷹對晚明的詩論、劇論、音樂美學等範疇發生的從推崇教化功能轉向重視情感表達的闡釋，「然而，晚明藝術思想的一個新趨向，正是去雅就俗、尚情避教。」〔註10〕結合陳文新和肖鷹兩位學者對晚明多種文類的個案考察，晚明審美思潮的發展趨勢日益背離倫理政治空間，不再將自身的情感表達以及文化活動整合進入單一的倫理政治空間。那麼，如何理解晚明審美思潮的新變？

　　首先，參考晚明文人筆記的兩則記載，范濂在萬曆年間撰寫的《雲間據目抄》寫到，「細木傢伙，如書棹、禪椅之類，余少年曾不一見。民間止用銀杏金漆方棹。自莫廷韓與顧、宋兩家公子，用細木數件，亦從吳門購之。隆、萬以來，雖奴隸快甲之家，皆用細器。而徽之小木匠，爭列肆於郡治中，即嫁裝雜器，俱屬之矣。紈綺豪奢，又以梐木不足貴，凡床、廚、几、棹，皆用花梨、癭木、烏木、相思木、與黃楊木，極其貴巧，動費萬錢，亦俗之一靡也。」〔註11〕再看沈德符《萬曆野獲編》的記載，「嘉靖末年，海內晏安。士大夫富厚者，

〔註8〕宋巍、董惠芳，中國審美意識通識（宋元卷）〔M〕，北京：人民出版社，2018，第369頁。

〔註9〕陳文新，明代文學與明代的政治、經濟、文化生態〔J〕，文藝研究，2013（10）：44～53。

〔註10〕肖鷹，中國美學通史（明代卷）〔M〕，南京：江蘇人民出版社，2021，第381頁。

〔註11〕范濂，雲間據目抄〔M〕，上海：上海進步書局，出版日期不詳。

以治園亭、教歌舞之際，間及古玩。」〔註12〕通過范濂和沈德符的敘述可以看到，晚明社會普遍追求奢靡生活，而對於物的收集和展示則是當時人們致力於提升生活體驗並彰顯社會地位的方式。晚明士人群體置身於這種社會氛圍，在延續修築園林和欣賞歌舞這些常見的興趣愛好的同時，將器物的賞玩視為日常生活的重要關注點。這意味晚明士人群體的器物審美觀念發生了重大的變化，引導晚明美學的研究開拓了物質文化的新視野。

　　當代學者趙強的研究具有代表性，他立足於「物」及直接釋放的身體欲望的理論視角具有啟發性，圍繞晚明不斷加速的商業化、世俗化的社會背景和不斷提升的生產力狀況，以「物」為主題形成的不同形式的癖好有力改造了社會各階層的日常生活習慣和跨階層的交往方式，生活中由「物」激發的審美經驗既充分滿足了士人階層的欲望又可能引發他們對「物」的反省和警惕，以上社會圖景和思想狀況展開了晚明社會的「生活美學」的多維向度。在「物——生活美學」的理論視野下，趙強進一步指出，「在這種『生活美學』的引導下，晚明時代的日常生活呈現出空前的藝術化、審美化特徵。這表現為日用之物，如服飾、飲食、居室、日用器物、家具、乘輿、園林等日常生活要素在設計、製作工藝上的精緻化、藝術化，還體現為原本居於日常生活之外的審美對象，如書畫、古董、文房清玩、泉石禽鳥、戲劇娛樂等的日常化。」〔註13〕從這段論述可以看出，晚明審美思潮圍繞著對「物」的迷戀，日用之物和藝術之物的邊界不再明晰，日常生活和審美設計、藝術鑒賞相互滲透，「物」成為了士人階層日常生活所必須面對的對象。這種生活美學被闡釋為「審美方式的雙重『物化』」〔註14〕，儘管士人階層在享受物慾滿足的同時試圖繼續保持超越性的精神體驗，但是由於「物」的佔有和評鑒和以功利性為特徵的商業邏輯緊密關聯，士人階層在參與評鑒和賞玩的過程中和審美對象均陷入了物化的情境。在趙強的研究基礎上可以做進一步引申，他將晚明時代的社會文化狀況闡釋為「前現代晚期」，指出晚明社會包含了諸多西方資本主義色彩的現象，然而包含皇帝和士大夫在內的社會各階層均缺乏在政治制度層面因應社會經濟結構的變化進行調整的意識，明清易代之際的動亂則徹底中止了發展出一種和

〔註12〕沈德符，萬曆野獲編（下）〔M〕，北京：中華書局，1959，第 654 頁。

〔註13〕趙強，「物」的崛起：前現代晚期中國審美風尚的變遷〔M〕，北京：商務印書館，2016，第 276 頁。

〔註14〕參見趙強，「物」的崛起：前現代晚期中國審美風尚的變遷〔M〕，北京：商務印書館，2016，第 236～244 頁。

商品交易相適應的政治制度的可能性，因此晚明只適宜命名為「前現代晚期」。然而，如果跳出現代性理論的視域限制，從晚明士人階層介入社會空間的實踐方式和思想模式的變革中再審視晚明的審美思潮，回到「身體─空間」的視域下考察士人階層的個體和國家的互動關係中，將有可能超越「前現代晚期」的判定。

返回到對晚明審美思潮的考察，在意識到「物」成為審美主題的同時，有必要在這個基礎之上，進一步思考作為審美主體的個人，是如何將「物」納入日常生活的審美活動中。參見谷應泰的說法，「花梨產交廣溪澗，一名花櫚樹，葉如梨而無實，木色紅紫，而肌理細膩，可作器具、桌、椅、文房諸具，亦有花紋成山水人物鳥獸者，名花梨影木焉。」〔註15〕花梨樹的木材適合用作日常家具的原因在於其顏色和肌理，不僅作為材質滿足製作家具用品的使用需要，而且適宜進行雕刻以修飾，在日常生活中將實用需要和審美趣味結合起來。李漁在《閒情偶寄》寫到，「隨身貯物之器，大者名曰箱籠，小者稱為篋笥。製之之料，不出革、木、竹三種；為之關鍵者，又不出銅、鐵二項，前人所製亦云備矣。後之作者，未嘗不竭盡心思，圖為奇巧，總不出前人之範圍；稍出範圍即不適用，僅供把玩而已。」〔註16〕李漁對於箱籠、篋笥的製作重視材料的適用性，避免器具淪為純粹玩物，與此同時在追求實用的基礎上在製作層面探索奇巧的可能性，這和谷應泰的論說相類似，晚明文人均試圖將物的實用功能和審美趣味緊密結合在一起。考慮到儘管晚明時代商人的社會地位雖然不斷提升，但在政治場域真正發揮正面或負面影響力的依然是士人階層，立足於審美思潮的文化政治考察有必要繼續將士人階層作為關注重點。與明代前中期以及宋元等時期相比，正如趙強所指出，晚明審美最突出的特徵在於「物」，這是立足於審美對象角度做出的判斷，那麼審美活動中的「物」又包含了哪些具體的對象？

以文震亨《長物志》為例，參見《四庫全書》編者所撰摘要，「是編分室廬、花木、水石、禽魚、書畫、几榻、器具、位置、衣飾、舟車、蔬果、香茗十二類，其曰『長物』，蓋取《世說》中王恭語也，所論皆閒適遊戲之事，纖悉畢具。明季山人墨客多傳是術，著書問世，累牘盈篇，大抵皆瑣細不足錄。

〔註15〕谷應泰，博物要覽〔M〕，北京：商務印書館，1960，第 90 頁。
〔註16〕李漁，閒情偶寄〔M〕// 李漁全集（第三冊），單錦珩點校，杭州：浙江古籍出版社，2014，第 185 頁。

而震亨家世以書畫擅名，耳濡目染，較他家稍為雅馴。其言收藏、賞鑒諸法，亦頗有條理。蓋本於趙希鵠《洞天清錄》、董其昌《筠軒清秘錄》之類，而略變其體例。」〔註17〕根據柯律格對「長物」的溯源和分析，「『長物』一詞本指『多餘之物』，但文震亨卻以看似反諷的意味使用它，《長物志》一書所討論的實則為『必需之物』。」〔註18〕從《長物志》的十二個分類來看，文震亨論述的「長物」關涉衣食住行等各個方面，涵蓋了幾乎所有日常生活相關的事物，文震亨從外在結構、用途、品味、價格等不同方面進行了針對性的介紹和評述，儘管這些論述並非全部和審美密切關涉。然而，通過他的描述可知，日常生活所關聯的諸多事物已經成為士人階層欣賞、品味的對象。

試以《長物志》的具體內容為例，「牡丹、芍藥」隸屬「花木」大類，文震亨描述的最佳欣賞牡丹或芍藥的方式，「花時設宴，用木為架，張碧油幔於上，以蔽日色，夜則懸燈以照。忌二種並列，忌置木桶及盆盎中。」〔註19〕根據他的描述，通過宴會欣賞牡丹或芍藥，對花架、油幔、花盆的材質和顏色均有特定要求，並且因應時間調節亮度，以達到賞花的最佳效果，牡丹、芍藥作為審美觀照的對象而存在。「品石」隸屬「水石」大類，文震亨寫到，「石以靈璧為上，英石次之。然二種品甚貴，購之頗艱，大者尤不易得，高逾數尺者，便屬奇品。小者可置几案間，色如漆，聲如玉者最佳。」〔註20〕他品鑒石頭的雅俗品級兼顧考慮石頭的種類、價格、尺寸、顏色、聲音和擺放位置，對石頭特性的細究以欣賞把玩為目的，這是一種審美活動，而非只關注石頭的實用性用途。「帳」隸屬「衣飾」大類，參見文震亨對床帳的其中一段品評，「有以畫絹為之，有寫山水墨梅於上者，此皆欲雅反俗。」〔註21〕對於以畫絹作為床帳，並在其上描繪山水墨梅的設計，文震亨的評價是「欲雅反俗」，認為這是一種試圖以人為的方式營造雅致意境的藝術造型，卻因意

〔註17〕文震亨，長物志〔M〕// 景印文淵閣四庫全書（第八七二冊），臺北：臺灣商務印書館，1986，第32頁。

〔註18〕柯律格，長物：早期現代中國的物質文化與社會狀況〔M〕，高昕丹、陳恒譯，北京：生活・讀書・新知三聯書店，2015，第74頁。

〔註19〕文震亨，長物志校注〔M〕，陳植校注，南京：江蘇科學技術出版社，1984，第43頁。

〔註20〕文震亨，長物志校注〔M〕，陳植校注，南京：江蘇科學技術出版社，1984，第109～110頁。

〔註21〕文震亨，長物志校注〔M〕，陳植校注，南京：江蘇科學技術出版社，1984，第333頁。

圖過於明顯而顯得俗套，床帳的質料和色彩均需要與季節、外部環境自然融洽，這同樣是一種審美批評，將床帳這種常見的生活日用品也轉化為審美對象。從以上例子看出，文震亨將生活中所需要面對的衣食住行方方面面均納入「長物」的範疇，《長物志》從不同角度出發對其中大部分的事物做出了包含審美鑒賞視角的點評，表明晚明時代被納入審美活動的對象種類非常廣闊。在晚明的士人階層的審美活動中，不僅承繼了此前朝代士人階層傳統的審美習慣，繼續關注書畫、墨硯、鮮花、書齋、琴房等常被寄予情志的事物或場所，還將審美對象的範圍進一步拓展到日常生活所觸及的其他範疇，囊括了石頭、禽魚及相關的飼養器具、以剪刀和鏡子為代表的日用工具等不同類別。

這種趨勢同樣可以從高濂關於閒時清賞的描述中得到體現，「故余自閑日，遍考鍾鼎卣彝，書畫法帖，窯玉古玩，文房器具，纖悉究心。」〔註22〕錢大昕為屠隆《考槃餘事》撰寫的序言則寫到，「今讀先生《考槃餘事》，評書論畫、滌硯修琴、相鶴觀魚、焚香試茗、几案之珍、巾舄之制、靡不曲盡其妙。具此勝情，宜其視軒冕如浮雲矣。」〔註23〕鍾鼎、青銅酒器、畫作、書法簡牘、窯玉瓷器、古玩、文房用品、動物等涵蓋儀典、文化、工藝和生活等各個範疇的物品，均被高濂、屠隆視為適合收藏並用於閑暇時段進行欣賞和品鑒，這表明到了晚明時期，作為審美對象的物所涉及的範圍和種類非常廣泛。

晚明審美思潮的新變不僅體現在審美活動所涉及的對象範圍不斷擴大，而且在審美體驗的價值觀念也發生了新的變化。中國傳統儒家對器物的賞玩持批評立場，《尚書》寫到，「不役耳目，百度惟貞。玩人喪德，玩物喪志。志以道寧，言以道接。不作無益害有益，功乃成。不貴異物賤用物，民乃足。」〔註24〕再參考閆月珍關於儒學思想傳統的器物觀念的闡釋，「人心之德與天地之德相通，德由內而外呈現為禮，而德和禮往往落實於器，形成天、人、器之間的意義序列。器物是觀念和意義的統一體，器物比德的實質是以器載德、以器彰德。這使得器物在功利的實用價值和純粹的外觀形式之外，因道德寄寓而

〔註22〕高濂，遵生八箋〔M〕// 高濂集（第三冊），王大淳整理，杭州：浙江古籍出版社，2015，第 583 頁。

〔註23〕屠隆，考槃餘事〔M〕，北京：金城出版社，2012，第 1 頁。

〔註24〕李學勤編，十三經注疏·尚書正義〔M〕，北京：北京大學出版社，1999，第 328～329 頁。

包含了更豐富的意蘊。」〔註25〕簡言之，「物」理應被視為個體培育德行和體悟天道的載體，而假如個體以玩樂的心態對待器物，器物所激活的聽覺、視覺的經驗被視為降低個人品行和影響決斷能力的負面因素。這是從如何提升個體在倫理政治空間的實踐能力所做出的判斷，對物以及由物激發的身體經驗的沉溺不僅損害個體對道的體悟，而且不利於德行的培育以及智性的提升，影響他們在社會空間中貫徹「得君行道」的政治信仰的忠誠度和專注力。

　　將「物」視為一個和身體經驗和欲望密切關聯的範疇，這種觀點延續到明清時期，王夫之認為，「且夫物之不可絕也，以己有物；物之不容絕也，以物有己。已有物而絕物，則內戕於己；物有己而絕己，則外賊乎物。物我交受其戕賊，而害乃極於天下。」〔註26〕王夫之關於「物」和「己」之間的關係的闡述，展現晚明士人階層的普遍看法，「物」和「己」二者處於相互滲透的狀態，這既是對《尚書》關於玩物喪志的論述的延伸，即認為物和人的感官體驗、情感欲望具有相關性，物慾和身體的感官欲望密切相關，並且作為常態無法予以避免。同時，也展現了王夫之對物我關係的重新理解，既然物和人們的日常飲食起居、言行已經無法徹底分離，因而繼續以「玩人喪德，玩物喪志」的名義試圖將物從生活中驅逐，變得不具備現實可行性，由此需要對如何處理「物」和「己」的關係進行新的思考。而縱觀晚明時代士人階層的精神世界和審美生活，王夫之對物慾的警惕和反思並沒有得到廣泛的重視。實際情況恰恰相反，參見彭聖芳的歸納，「對於晚明文人來說，器物不僅僅是禮樂文化的載體或是道德情操的象徵，更是服務於個體人生的審美和物質的消費品。」〔註27〕晚明士人在承認物和個體不可分離的基礎上，日益增加對於物和由其引發的相關身體經驗的認可和接受。

　　繼續以《長物志》的一段代表性的論述為例——

　　　　吳中菊盛時，好事家必取數百本，五色相間，高下次列，以供
　　　賞玩，此以誇富貴容則可。若真能賞花者，必覓異種，用古盆盎植
　　　一株兩株，莖挺而秀，葉密而肥，至花發時，置几榻間，坐臥把玩，

〔註25〕閆月珍，器物比德與中國文學批評——以《文心雕龍》為中心的考察〔J〕，四川大學學報：哲學社會科學版，2022（3）：114~124。

〔註26〕王夫之，尚書引義〔M〕//船山全書（第二冊），船山全書編輯委員會編校，長沙：嶽麓書社，1996，第239頁。

〔註27〕彭聖芳，微言：晚明設計批評的文人話語〔M〕，上海：上海人民出版社，2014，第153頁。

乃為得花之性情。甘菊惟蕩口有一種，枝曲如偃蓋，花密如鋪錦者，

最奇，餘僅可收花以供服食。〔註28〕

　　《長物志》不僅可以被視為展現晚明文人審美品位的著作，而且可以透過文震亨的點評視角觀察晚明時代的多樣化審美思潮。以對菊花的鑒賞為例，作者描述了吳中地區鑒賞菊花的盛況，富貴家族在賞菊的時候置放了數量眾多、各種顏色齊全的菊花，文震亨批評這種賞花方式是一種以炫耀財富為目的、缺乏品位的行為，僅僅只能起到「誇富貴容」的庸俗效果。如果擱置文震亨描述這種賞菊現象所持的價值尺度，文震亨實際上描畫了晚明富貴家族的審美活動價值觀念的新變化，考慮到菊花長期以來在文人圈子中是一種表徵品行高潔、人格獨立等價值觀念的文化符號，以商人為代表的富貴家族往往在文化場域享有較低的聲望並缺乏有力的話語權，然而晚明時期的富貴家族將賞玩菊花作為樂趣和榮耀，說明了在士商互動的過程中商人階層選擇在審美趣味上向士人階層靠攏，推崇文人式的審美體驗。當然，他們賞菊的方式以數量眾多、顏色齊全和排列整齊為特徵，因此受到秉持士人階層審美趣味的文震亨批評，認為這種審美方式忽視了對菊花性情的切身體驗，是一種僅僅起到炫耀財富的作用的附庸風雅的行徑。但是從另一個角度來看，富貴家族願意將經濟資本轉化為文化資本的行動，在積累財富的基礎上試圖提升自己的鑒賞層次和文化品位，這表明晚明社會審美標準依然以士人階層的審美品位為尊。那麼，有必要思考，既然晚明士人階層在審美活動中納入物的維度並因而大幅拓寬了審美對象的範圍，士人階層的審美趣味依然如文震亨自我篤信那樣以自然、雅致為最高標準？

　　再看文震亨自我標榜的賞菊的品位標準，「花之性情」是賞菊這一審美活動的最終指向，大體而言，菊花的性情意指高潔、淡然的品行以及不向權貴折腰的氣節，以此作為賞菊過程中的審美追求，恰好和士人階層一貫以來所推崇的雅致品位相一致，也是對宋代「逸」、「平淡」、「適」的士人審美趣味的承繼。然而，這種審美指向卻是立足在「異種」菊花的基礎上，理想的菊花形態特徵需要兼有挺拔秀麗的花莖和濃密厚實的花葉，達到這個標準的「異種」有且僅有生長在蕩口地域的甘菊這一種。將這種鑒賞菊花的標準和文震亨所不屑一顧的富貴家族的審美標準相比較，可以發現兩方均迷戀花的外在形態。區別在

〔註28〕文震亨，長物志校注〔M〕，陳植校注，南京：江蘇科學技術出版社，1984，第78頁。

於，富貴家族聚焦於花的數量、顏色和排列，而文震亨關注的重點則在花莖和花葉是否華美，並且以具體的實物「偃蓋」和「鋪錦」作為類比。但是，莖葉的形態和菊花被賦予的高貴性情之間的關係並不緊密，文震亨也沒有做進一步的補充說明，而是繼續討論菊花的種植和培育。可以看出，作者關注的重點在菊花的性質和形態本身，並且選擇「偃蓋」和「鋪錦」這兩種僅僅在形態範疇和菊花具有相似性的事物做類比，這是一種物象思維優先的審美方式，對物態的優先關注體現了在視覺維度對感官欲望的訴求。而且，僅僅只有蕩口的甘菊符合「異種」的標準，能達到士人階層的審美品位的要求，這可以進一步引申出兩層意義。其一，經濟因素成為審美活動的重要價值觀念，富貴家族對數量多、種類齊全的鋪陳效果的追求建立在雄厚經濟實力的基礎，士人階層已經無法依靠文化資本方面的優勢獲得內心的平靜和尊嚴的自足，以稀有品種作為寄託性情的審美對象，對花的性狀和出產地均有嚴格限制，其交易、運輸、培育的成本顯然高昂，與富貴家族賞花的投入相比毫不遜色，士人階層在滿足自身感官欲望的同時也藉此彰顯自身的財富；其二，文震亨對「異種」的舉例及具體說明意在宣示士人階層的智性優勢，他不僅暸解奇異花種的產地和外形特徵，而且這種判斷是建立在和其他花種進行細緻對比的基礎之上，意圖展示士人階層的審美體驗建基於深厚的文化素養積累，而非流於數量和種類的鋪陳，以此維繫士人階層在文化場域中的優勢地位。

　　簡而言之，儘管士人階層自我宣稱審美趣味以自然雅致、陶冶品行作為依依，實際上在具體的審美體驗過程中，物慾成為了新的審美推動力，並且滲透了標榜財富和學識的價值觀念。這種現象在晚明士大夫群體具有普遍性，由於富貴家族在士商互動的社會進程中憑藉自身的經濟能力試圖提升自身的文化品位，士人群體憂慮失去文化話語權。為此，士人階層往往將商人群體的審美趣味界定為庸俗，例如天啟年間刊行的《醉古堂劍掃》寫到，「書畫受俗子品題，三生大劫；鼎彝與市人賞鑒，千古異冤。」〔註29〕士人階層一方面試圖維護自身在文化場域制定行動規則的話語優勢地位，將對物的知識性理解隱含在審美活動中，表現為「通過傳承經典、區分雅俗、釐定正統、品藻人物等方式，行使著知識話語權力」〔註30〕，繼續維繫從審美場域到社會空間的階層區

〔註29〕陸紹珩等，醉古堂劍掃：外三種〔M〕，長沙：嶽麓書社，2002，第 5 頁。同樣見於陳繼儒，小窗幽記〔M〕，成敏評注，北京：中華書局，2013，第 20 頁。
〔註30〕馬凌，雅人深致：《長物志》的政治與美學〔J〕，書城，2011（4）：23～30。

隔，扮演毛文芳所言的「高姿態的文化品味仲裁角色」〔註31〕；另一方面他們不可能置身於士商互動、融合的發展趨勢之外，對物慾的追求成為審美活動的重要維度，並且試圖通過縮小雙方審美活動的成本差距以便標榜自身的經濟能力。例如，生活在嘉靖、萬曆年間的沈鯉寫到，「蓋里中士大夫有富於財者，未有不結社飲酒以一日之樂靡，小民終歲之費也；未有不窮奢治具集水陸之珍，強客屬厭，而客謝不能不止也；未有不盛飾山、池、臺、館、鳥、花、竹，聲容耳目之玩，而費累千金不惜也；未有不以其鼠壤棄餘委諸無用，而明以資盜陰以損福也。諸如此類，費不可勝計。」〔註32〕對於士商互動的現象，余英時指出，「如果從商人的立場出發，我們毋寧說，他們打破了兩千年來士大夫對於精神領域的獨霸之局。即使我們一定要堅持『附庸風雅』之說，我們也無法否認下面這個事實：即由於商人的『附庸』，士大夫的『風雅』已開設改變了。」〔註33〕通過《長物志》對如何賞菊的論述，在士人階層的審美活動中，身體欲望的滿足和經濟能力、知識積累的宣示滲透進入審美體驗，儘管文震亨依然以雅致和自然作為理想審美體驗的特徵，然而受到晚明社會變動的影響，審美活動的精神體驗和身體欲望兩者的地位處於此消彼長的關係。儘管不可否認文震亨依然篤信精神性的審美體驗為最高境界，然而，晚明社會結構變化所伴隨發生的審美無意識已經隱含在《長物志》的崇古、崇雅的審美主旨之中。這種趨向在《瓶史》中表現得更為明顯，袁宏道同樣屬於士人階層，他品評了不同花卉各自種類中的上品，最後寫到，「諸花皆名品，寒士齋中理不得悉致，而余獨敘此數種者，要以判斷群菲，不欲使常閨艷質雜諸奇卉之間耳。」〔註34〕袁宏道評花的策略和文震亨類似，聚焦於花的外在物態評價其等級，強調名貴品種的花卉不應該和普通品種的花卉相混雜，不僅表現出對經濟實力相形見絀的狀況的不滿，同時通過以崇雅的名義宣示士人階層在智性層面的優勢而維繫文化場域的階層區隔。

　　審美體驗價值觀念的變化由此帶來了審美標準的變動，晚明之前的士人

〔註31〕毛文芳，物·性別·觀看——明末清初文化書寫新探〔M〕，臺北：臺灣學生書局，2001，第 136 頁。

〔註32〕沈鯉，亦玉堂稿〔M〕// 景印文淵閣四庫全書（第一二八八冊），臺北：臺灣商務印書館，1986，第 309 頁。

〔註33〕余英時，士商互動與儒學轉向——明清社會史與思想史之表現〔M〕，現代儒學的回顧與展望，北京：生活·讀書·新知三聯書店，2012，第 213 頁。

〔註34〕袁宏道，瓶史〔M〕// 袁宏道集箋校（二）〔M〕，錢伯城箋校，上海：上海古籍出版社，2018，第 886 頁。

階層的審美活動主要立足在精神價值方面，重視對象表徵的情志和歷史價值。例如朱熹將遊藝作為體悟天理和培育情性的重要途徑，「游者，玩物適情之謂。藝，則禮樂之文，射、御、書、數之法，皆至理所寓，而日用之不可闕者也。朝夕遊焉，以博其義理之趣，則應務有餘，而心亦無所放矣。此章言人之為學當如是也。蓋學莫先於立志，志道，則心存於正而不他；據德，則道得於心而不失；依仁，則德性常用而物欲不行；遊藝，則小物不遺而動息有養。學者於此，有以不失其先後之序、輕重之倫焉，則本末兼該，內外交養，日用之間，無少間隙，而涵泳從容，忽不自知其入於聖賢之域矣。」〔註35〕參考潘立勇的歸納，「宋代詩人之『玩』並非一般的喜好、玩弄，它有著精英主義的休閒審美情調。與其說『玩』是一種玩賞的行為、動作，不如說更強調了玩的過程中那種從容不迫、優容瀟灑而又追求一種高雅理趣的心態。」〔註36〕而在晚明時期當物慾享受成為審美活動的重要訴求，價值尺度和智性認知成為審美經驗的構成部分，由此導致了技藝因素在審美標準中的地位上升，貴古賤今的審美觀念開始出現動搖。

晚明美學重要變化之一是「時玩」成為士大夫審美活動的新時尚，陳寶良寫到，「時玩之風，完全建立在明代諸多能工巧匠的高超技藝之上。正是因為那些能工巧匠的辛勤勞動，才使得明代的諸多器物精益求精，完全可以與古時的名器相媲美，以至於被保守人士成為『物妖』。」〔註37〕戰雪雷從社會商業化進程的角度寫到，「士大夫對日常用品的高品質需求，使得漆器、茶具、酒具，及文房用品走上了工藝化的道路，引起了『時玩』這一新的消費熱點的形成。」〔註38〕這種審美觀念的變化受到商人買賣行為的影響，「徽州商人不但對古畫，而且對同時代的繪畫也感興趣。」〔註39〕以徽州商人為代表的晚明商人階層利用雄厚的經濟資本深入介入文化場域，他們不僅收藏古代器具或繪畫，而且對同時代的藝術品深感興趣，這種審美趣味通過他們的收藏家和贊助

〔註35〕朱熹，四書章句集注〔M〕，北京：中華書局，2016，第94頁。

〔註36〕潘立勇、陸慶祥等，中國美學通史：宋金元卷〔M〕，南京：江蘇人民出版社，2014，第328頁。

〔註37〕陳寶良，狂歡時代：生活在明朝〔M〕，北京：人民出版社，2020，第289頁。

〔註38〕戰雪雷，雅的裁量權——論明代士大夫集團在文化商業化中對話語權的壟斷〔J〕，故宮博物院院刊，2015（4）：97～109。

〔註39〕郭繼生（Jason Chi-sheng Kuo），16世紀末至17世紀初作為贊助人的徽州商人〔M〕// 李鑄晉編，中國畫家與贊助人——中國繪畫中的社會及經濟因素，石莉譯，天津：天津人民美術出版社，2013，第157頁。

人的身份所擁有的影響力滲透到士人階層。當然這並不意味著崇古的審美標準失去了效用，但是「時玩」和「古玩」在審美評價體系和價格體系中的差距日益縮小。

再以《長物志》為例，文震亨闡述賞菊時候認為「異種」的菊花需要種植到古盆中予以鑒賞，古盆對品味菊花的性情具有增益的作用，再結合全書來看，崇古正是文震亨設想中的文人審美趣味的主要基調。然而再看他關於鑒賞盆玩的論述，「盆以青綠古銅、白定、官哥等窯為第一，新製者五色內窯及供春粗料可用，余不入品。盆宜圓，不宜方，尤忌長狹。」〔註40〕文震亨在這段論述中儘管繼續貫徹崇古的價值觀念，將年代久遠而形成青綠顏色的古銅器，宋代的定窯、官窯、哥窯所製作的瓷器視為最佳，可是新近製作的盆器也並非一無是處，例如明代成化年間開始聞名的五色官窯瓷器和明代中期才開始流行的宜興紫砂盆（即「供春粗料」）同樣獲得文震亨「入品」的好評。儘管《長物志》將崇古視為主要審美原則，然而其也將同時代的器具納入到審美評鑒的範圍，並且對時玩中的優良品種給予正面評價。從這種現象可以推論，同時代的盆玩品種已經得到士人階層的普遍認可並得到深入的考察、對比，時玩雖然並沒有完全取代古玩在收藏界中的地位，例如筆記作品關於崇尚古代器具的記載比比皆是，謝肇淛寫到，「陶器，柴窯最古。今人得其碎片，亦與金翠同價矣。」〔註41〕然而，一個顯然易見的事實是，時玩已經不再是庸俗的普通玩物，已經成為晚明審美活動的組成部分。

這種現象同樣可以在沈德符的觀察中得到證實，沈德符《萬曆野獲編》的「玩具」標有「時玩」條目，「玩好之物，以古為貴，惟本朝則不然。永樂之剔紅，宣德之銅，成化之窯，其價遂與古敵。蓋北宋以雕漆擅名，今已不可多得。而三代尊彝法物，又日少一日，五代迄宋所謂柴、汝、官、哥、定諸窯，尤脆薄易損，故以近出者當之。」〔註42〕晚明時期的士人群體開始重視近代甚至當代製作的器皿的價值，其中的原因之一是前朝甚至上古時代的器具日益減少，不易保存，不適合在日常賞玩，另一個原因則是明代的製作技藝不斷改善，時玩在商品交易市場中價值不斷提升，得到士人階層的重視。

〔註40〕文震亨，長物志校注〔M〕，陳植校注，南京：江蘇科學技術出版社，1984，第 97 頁。

〔註41〕謝肇淛，五雜組〔M〕，韓梅、韓錫鐸校點，北京：中華書局，2021，第 404 頁。

〔註42〕沈德符，萬曆野獲編（下）〔M〕，北京：中華書局，1959，第 653 頁。

張岱賦予了出色的技藝以「進乎道」的價值，「但其良工心苦，亦技藝之能事。至其厚薄深淺，濃淡疏密，適與後世鑒賞家之心力、目力針芥相對，是豈工匠之所能辦乎？蓋技也而進乎道矣。」〔註43〕工匠同樣重視自身技藝的價值，參見晚明工匠黃成所著的《髹飾錄》，「凡工人之作為器物，猶天地之造化。所以有聖者有神者，皆以功以法，故良工利其器。」〔註44〕他自信地將匠人製作器物的過程和萬物的化生相提並論，為技藝賦予形而上的意義，試圖以此進一步提升匠人階層的社會聲望。相比於被寄寓豐富的文化內涵的古玩，時玩得以逾越庸俗玩物的定性得益於精湛的技藝，各個種類的時玩分別憑藉精湛的製作工藝滿足士人階層的感官欲望，因而技藝也成為晚明時代審美的標準之一。

　　總結來看，和宋代美學推崇精神和情志的審美觀念相比，晚明審美趨向於圍繞「物」而展開，作為審美對象的「物」所涵蓋的範圍大幅擴展，以「物」為中心的審美活動往往指向個體的身體欲望的滿足。身體欲望不僅體現在奢侈的生活方式和縱情的享樂活動，還包含了對感覺的舒適度、視覺的美觀等多方面的提升和享受，由此導致了晚明審美風尚的多樣化。在士商互動的社會交往中，士人和商人之間的跨階層互動不斷增加，因而在審美活動因應出現了跨階層的張力性互動，士人階層的審美活動在維繫推崇雅致的精神性享受的表象下轉向追求感受性、享受性的欲望滿足，結合經濟價值尺度和爭奪文化話語權的考慮，技藝性因素轉變成為審美標準之一，推崇古樸和雅致的精神性審美原則不再成為單一的審美趣味。

第二節　「欲望化身體」的生成：以《長物志》為中心

一、從「規訓的身體」到「欲望化的身體」

　　對於如何理解儒家的身體觀念，楊儒賓寫到，「然而，以心氣為中心的踐形觀、以自然之氣為中心的氣化身體觀、以社會規範為中心的禮義身體觀，這三觀確實可以代表儒家傳統三種看待人身的主要方式。這三觀在先秦時期業已形成，宋明以後的儒者論及人身問題時，通常也是在這三種模式之間遊

〔註43〕張岱，陶庵夢憶〔M〕，北京：中華書局，2020，第46頁。
〔註44〕王世襄，髹飾錄解說：中國傳統漆工藝研究〔M〕，北京：文物出版社，1998，第25頁。

走。」〔註45〕儒家傳統的身體觀念並不是一個封閉在自我層面的哲學問題，而是建基於個體和外部空間的相互溝通和相互建構，身體一方面是個人的精神品行和禮儀修養的展示，而另一方面身體的這種展示正是來源於個體對於公共空間的社會情勢和倫理規範的回應。因此，當晚明士人群體的審美活動發生了轉向物的新趨勢，審美活動的對象範圍、鑒賞標準的新變圍繞著「物」及其關聯的欲望展開，美學的嬗變也和社會結構的變動密切關聯，由於儒家士人群體的身體觀念建基於個體的修身自省的活動和社會空間的禮儀規範和道德準則的雙向互動，那麼有必要從身體範式轉向的角度思考晚明審美新變所具有的價值和影響。

參見第一章對中國思想史流變中身體問題的梳理，在晚明時代之前，身體作為士人階層介入倫理政治空間時候表徵自身德行和智性的載體，呈現士人階層的知識信仰和政治熱情，構成了連接個體和倫理政治空間的中介，展現了他們對社會空間的行動法則的理解和回應。正如吳雁南的闡述，「儒家經典重群體，尚人倫，強調內在的自覺和道德自律，就必然把修身視為萬事之本。早在傳說時代，據說舜的大臣皋陶同禹談論政事時，即將修身視作治國平天下之本。……到春秋戰國時期，以《大學》為代表，則進一步系統地論述了修身的重要性。強調自修身以至平天下，莫不本於大公，發於至誠，歸於求仁而成於力行，把倫理道德和政治有機地統一起來，把個人理想人格的追求與理想政治的實現有機地結合起來。」〔註46〕士人階層需要介入的社會空間是涵蓋了私人生活、家族倫理關係和朝堂政治的單一倫理政治空間，倫理政治空間的不同場域具有以天道為共同準則的同構性。北宋理學思想家張載關於人生理想和使命的說法在士人階層中具有普遍代表性，「為天地立志，為生民立道，為去聖繼絕學，為萬世開太平。」〔註47〕士人階層往往將來源於對天道的體悟、修習而獲得精神體驗和知識積累轉化為以「為萬世開太平」為訴求的政治實踐，而修身則是個人體悟天道、增進自身道德修養和智識的重要方式，士人階層的主流做法是從得體、節制和誠心這三個方面對身體進行自我規訓，以使自身的德行和智性達到獲得統治者起用的標準以及踐行自身政治理想的要求，

〔註45〕楊儒賓，儒家身體觀〔M〕，上海：上海古籍出版社，2019，第 9 頁。

〔註46〕吳雁南、秦學頎、李禹階編，中國經學史〔M〕，福州：福建人民出版社，2001，第 30 頁。

〔註47〕張載，張子語錄〔M〕// 張載集，章錫琛點校，北京：中華書局，1985，第 320 頁。

因此晚明之前士人階層的身體是倫理政治性質的身體。儘管眾多儒家思想家也認可身體的欲望是人類本性的組成部分，具有存在的合理性，然而如何將身體欲望控制在不影響培育德行的範圍內則是儒家思想脈絡的重要主題。雖然此前不同時代的士人階層也耗費一定的時間和精力經營閒情雅致的業餘生活，但是這種娛樂生活更主要被視為倫理政治空間的附庸，或是以陶冶性情為宗旨，例如通過討論研習書畫以增進對道的理解，或因具有奢靡的趨向而受到批評和譴責。簡而言之，在單一的倫理政治空間中以聖人之學輔助君王治理國家，不僅是士人階層的人生理想，也是他們唯一具有正當性的行動模式。

而到了明代中期，參考史學家孟森對政局的闡述，「故閹宦貴戚，混濁於朝，趨附者固自有人；論劾蒙禍，瀕死而不悔者，在當時實極盛，即被禍至死，時論以為榮，不似後來清代士大夫，以帝王之是非為是非，帝以為罪人，無人敢道其非罪。」〔註48〕儘管孟森推許明代士大夫勇於對抗帝王和權臣的強勢，然而這同樣鮮明呈現了明朝中期政局中士大夫群體已經開始面對嚴酷的局面，政爭的殘酷嚴重打擊了大部分士大夫參與朝政的積極性並且損害了他們對於「得君行道」的信心，而其後開始的「大禮議」事件則進一步加深士人群體對朝堂政治的失望。參見吳孟謙結合晚明政局對思想史演變的考察，「王陽明以致良知為宗旨，不寄望從政治之途建立秩序，而改行師友講習、社會教化，即是經學更加子學化的表徵。在此過程中，儒者政教倫理的關懷轉淡，身心安頓的關懷轉強。」〔註49〕既然「大禮議」事件完全打破了士人階層和皇權分享權力、共治天下的人生理想和政治信仰，和實現「得君行道」的政治理想緊密關聯的規訓身體的模式有必要進行調整，而工商業擴展和完善開拓了足以吸引士人階層介入的庶民空間，同時在思想領域王陽明及其後繼者的泰州學派對本心和日用兩個主題的關注和拓展，為士人行動的轉向提供了正當性的論證。由於經濟、政治和文化場域發生了既相互關聯又有各自獨特性的一系列新變化，為士人階層身體範式的新變創造了可能性。

諸多以晚明審美文化為主題的研究已經指出，對「物」的賞玩和迷戀已經

〔註48〕孟森，明史講義〔M〕，鄭州：中州古籍出版社，2019，第186頁。

〔註49〕吳孟謙，晚明「身心性命」觀念的流行：一個思想史觀點的探討〔J〕，清華學報，2014（2）：215～253。

成為晚明士人階層日常生活的主題。〔註50〕這種物慾生活又是以崇雅的名義
而進行，陳寶良對晚明士人生活的審美生活的描繪呈現了士人將物慾和雅致
的結合，「在晚明，士大夫中流行一種避俗之風，於是以耽情詩酒味高致，以
書畫彈棋為閒雅，以禽魚竹石為清逸，以喋談聲伎為放達，以淡寂參究為靜
證。」〔註51〕士人階層始終凸顯自身審美的標準和價值和商人階層的區別，然
而他們對書畫彈棋、禽魚竹石等對象的迷戀已經超出陶冶性情的限度，不自覺
地將身體欲望的滿足置於精神滿足之上。在審美思潮以崇物和沉溺物慾為主
要特徵的新變中，士人階層不再嚴格遵循得體、節制和誠心原則主動對身體進
行嚴格規訓，倫理政治性質的單一身體範式不再普遍為士人階層所接受，建基
於「物慾」的新的身體範式生成，有必要考察這種新的身體範式如何在審美活
動的物慾享受中得以建構及其在社會結構中的位置。

　　再次選用體現晚明士人審美品位的《長物志》為例，《長物志》的審美趣
味追求實用、雅致和自然，這三種審美原則之間又並非可以截然區分，而是相
互滲透，共同體現在晚明士人的審美活動中。當前對於《長物志》的研究主要
將其納入傳統士人崇尚清雅的生活美學脈絡中予以解讀，例如魏朝金以「清居
美學」作為《長物志》的核心審美內涵，「文震亨《長物志》中的士人清居美
學思想是晚明物質文化發展到一定階段的產物，具有鮮明的時代特點。書中所
列的各種器具以及材質是明代市民經濟發展的結果，也是在明代士人居住文
化影響之下的結果。……彌漫在全書字裏行間的是他的高古情懷和高雅才
情。」〔註52〕肖鷹認為，「文震亨為『長物』作『志』，一則以『長物』為生活
『餘物』，一則又以之為文人士大夫悅情逸性的必需之物。」〔註53〕張春華將
《長物志》視為「日常生活的審美範本」，「文震亨憑著他對生活之美的發掘與
品鑒，打破了日常生活的平淡、刻板與媚俗，以文人獨特的眼光審視著日常的

〔註50〕參見趙強，「物」的崛起：前現代晚期中國審美風尚的變遷〔M〕，北京：商務
　　　　印書館，2016；吳功正，明代賞玩及其文化、美學批判〔J〕，南京大學學報（哲
　　　　學·人文科學·社會科學），2008（3）：114～122；李玉芝，明代中晚期的休
　　　　閒審美思想〔M〕，北京：中國社會科學出版社，2021，第215～245頁。
〔註51〕陳寶良，明代社會生活史〔M〕，北京：中國社會科學出版社，2004，第659
　　　　頁。
〔註52〕魏朝金，《長物志》：晚明士人清居美學思想研究〔J〕，中州大學學報，2013（5）：
　　　　52～57。
〔註53〕肖鷹，中國美學通史（明代卷）〔M〕，南京：江蘇人民出版社，2021，第389
　　　　頁。

點點滴滴，以清新、雅致的審美趣味對日常生活展開布置與設計，對庸常的生活進行了審美性的再發掘與再創造，使審美成為一種自覺的生活觀念與生活方式。……文震亨所營造的是一種清靜雅致的生活情境，這裡有文人對品位與格調的追求，彰顯著其獨特的清雅自然的審美品位與文化素養。」〔註54〕儘管晚明時代的市民經濟狀況和崇物文化也被論者所關注，然而他們的結論依然將《長物志》納入到歷代士人審美觀念中常見的主題「高古情懷」、「高雅才情」、「悅情逸性」和「清靜雅致」。值得注意的是，儘管文震亨的審美趣味宣稱以崇雅、崇古為主題，並試圖通過系統地論述器物的布置和居室的規劃，為士人階層重新制定區別於庶民階層的審美規範，然而當推崇物慾、崇尚身體的社會思潮已經滲透到士人階層，隨著士商互動的範圍和深度不斷推進，有必要對《長物志》推崇的實用性、自然性和雅致性的審美原則進行重新考辨。不僅需要探究《長物志》的審美原則如何通過回歸到崇雅、崇古的士大夫審美傳統以構建階層區隔，同時也需要反思沉迷物慾和享樂的社會無意識如何通過被歸納在崇雅、崇古的名義而獲得正當性。通過這種辯證的考察，將有助於進一步推進到對身體觀念在這種文人的審美趣味中又是如何被建構的考究。

二、欲望化身體與實用性審美法則

文震亨推崇簡樸的審美趣味，表現為推崇前代樸實的樣式設計風格，反對崇尚金銀裝飾的庸俗品位，因此包含了實用性的審美維度，以實際應用的效果為原則，例如文震亨在評述窗紙時候寫到，「庶紙不為風雪所破，其制亦雅」〔註55〕，窗紙能否抵禦冬季的風雪是其適用與否的重要判斷標準。參考謝華對《長物志》所包含的實用準則的闡述，「由此可見，造物的過程中滿足功能是其首要目的，而材料的選擇是更好地服務於『用』，只有選擇合適的材料才能更好達到『用』的標準。」〔註56〕能否在使用過程中滿足需要，正是文震亨在居室布置過程對於材料選擇的首要考慮因素，同時實用需求也需要和審美趣味結合在一起。那麼，對欲望的追求這種普遍存在於晚明士人群體的潛意識，

〔註54〕張春華，《長物志》生活美學思想探微〔J〕，浙江師範大學學報（社會科學版），2022（3）：58～62。

〔註55〕文震亨，長物志校注〔M〕，陳植校注，南京：江蘇科學技術出版社，1984，第23頁。

〔註56〕謝華，文震亨造物思想研究——以《長物志》造園為例〔M〕，武漢：武漢大學出版社，2016，第44頁。

又是如何在《長物志》的實用性審美法則中得以生成？

再以「器具」為主題的第七卷的總述為例——

> 古人製器尚用，不惜所費，故製作極備，非若後人苟且，上至鍾、鼎、刀、劍、盤、匜之屬，下至階㡯、側理，皆以精良為樂，匪徒銘金石、尚款識而已。今人見聞不廣，又習見時世所尚，遂致雅俗莫辨。更有專事絢麗，目不識古，軒窗几案，毫無韻物，而侈言陳設，未之敢輕許也。〔註57〕

文震亨推崇古代製器的「尚用」傳統，即「細察其品，以性定用」〔註58〕，作為器具的理想設計原則，「尚用」並不僅僅追求簡單實用的使用效果，正如前述所引用庶紙適合作為窗紙因為其既能遮擋風雪也製作雅觀，「尚用」同樣在材質和外觀設計上包含了追求雅致設計的訴求，這是一種崇雅的審美原則，可以從兩個層次解讀文震亨的實用性的審美維度。

在第一個層次，「尚用」的首要要求是器具需要具有實用性，通過對物性的瞭解選擇合適的材料進行加工和設計，使其成為可以滿足使用需求的器具。例如，對於香爐的選擇，文震亨寫到，「三代、秦、漢鼎彝，及官、哥、定窯、龍泉、宣窯，皆以備賞鑒，非日用所宜。」〔註59〕儘管遵循尚古的審美法則，宋代名窯製作的器具與時代更久遠的先秦和秦漢時期的器具，相較於元代和明代的銅質器具更具有經濟價值和文化價值，然而文震亨從尚用的角度出發，認為前代生產的珍貴器具只適合用於賞玩、評鑒，而不適宜在日常家居生活中使用。觀察文震亨認為適用作香爐的「宣銅彝爐稍大者」和「宋姜鑄」〔註60〕的特性，他既考慮到銅的屬性適合在焚香的環境下保持器具完好，同時兼顧到香爐的體積便於日常使用，而元明銅器的價格也較於前代更便宜，有助於凸顯士人階層和無限制追求奢靡享受的商賈的品行區別。也就是說，在實用性的審美原則下，器具的選擇需要考慮到其構成物的特性和總體設計是否便於日用，

〔註57〕文震亨，長物志校注〔M〕，陳植校注，南京：江蘇科學技術出版社，1984，第246頁。

〔註58〕徐贛麗、張寒月，辨物居方：明代文人生活文化及其當代啟示〔J〕，華東師範大學學報（哲學社會科學版），2023（3）：96～105。

〔註59〕文震亨，長物志校注〔M〕，陳植校注，南京：江蘇科學技術出版社，1984，第247頁。

〔註60〕根據校注的考據，杭城姜娘子的鑄造技藝聞名於元代，「宋姜鑄」應為「元姜鑄」。參見文震亨，長物志校注〔M〕，陳植校注，南京：江蘇科學技術出版社，1984，第248頁。

同時也需要考慮到經濟價值和使用場合的結合所表徵的使用者的道德涵養，器具所體現的文化價值可以承受一定程度的折損。實用性的審美原則不僅體現在器具的選擇上，同時也是《長物志》全書貫穿的審美原則之一，例如卷十「位置」的主題是居室的布置和擺放，關於論述臥室裝潢的主題，文震亨寫到，「低屏天花板雖俗，然臥室取乾燥，用之亦可，第不可彩畫及油漆耳。」〔註61〕臥室的地板適宜使用天花板，原因是其材料特性有助於保持室內乾燥，所以即使文震亨認為這種選擇是俗氣的布置，卻依然認為可以使用，只是不適宜在其表面再添加色彩，維持簡樸的風格。簡而言之，「尚用」的第一個層次意義是強調器具的實用性，結合物的材質特性、體積、價格選擇適宜使用的器具，追求簡單古樸的設計原則，綜合權衡使用效果、品位和價格三者之間的得失，在追求實用性的同時標榜一種區別於商人階層的生活方式。

在第二個層次，「尚用」所追求的實用性建立在「不惜所費，故製作極備」的基礎之上。參見彭聖芳對晚明文人燕閒家居生活的闡釋，「晚明文人所追求的『舒適感』是細緻入微的，也是面面俱到的，可以說是從身體感官的各方面對設計物的全方位接近。」〔註62〕她的研究主要以高濂立足於養生視角進行的居室布置為探討對象，這種現象在晚明文人群體中普遍存在，《長物志》同樣體現了對舒適感的極致追求。文震亨列舉了包括鍾鼎、墨硯、紙張等適用儀典、待客和書畫等多種用途的器具，這類器具對實用性原則的落實體現在製作過程中對質量要求的精益求精和不計成本。對實用性原則的強調和簡樸設計原則的貫徹，並不意味著文震亨對器具質量和精美程度降低要求，器具的實用並非僅僅達到滿足使用的最低程度即可，而且還需要在製作過程中對設計樣式和材料進行不惜時間和金錢的細緻處理，最大程度滿足日常使用的舒適感和視覺上的雅致觀感。文震亨在追求精細的製作技藝的同時，批評推崇金飾、名石和落款題字這些行為以及迷戀華麗修飾的習氣，從這個角度看，《長物志》的「尚用」風格和實用性原則的立足點在節簡用途之外的奢華和庸俗的裝飾，以此展現士人群體的雅致而不奢靡的品位，和商人階層相區別。以該卷對具體器具的評述為例，關於「香筒」的介紹，「香筒舊者有李文甫所製，中雕花鳥、竹石，略以古簡為貴；若太涉脂粉，或雕鏤故事人物，便稱俗品，亦不必置懷

〔註61〕文震亨，長物志校注〔M〕，陳植校注，南京：江蘇科學技術出版社，1984，第354頁。
〔註62〕彭聖芳，身體經驗：晚明文人造物理論的一個面向〔J〕，藝術設計研究，2014（4）：90～93。

袖間。」〔註63〕文震亨以「古簡」作為鑒賞香筒的原則，香筒是明代用於插香的器具，對材質的要求並不特殊，因而文震亨只從外觀設計進行評析，提倡香筒內部使用雕刻花鳥竹石的設計，並且以雕刻扇骨和牙章聞名的名家李文甫的製作為最佳，止是對「不惜所費，故製作極備」的印證。器具製作為了達到精益求精的高質量，文震亨對雕刻物的類別、所在位置以及雕刻者的專擅領域均有特別的要求，因此實用性審美原則建立在精細設計的基礎上，使用者的感官滿足也屬於實用性的考慮範圍。

文震亨依然以「古簡」形容這種精細的設計，而與之相反，對於奢華的設計以及將典故雕刻其上的造型，他則斥之為「俗品」。他所贊同的適宜雕刻物限定為花鳥竹石，這些兼具自然和雅致品位的事物在他看來並沒有增添額外的庸俗意義，在呈現所有者的文化品位的同時和器具的日常使用得以融為一體，並沒有違反「簡」的原則。作為對比，商人階層所鍾愛的奢華設計和雕刻典故人物則存在刻意彰顯所有者的財富和文化資本的意圖，是在器具的用途之外增添用於炫耀的要素，和總論所言的「徒銘金石、尚款識」均為本末倒置的庸俗品位。再結合本卷的其他器具鑒賞的庸俗設計，香盒避忌在其表面用金描畫或書寫金色字體，筆架最避忌雕刻爪牙齊全的龍，文震亨所倡導的實用性原則體現為在設計上避免引入與用途不相關的元素，例如金銀這類和財富直接相關的符號，以及刻意彰顯文化積累的設計要素，而精細的製作和凸顯自然平和風格的設計則被視為和使用融為一體，符合實用性原則。

綜合來看，《長物志》對簡樸性審美原則的建構分為兩個層次得以體現。其一從使用效果出發，強調材料的選取要綜合考慮實際需要和使用場合；其二則從製作過程出發，強調製作和設計需要做到精益求精，並且不計時間、經濟的成本以達到最佳使用效果。參見彭聖芳對晚明文人在日常生活中如何貫徹實用性原則的闡述，「其具體體現是，晚明文人提倡將物品合理地安排、巧妙地取用於周圍的環境中，開發物品的實用價值。尤其是通常被視為文化遺物或純藝術品的物品，在晚明文人的批評中，也往往取其日常使用和裝飾價值。」〔註64〕換言之，晚明文人一方面嘗試於立足於各類物品的性質考察其在居室布置中的實用價值，另一方面則從實用角度對珍貴器物或藝術作品進行布置

〔註63〕文震亨，長物志校注〔M〕，陳植校注，江蘇科學技術出版社，1984，第 255 頁。

〔註64〕彭聖芳，微言：晚明設計批評的文人話語〔M〕，上海：上海人民出版社，2014，第 184 頁。

和使用，二者之間的結合共同展現了晚明文人群體的實用性審美趣味。結合晚明文人對於實用性和審美相互結合的總體理解，可以進一步闡述《長物志》關於實用性審美原則的兩個層次之間的相互關係。這兩個層次之間相互關聯，因為器具是否滿足所有者的使用需要，需要立足於出色的製作水平和設計工藝，減少用途之外的裝飾和花費；同時兩個層次之間的關係邏輯存在矛盾，因為對製作材料和設計工藝過於精細的要求，遠遠超出了正常使用的限度，儘管文震亨立足於簡樸性原則批評商人階層尚金銀、好奇物的審美風尚，然而實用性原則並不意味著一切從簡，而是建立在器物具備雅觀、精緻的特性的基礎上，將諸如「中雕花鳥、竹石」這類兼具精緻和奢華的製作轉化為雅致器物的構成部分。儘管文震亨以「尚用」的名義論述器具的審美，我們依然可以明顯看到晚明時代審美思潮對物的崇尚和迷戀，以及由於士商互動和商人在審美場域的話語權上升的社會趨勢，士人階層通過宣示自身的知識積累以及對奢華設計進行批判和轉換的二重策略予以回應。

　　在實用性的審美原則下，身體欲望的正當性得到了認可和強調，成為晚明審美思潮的重要特徵。首先，身體的舒適感在以體現實用性原則的審美活動中得到了最大程度的滿足，衣食住行的各個方面均被納入晚明士人所熱心鑽研的長物範疇，因此各個方面的身體體驗在精緻化的審美活動中均得到重視和提升。例如前述香爐適宜使用「宣銅彝爐稍大者」，針對香爐的材質和體積提出了實用性的要求，同時滿足了對器物的觀賞體驗和使用過程中的便捷需要，為使用者帶來了內心的滿足感，改善日常生活中的身心體驗。文震亨在論述「天泉」主題的時候寫到，「雪為五穀之精，取以煎茶，最為幽況，然新者有土氣，稍陳乃佳。」〔註65〕雪水短期放置後用於煎茶，具有優雅情致和良好的味覺效果，這是從實用性層次結合雪水的特性，探究煎茶的最佳方法，以營造幽雅的場景，滿足了使用者的味覺欲望的同時也帶來良好的身心體驗。儘管文震亨將實用性原則歸結為以簡樸性為特徵的「尚用」，然而從這兩個例子可以看到，香爐需要以名窯的銅器為材質，煎茶需要使用特定方式處理之後的雪水，這已經超出了基本的實用需求，以農民或工匠為業的庶民家庭一般並不具備經濟能力和心境進行如此操作，由此給使用者帶來的良好身心體驗也超越了基本的生活需要並上升至欲望的層次。相比於明代中期及之前，士人的身體

〔註65〕文震亨，長物志校注〔M〕，陳植校注，江蘇科學技術出版社，1984，第107頁。

主要作為表徵個人德行和智性的場所，如何以規訓身體的方式尋找通往得道的路徑，是士人階層身體觀念的主要構成內容，而《長物志》立足於事物的物理特性進行器具設計或使用規劃，在提升人們的生活體驗的過程中滿足人們不同方面的欲望需求，隱含了士人階層的身體觀念從精神至上轉向欲望層面的趨勢。

這種趨勢在《長物志》的實用性審美原則的第二個層次上得到更有力的體現，在針對物性追求實用效果的基礎上，士人階層在材料選擇上不計成本和外觀設計上對精緻華美的極致追求，更是遠遠逾出基本的日常使用需求。例如，前述製作香筒需要邀請專擅微型雕刻的巧匠在內部雕塑花鳥、竹石，遠遠超出了香筒的功能性實用範圍的需要，精緻的雕刻藝術讓士人的視覺欲望在使用和觀賞器具的過程中得到滿足。這種審美方式可以在文震亨關於「土瑪瑙」的鑒賞中重複得到驗證，「石子五色，或大如拳，或小如豆，中有禽、魚、鳥、獸、人物、方勝、回紋之形，置青綠小盆，或宣窯白盆內，斑然可玩，其價甚貴，亦不易得，然齋中不可多置。近見人家環列數盆，竟如賈肆。新都人有名『醉石齋』者，聞其藏石甚富且奇。其地溪澗中，另有純紅純綠者，亦可愛玩。」〔註66〕在晚明士人群體中流行收藏、鑒賞名貴石頭及其製品的癖好，根據文震亨的描述，達到「可玩」水平的石頭價錢昂貴而且不易獲得，石頭的顏色、大小及其紋路均有多樣類型和風格，需要置於特定的環境布置滿足士人的賞玩需要。對石頭的品鑒已經遠遠逾出陶冶情性或閑暇放鬆的用途，士人階層不惜耗費時間和精力收集、珍藏名石，滿足他們視覺維度的身體欲望以及大量佔有玩物的內心滿足感。正如前述香筒的雕塑分為雅俗不同的類型，賞石也通過置放數量的多少而區分雅俗，若「環列數盆」則被類似商店售賣場景的布置而被視為俗品，文震亨將奇石的昂貴的價錢和名貴品質再次轉化為雅致生活的必備部分，也就符合了精益求精的實用性原則，並通過數量的多寡建構階層審美品位的區隔，繼續維繫士人階層在文化場域的雅致、簡樸的文化品位。

最後，借鑒田軍對文震亨品茶活動的評析，「文震亨正是要通過對飲茶環境、烹茶工序和茶具等諸多細節的審美經營，在天然本真的茶味茶香和清雅素樸的飲茶氛圍中洗滌凡俗與困頓，將飲茶由口腹之欲的滿足昇華為精神的享

〔註66〕文震亨，長物志校注〔M〕，陳植校注，江蘇科學技術出版社，1984，第 116頁。

受，從而在庸常紛雜的現實生存空間中另闢一方閒適悠然的精神世界。」〔註67〕如果轉換從另一個角度進行闡釋，可以認為，文震亨正是通過「昇華為精神享受」以及「另闢一方閒適悠然的精神世界」的審美方式，為打造奢華的飲茶環境以及購置名貴的茶具確立正當性。總而言之，士人階層在處理實用性的審美原則和欲望化的身體之間的關係時候採取了轉換的策略，器物所呈現的雅致品位被轉化為器物理應包含的性質，在貫徹這種轉換原則中，對器物的材質、設計和布置的精緻化追求被轉換為一種實用性需求，身體的欲望享受因此在審美活動中獲得認可。

三、欲望化身體與自然性審美法則

《長物志》所推崇的不同審美法則相互之間並非可以截然分開，例如文震亨將「中雕花鳥、竹石」這種精益求精的設計視為香筒用途的一部分，而將商人階層推崇的描金、雕塑故事人物的設計排除在「尚用」的原則之外，花鳥、竹石區別於描金和以故事人物為主題的雕刻的主要特徵在於其自然特性，花鳥和竹石的意象被寄寓了士人階層對自然的想像和追慕情懷，這是《長物志》所主張的另外一種審美法則—自然性。

自然界一直是士人階層在生活和思考中的重要關注的對象。方東美指出，「換言之，宇宙，當我們透過中國哲學來看它，乃是一個沛然的道德園地，也是一個盎然的藝術意境。」〔註68〕范明華對這個主題進行了更詳盡的論述，「中國古代哲學宇宙觀是一種氣化的宇宙觀，同時也是一種以『生生』為其核心觀念和價值導向的生命宇宙觀。它的指向是遍布於整個宇宙的、普遍而內在的『生命』，這其中既包括對宇宙或自然的讚美，對宇宙或自然變化的認知，也包括對現實人生或現世生命的充分肯定。」〔註69〕自然正是中國哲學構建宇宙觀念首先需要體悟和進入的對象，在士人群體的視域下，自然並不是一個純粹外在於個體的客體對象，而是在天人合一的視域下成為士人體悟道德、抒發情感和認知天道的載體。遊山玩水是士人階層在閒暇時間放鬆玩樂的方式之一。法國漢學家朱利安指出，「我們因此通過山水而靠近『神』或說靠近從

〔註67〕田軍，論晚明文人的日常生活審美實踐──以《長物志》為例〔J〕，福州大學學報（哲學社會科學版），2017（5）：70～75。

〔註68〕方東美，中國人生哲學〔M〕，北京：中華書局，2012，第121頁。

〔註69〕范明華，中國古代哲學宇宙觀的美學向度〔J〕，中南民族大學學報（人文社會科學版），2017（5）：122～128。

『神』而出的，靠近山水自身在形體之內所承載的興發與無窮。」〔註70〕正如朱利安對南朝宋代宗炳以山水為主題的畫論的解讀，山水立足自身的形體而具有啟示性意義，自動呈現具有無窮性和超越意義的精神性。在詩歌創作和遊記散文中，以山水為代表的自然意象往往是士人階層結合自己人生境遇抒發情志的載體，在士人階層的視野中，自然界是一個擺脫了繁雜事務、名位競爭的場所，適宜在閑暇時段前往遊玩，不僅可以讓士人階層在接觸自然風光的時候得以陶冶性情，也可以為社會空間中的失意者提供寄情抒懷的機會。

簡而言之，在一般情況下，在士人階層的日常觀察和文學創作中，自然界的山水竹魚等自然景物和生物呈現為不受世俗名利約束、富有蓬勃生命力的景觀意象。例如，唐代柳宗元在被貶為永州司馬時候撰寫了《小石潭記》，講述了自己在小石潭遊玩觀景觀魚的過程中既快樂也寂寥的感情。他寫到，「從小丘西行百二十步，隔篁竹，聞水聲，如鳴珮環，心樂之。伐竹取道，下見小潭，水尤清冽。全石以為底，近岸卷石底以出，為坻為嶼，為嵁為岩。青樹翠蔓，蒙絡搖綴，參差披拂。潭中魚可百許頭，皆若空遊無所依。」〔註71〕北宋歐陽修在被貶為滁州太守時候寫作《醉翁亭記》，講述其和部屬前往琅琊山遊玩行樂的情景。他寫到，「環滁皆山也。其西南諸峰，林壑尤美，望之蔚然而深秀者，琅琊也。山行六七里，漸聞水聲潺潺，而瀉出於兩峰之間者，釀泉也。峰迴路轉，有亭翼然臨於泉上者，醉翁亭也。……臨溪而漁，溪深而魚肥，釀泉為酒，泉香而酒洌，山肴野蔌，雜然而前陳者，太守宴也。」〔註72〕柳宗元和歐陽修對自然景物和自然生物的描寫代表了明代晚期之前士人階層對於自然的審美趣味，儘管自然界的萬物在儒學思想體系中被視為和社會空間共同遵循天道而運行，然而自然界普遍被視為和功名利祿相隔絕，因此自然界可以為士人提供了一個抒發情性的休閒場所。柳宗元和歐陽修對自然界的景色和生物的描寫來源於個人對自然世界的直觀接觸和直覺體驗，柳宗元從聲音和視覺出發描述了自己進入水潭所聽到的水聲、所目睹的清澈潭水、奇石林立和岸上樹木交錯共同組成的自然畫面，歐陽修則描繪了前往琅琊山所目睹的山

〔註70〕朱利安，山水之間：生活與理性的未思〔M〕，卓立譯，上海：華東師範大學出版社，2017，第76頁。

〔註71〕柳宗元，至小丘西小石潭記〔M〕// 柳宗元集，衛紹生注譯，鄭州：中州古籍出版社，2013，第204頁。

〔註72〕歐陽修，醉翁亭記〔M〕// 歐陽修集編年箋注（三），李之亮箋注，成都：巴蜀書社，2007，第89頁。

峰、泉水、亭子相構成的郊外自然圖景以及就地獲取食材的飲宴，兩人的遊記描述均表達了對不受人力侵擾的自然世界的讚賞，試圖以此消解社會空間中政治地位下降對自身的情志造成的負面影響。他們雖然通過郊遊獲得了身心的快樂，然而這種身心的快樂來自對以自然界為對象的直觀體驗，而非對自然事物的獨享性佔有，因而士人階層的自然審美活動著眼於性情的陶冶和德行的培育，並沒有轉化為身體欲望。

到了晚明，推崇自然性的審美原則依然受到士人階層的認同，而對自然的體悟方式發生了轉向，朱忠元分析明代自然觀念的變化時候指出，「都市喧囂成為欣賞對象，對城市園林的欣賞成為時代的趨勢。自然於是從古代精神寄託的對象成為人們生活的環境。」〔註73〕士人群體體悟自然的主要路徑轉變為在都市中構築與自然環境相近似的園林居室。《長物志》有大量篇幅論述如何在居室建造和布置、器物的選取和擺放等方面營造自然意境。正如實用性審美趣味隱含了對欲望的訴求，那麼對於欲望的追求又如何在崇尚自然的審美活動中得以建構？

繼續以文震亨的審美鑒賞為例，參考他為居室設計為主題的卷一「室廬」撰寫的總論——

> 居山水間者為上，村居次之，郊居又次之。吾儕縱不能棲岩止谷，追綺園之蹤，而混跡廛市，要須門庭雅潔，室廬清靚，亭臺具曠士之懷，齋閣有幽人之致。又當種佳木怪籜，陳金石圖書，令居之者忘老，寓之者忘歸，遊之者忘倦。薀隆則颯然而寒，凜冽則煥然而燠。若徒侈土木，尚丹堊，真同桎梏樊檻而已。〔註74〕

文震亨的審美趣味繼承了唐宋士人對自然的讚賞，將自然視為和社會空間的名利爭奪相遠離的場所，將居住地的選擇優先遞次排序為「山水間」、「村居」、「郊居」、「廛市」，將兼有山水的大自然區域視為適宜隱居的烏托邦想像之地，和歐陽修撰寫《醉翁亭記》時候遊覽琅琊山的心境具有相似性。自然性的審美原則貫穿《長物志》的居室設計、花木水石的評鑒、器物設計等不同方面，例如關於如何營造瀑布的景觀，「亦有蓄水於山頂，客至去閘，水從空直

〔註73〕朱忠元等，中國審美意識通史：明代卷〔M〕，北京：人民出版社，2017，第383頁。

〔註74〕文震亨，長物志校注〔M〕，陳植校注，南京：江蘇科學技術出版社，1984，第18頁。

注者，終不如雨中承溜為雅，蓋總屬人為，此尚近自然耳。」〔註75〕園林的人造瀑布的風格的審美等級為「自然」高於「人為」，體現了文震亨對自然性的審美原則的認同。對自然性的審美原則有必要著重選擇以居室設計範疇為例予以展開，因為居室設計可以更直觀全面展現設計者如何在生活場所構建自然場景，針對這種人工自然景觀的布置策略的分析可以揭示文震亨及其所代表的士人階層的自然性審美品位。

詳細論之，文震亨將居所位於都市視為在品位檔次上依次低於居住於郊外、鄉村、山林，可以看出在士人階層的居室審美品位的等級排行中，自然性位於世俗性之上，而且如果居室環境愈加遠離市鎮的世俗生活，則更能得到士人階層在審美範疇的認可。然而，這種對自然推崇在很大程度上僅僅是士人階層寄寓情志的表述方式，絕大部分的士大夫並不會放棄對世俗名位的追求和對宗族所肩負的責任而選擇徹底隱居，因而他們往往選擇在居室布置和庭園建設上營造自然界的環境，不僅便於在閑暇時段進行休閒娛樂活動，並且通過居室布局彰顯自身的審美趣味。根據文震亨關於居室設計的論述，雖然居住在都市之中，然而居室設計的總體風格要做到「雅潔」和「清靚」，營造去世俗化的曠達情懷和幽雅品位，這正是自然性審美原則的體現，其設想的場景功效是進入環境的人得以「忘老」、「忘歸」和「忘倦」，即讓人們得以在自然環境中得以擺脫功名利祿的心境，達致「忘懷息心的審美效果」〔註76〕。因此從總體風格和功效意圖來看，文震亨對自然的審美趣味和唐宋時期的柳宗元和歐陽修並沒有實質差別。然而，和實用性審美原則對物慾的轉換、容納相類似，文震亨在居室營造自然幽靜的環境的具體措施是「種佳木怪籜，陳金石圖書」，即種植優良品種的樹木、奇特形態的竹子，而且陳列鍾鼎、碑碣、圖畫和書籍。反觀柳宗元和歐陽修對自然界的描寫，自然被建構為遠離世俗事務、富有原生生命力的形象，作為陶冶性情或者寄寓情志的場所而存在，自然對象的書寫植根於作者親身進入環境時候的視聽和感受體驗，自然對象所包含的其餘性質並不重要。文震亨和柳宗元、歐陽修對自然性審美原則的區別體現在他對物性本身的著重強調，居室的自然意境的構造需要種植優良品種的樹木

〔註75〕文震亨，長物志校注〔M〕，陳植校注，南京：江蘇科學技術出版社，1984，第 105 頁。

〔註76〕曾繁仁，曾繁仁學術文集（十）‧生生美學〔M〕，北京：人民出版社，2021，第 243 頁。

和奇特形態的竹子，將植物物性的「佳」和「怪」視作體現自然性的必備條件。而事實上從柳宗元和歐陽修的遊記可以看到，植物的品種是否奇特並不重要，關鍵是自然環境能否讓參觀者獲得富有意義的感官體驗和內心觸動，自然對象的物性需要和參觀者的體驗相關聯才具有意義，而且自然對象的物性尤其以天然生成的多樣形態為佳，並不逾出參觀者的親身感性體驗去甄別種類是否名貴。文震亨在構建居室的自然環境的策略，則表明了士人的自然性審美原則在晚明時代發生了新的變化，晚明審美活動對物性愈加關注的趨勢在文震亨的著作中不僅表現為對樹木、竹子的品種和形態進行細緻的考究和挑選，以優良品種的植物為佳，而且這種針對物性的考究在很大程度上並不考慮參觀者由此產生的精神性體驗，這是一種針對物性的等級分化的探究。

　　文震亨對自然性審美原則的建構所呈現對物性的關注，正是晚明審美思潮趨向對物的推崇和迷戀的直觀體現。參見朱忠元關於自然和道相貫通的論述，「與道相通的『自然』的狀態幾乎成為中國藝術表達期望達到的最高境界，……對自然之道的直覺領悟以及與之合一的具體表現就是體道境界。」〔註77〕唐宋士人所建構的自然性審美原則正是對朱忠元闡述的落實，即以個人的直觀體驗作為理解自然的路徑，並將個體的感受體驗和對天道的認知和頓悟緊密結合在一起。文震亨則將自然性審美原則所植根的主體經驗部分轉換為物性的堆砌，對物的佔有欲望成為自然性審美原則的構成部分。另外，文震亨不僅認為需要種植「佳木怪籜」，而且需要「陳金石圖書」，根據貫穿《長物志》的知識趣味和晚明時代士人熱衷收集珍貴版本的古書、名帖的文化習性，可以推斷「金石圖書」的揀選標準和「佳木怪籜」相似，在結合年代、版本、創作者等因素的基礎上選取名貴的器物和書畫予以展示。需要意識到的是，文震亨在闡述如何構建居室的自然風格的時候將金石圖書這些文化類的對象納入設計構想中，與唐宋士人構建自然性審美原則時候所常見的從自然景致到審美體驗的模式不同。金石圖書在一定程度上和世俗事務有所關聯，文震亨並沒有局限在自然景致的範圍建構自然性審美品位，和柳宗元、歐陽修在遊記中的視角有所不同，從這裡出發有助於對文震亨的自然性審美原則做進一步解讀。在構建自然審美風格的環境時候引入文化類對象，和對植物的品種是否優良的重視一樣，實際上展現了文震亨對物性的關注和由此引起的對物慾的沉溺。文

〔註77〕朱忠元，「自然」的審美訴求與「體道」境界〔J〕，中國美學研究（第三輯），北京：商務印書館，2014（1）：1〜14。

震亨不可能沒有意識到，他試圖塑造的自然居室風格將「山水間」這種純粹自然的形態看作最優的摹仿對象，而以「金石圖書」為對象的審美活動卻是建立在鑒賞者長期積累的人文知識素養的基礎之上，二者之間存在顯然易見的不協調。然而，文震亨依然選擇將「金石圖書」和「佳木怪籜」作為居室布置的舉措，其中一個原因正是他迫切期待通過展示鍾鼎、碑碣、圖畫和書籍等文化藏品，以宣示物的佔有成果，這正是晚明物慾膨脹的社會狀況的表徵。文震亨對自然性審美原則的改變，同樣和社會結構中商人地位的大幅上升有關，士人階層為了維持自身在文化場域的權威位置，將凸顯個人知識積累和審美品位的文化性藏品也納入自然性審美原則之中。文震亨在以居室設計為主題的第一卷中多次貶低商人階層的審美品位，例如在總論批評耗費鉅資修建居室，反對大門使用朱、紫、黑三種顏色，將建造照壁使用青紫顏色和灑金工藝視為最忌。概括言之，文震亨反對選取破壞自然意境的深色顏色和額外主題的雕刻，尤為反對採用和金色有關的色彩和工藝，認為這種違背自然性審美原則的庸俗設計實際上束縛了人性的自由發展。

總的來說，相比於唐宋士人的自然性審美原則，文震亨儘管在大體上繼續將自然看作去世俗化的場所，然而社會結構的變化滲透進入到《長物志》的審美品位，物慾的盛行和階級區隔成為晚明自然性審美原則的隱含面向，在自然性審美原則的新變中，「欲望的身體」如何得以建構，可以從兩個層次予以解讀。

第一，文震亨將物性因素引入到自然性的審美風格設計中，綜合運用盆景、石橋、木製欄杆等有助於凸顯自然性的事物營造居室風格，在雕塑內容、顏色選擇、器具材質等多個方面盡可能降低人工要素在居室環境中作用。這種自然性的居室風格往往被看作「恬淡雅致的文人化生活情境」〔註78〕，正如徐贛麗所言，「從品物、用物到賞物，其體物入微、以己為度的生活實踐和人物互動原則體現得淋漓盡致，彰顯了他閒適淡雅的生活態度和追求清幽之境、雅致逸趣的生活品味。」〔註79〕但是，不能忽略的是，物性因素同樣內在於「恬淡雅致」的居室風格之中，和自然性無關的物性成為了士人階層居室設計的重要構成部分。例如，關於照壁的選材和製作，「得文木如豆瓣楠之類為之，華

〔註78〕田軍，論晚明文人的日常生活審美實踐——以《長物志》為例〔J〕，福州大學學報（哲學社會科學版），2017（5）：70～75。

〔註79〕徐贛麗、張寒月，辨物居方：明代文人生活文化及其當代啟示〔J〕，華東師範大學學報（哲學社會科學版），2023（3）：96～105。

而復雅，不則競用素染，或金漆亦可。」〔註80〕以木材製作照壁，並以素淡色彩做描畫，這是以天然材質和素淡色彩的結合，可以起到凸顯自然性的審美品位，有助於塑造自然雅致的居室環境。然而，區別於唐宋士人更強調對自然環境的切身感受，文震亨則對木材的材質和品種進行了更詳盡的要求，並不是一般的木材即可以滿足需要，而是需要選取以豆瓣楠為代表的以材質優秀和紋路雅致為特徵的珍貴品種，事實上對木材品種的講究並沒有對自然性有所增進。類似的例子還包括，門的製作需要使用以美麗著稱的湘妃竹，臺階的製作需要運用以精美為特徵的文石和太湖石。對物性的過度關注和強調，體現了晚明士人對物慾日益增長的沉溺，並體現為大幅提升居室布置的構成物的品級，從而達到雅致式奢華的設計成果。他們一方面批評庸俗炫富的品位和鄙視人為痕跡濃厚的設計風格，同時又通過對居室的所有構成之物的品種和布置進行盡善盡美的策劃，以滿足自身的佔有欲望和展現業已佔有的成果。以自然性為標榜的雅致式奢華的居室不僅為士人帶來了身臨自然界的情景氛圍，士人在生活享受中獲得了身心體驗的滿足，滿足了涵蓋了身體的視覺、味覺、聽覺和感覺多個維度的欲望，而不再從節制原則壓抑身體的欲望。

第二，從自然性審美原則的最終指向看，唐宋士人通過訴諸接觸大自然的直觀感受進而寄託情志或陶冶情性，而文震亨卻在物慾的沉溺中止步於身體的享受，缺乏對提升精神境界的追求，淪為以物為尊的生活美學。南宋宗炳的畫論可作為對比，「夫以應目會心為理者，類之成巧，則目亦同應，心亦俱會。應會感神，神超理得。雖復虛求幽巖，何以加焉？又，神本亡端，棲形感類，理入影跡，誠能妙寫，亦誠盡焉。」〔註81〕宗炳強調身體對自然的感知最終導向對理的體悟，自然激發的哲思落實在審美趣味的構建。與之相異，文震亨《長物志》則通過對事物的品種、裝飾和擺設進行如此精心細緻的安排，構建了雅致式奢侈的居室風格，他所期待達到的效果更主要集中在身體體驗層面，即卷一總論結尾的論述「蘊隆則颯然而寒，凜冽則煦然而燠」。具體而言，就是置身於自然設計風格的居室中，人們的身體感覺體驗可以獲得提升，在氣候悶熱的時候感覺到涼爽，在氣候寒冷的時候感覺到溫暖，這是一種身體感覺層面的欲望滿足。儘管唐宋士人普遍將自然視為一個去世俗化的新世界，然而他們對

〔註80〕文震亨，長物志校注〔M〕，陳植校注，南京：江蘇科學技術出版社，1984，第 26 頁。

〔註81〕宗炳，畫山水序〔M〕// 楊成寅編著，中國歷代繪畫理論評注：先秦漢魏南北朝卷，武漢：湖北美術出版社，2009，第 155～156 頁。

自然的身體體驗最終往往以體悟自然生命力或寄寓情志的方式回歸到對道的再體悟，並轉化為再介入社會空間時候的行動指引。然而，文震亨致力將自然性的審美原則應用到居室的設計和改造，以物的堆砌的方式完成了雅致居室的布置，個人的身體體驗因而得到改善，但是這種改善並沒有進一步指向德行的培育和智性的提升，也就是沒有演變為以誠心的方式對身體進行規訓。文震亨不僅沒有在卷一的總論涉及如何在自然性的居室環境中培育個體的德行，僅僅談及到如何讓個人得以暫時擺脫世俗事務，在後文談論到具體的大門、臺階、橋、琴室等詳盡具體的分類設計中也沒有涉及個人如何在自然雅致的環境中拓展對天道的理解或品行的培育，因而這是一種從在審美理念上以自然為尚，而在實際效果上改善身體經驗的居室設計模式。在改善身體體驗之外，文震亨更關注如何踐行自然性審美原則的過程中達到階級區隔的效果，而區隔的標準在自然與庸俗的劃分，而實際效果則是身體經驗的改善和束縛本真情性的差別，個體的精神境界的提升卻幾乎沒有被納入考慮。

總的來說，以文震亨為代表的晚明士人階層在處理欲望化的身體和自然性的審美原則的關係中，通過對生活場域中和自然性相契合的物進行細緻的考察和等級分類，不僅極大改善了個人的身體經驗，滿足了多個維度的身體欲望，而且沒有試圖將這種對自然風格的體驗納入德行培育的框架中，由此為欲望的解放提供了物質條件和解除道德束縛的倫理基礎。

四、欲望化身體與雅致性審美法則

如前所述，《長物志》所體現實用性、自然性和雅致性的這三種審美法則之間並非可以截然分開，而是相互滲透，互為基礎，審美的實用性和自然性均體現了崇雅的品位追求，而雅致的審美原則也建立在對以感受效果為目標的細緻設計和營造自然意境的基礎上。向方寫到，「文雅主義者文震亨既對『雅』有著極致的追求和要求，故不以『俗』為品，對世俗趣味和時尚潮流均持以疏離和批判態度。」〔註82〕建立在「去俗」基礎上的雅致常常被視為《長物志》重要的審美法則，對雅致的追求構成了晚明士人階層的主要審美趣味以及實行階級區隔的首要尺度。那麼，考慮到對物的崇拜和對物慾的迷戀已經成為晚明士人階層的新風尚，那麼《長物志》的雅致審美原則又是如何在晚明審美的

〔註82〕向芳、李修建，求古慕雅：論《長物志》的審美趣味〔J〕，山東藝術，2020（2）：56～61。

新思潮中得以構建，具有了何種新的內涵？

以卷十的《位置》為例闡述《長物志》的雅致審美原則，該卷的主要內容是如何安排居室的整體布置和具體對象的擺放，以達到雅致的審美效果。以該卷的總論為例——

> 位置之法，繁簡不同，寒暑各異，高堂廣榭，麴房奧室，各有所宜，即如圖書鼎彝之屬，亦須安設得所，方如圖畫。雲林清秘，高梧古石中，僅一几一榻，令人想見其風致，真令神骨俱冷。故韻士所居，入門便有一種高雅絕俗之趣。若使堂前養雞牧豕，而後庭多侈言澆花洗石，政不如凝塵滿案，環堵四壁，猶有一種蕭寂氣味耳。志《位置第十》。〔註83〕

文震亨所推崇的居室布置效果，可以從總論中的這句話——「故韻士所居，入門便有一種高雅絕俗之趣」得到簡明扼要的說明，文震亨及其所代表的士人階層往往以韻士自居，追求雅致的審美原則，從而和以唯利是圖、缺乏文化品位為群體特徵的商人階層構成區別，在商人階層的社會地位大幅上升的時代依然保有自身在文化場域的強勢地位。通過「高雅絕俗」的語詞組合可以看出，《長物志》所推崇的高雅的審美原則的對立面是庸俗，雅致審美原則的確立需要建立在祛除庸俗品位的基礎之上。根據文震亨的舉例，處於高雅對立面的行為則是該卷總論所列舉在大堂前飼養家禽家畜，迷戀後院的園藝工作等行為，以及在分類論述時候所批評的類似書肆、酒肆的布置場景，即將圖書典籍或花瓶雜亂鋪張地擺放，這體現了晚明士人階層對繁雜、熱鬧和忙碌的生活氛圍的反感與排斥。文震亨對這種雜亂的生活氛圍的批評立足於階級區隔的社會意識，在前堂飼養家禽家畜往往是務農者或手藝人等家境狀況不佳的庶民階層的常見居家生活方式，和意圖塑造寧靜環境的士人趣味相牴觸；對沉溺於後院的園藝工作的批評則延續了士人階層一直以來對匠人勞力的不屑，儘管晚明時期體現在時玩中的工藝技術得到了士人階層的認可甚至追捧，然而以技藝謀生的工匠或藝匠依然沒有得到士人的充分尊重；文震亨將以數量多和擺設雜亂為特徵的書架布置和插花瓶器擺設的風格分別描述為書肆和酒肆，出發點在於貶低商人階層的文化品位。為了凸顯士人階層更為高級的審美趣味，文震亨批評了以熱鬧和忙碌為特徵的生活場景之後，以對「蕭寂氣味」

〔註83〕文震亨，長物志校注〔M〕，陳植校注，南京：江蘇科學技術出版社，1984，第 347 頁。

的崇尚作為凸顯以其自身為代表的士人階層的雅致審美原則。構建蕭寂意境的居室布置是「凝塵滿案，環堵四壁」，這是一幅簡樸而疏於打理的居室圖景，卻被文震亨視為具有和繁雜和熱鬧的生活場景所缺乏的高雅品位。從這個對比出發，「蕭寂氣味」之所以被士人階層視為自身在審美品位範疇優越於從事於另外三業的庶民階層，在於這種審美意境所體現的精神優越，即士人階層可以無需為生計事務和日常事務忙碌，得以通過品味簡樸的環境提升自身的文化審美修養。這正是文震亨為了闡述雅致性審美原則所列舉的現實情境之一，「蕭寂氣味」的獨特性建立在精神體驗的基礎之上，而非金錢的炫耀或毫無創造力的勞作。

然而，正如柯律格關於《長物志》是一個具有「自我顛覆」特性的文本的評價，「然而，像《長物志》這樣的文本，卻存在自我顛覆，甚至是自我解構的問題。我必須反覆重申，這是一本關於如何消費的指導書，而其自身又是一件商品。」〔註84〕漢學家從西方理論的視角指出《長物志》的文本具有解構自身的趨勢，不僅包含了對商人階層的奢侈審美品位和生活習性的鄙視，但同時又表達了佔有名貴之物的渴望並提供了如何甄別、選購器物的指引。根據對「高雅絕俗」的分析，文震亨立足於階級區隔的意圖對高雅和庸俗做出區分，將呈現「蕭寂氣味」的居室環境視為高雅的布置風格，而和庶民階層的繁亂、嘈雜的庸俗生活場景構成區別，而「蕭寂氣味」以精神體驗作為根基，也就是說，在《長物志》中雅致審美原則的表現方式之一是精神體驗。然而，再反觀卷十的總論和分類的內容，這種以精神體驗為根基的雅致性審美法則在論述中被作者自己予以顛覆和解構。反觀該卷總論的綜述和全書的各類討論，居室的布置方案是落實在園林式建築之上，這種理想型的居家建築涵蓋了廳堂、亭榭、各類居室、庭院等多重組成結構，需要考慮如何安排布置的對象包括畫作、書籍、瓶器、祭器、座椅、屏風、床榻等士人階層的居所一般會擁有的對象，涵蓋了藝術藏品、儀式禮器、生活家具等各個範疇，並且將元代畫家倪瓚所居住的以古樹挺拔蔚秀著稱的清秘閣塑造為體現雅致趣味的最佳典範。文震亨使用「風致」描述以清秘閣為代表的理想居室布置的審美效果，似乎和「蕭寂氣味」一樣以精神體驗為指向，但是不能忽視的是，對「風致」趣味的塑造不僅建立在以耗資不菲的廣闊居室作為布置場景的基礎上，而且文震亨

〔註84〕柯律格，長物：早期現代中國的物質文化與社會狀況〔M〕，高昕丹、陳恒譯，
　　　　北京：生活‧讀書‧新知三聯書店，2015，第142頁。

在該卷具體分類的闡述中，重點集中於對各種器物從選材、數量到擺放的多個方面進行極致講究。例如參見文震亨對臥室布置的論述，對臥室內部的衣架、書燈、洗手器皿、櫥櫃、茶几、香藥、玩器等各式重要程度不等的器物的擇取和擺放進行了規劃，然而卻缺乏了對提升個人的精神體驗的考究。這種崇尚器物的鋪排與細究的居室布置風格構成了雅致趣味的另一種內涵——對物的崇尚。

文震亨所展示的雅致性審美原則所包含的精神體驗和器物崇尚二者之間構成表裏關係，晚明士人階層需要通過對精神體驗的推崇以維繫自身在佔有文化資本方面的優勢地位，可是實際上正如《長物志》關於居室布置的策略所呈現，對器物的佔有和展示成為構建雅致性居室風格的核心內容。這種轉變可以透過晚明士人處理道德和金錢的輕重關係中予以理解，參照卜正民的觀察，「正像萬曆時代所呈現的那樣，那些講求實際的儒士們已經不能平靜地滿足於通過上述的道德提示以扭轉道德和金錢間的不平衡，而是被迫尋求更為有效的辦法來平衡金錢和道德。」〔註85〕巫仁恕則精準揭示了晚明士人群體所處身的社會經濟背景，「於是功名身份與其實際的經濟實力，會出現一段落差。而商品經濟與捐納制度，造就了富人——尤其是商人，可以借由經濟力量，取得政治地位與社會地位。晚明士大夫這類地位群體正面臨了新興的經濟階層——商人的挑戰，尤其是經濟實力較弱的下層士人，面對透過財富捐納獲得身份地位的商人階層，所受到的威脅更大。」〔註86〕晚明士人已經無法通過自我確立的道德優越感緩解由金錢財富的弱勢引起的焦慮感，商人群體利用經濟資本有力衝擊了士人群體在文化場域甚至政治場域的壟斷地位，同理在審美維度，享樂的欲望已經無法通過精神體驗的優越感予以壓制和消解。雅致性審美原則的立足點事實上已經從精神轉向器物，那麼在這種轉向中，士人階層的欲望性身體又是如何在崇雅的審美趣味中得以建構？從文震亨對居室中如何布置畫作和花瓶的論述談起。

關於畫的懸掛，「懸畫宜高，齋中僅可置一軸於上，若懸兩壁及左右對列，最俗。長畫可掛高壁，不可用挨畫竹曲掛。畫桌可置奇石，或時花盆景之屬，

〔註85〕卜正民，縱樂的困惑：明代的商業與文化〔M〕，方駿、王秀麗等譯，北京：生活·讀書·新知三聯書店，2004，第 239 頁。

〔註86〕巫仁恕，品味奢華：晚明的消費社會與士大夫〔M〕，北京：中華書局，2008，第 63 頁。

忌置朱紅漆等架。堂中宜掛大幅橫披，齋中宜小景花鳥；若單條、扇面、斗方、掛屏之類，俱不雅觀。畫不對景，其言亦謬。」〔註87〕文震亨對於如何在居室中懸掛畫作，從懸掛位置、懸掛工具、畫桌布置、畫作內容等方方面面進行細緻詳盡的說明和規定，試圖通過實現畫作和居室景致相匹配，以達到凸顯高雅、祛除庸俗的審美效果。再參見文震亨關於花瓶的選用和布置的說明，「隨瓶制置大小倭幾之上，春冬用銅，秋夏用磁；堂屋宜大，書室宜小，貴銅瓦，賤金銀，忌有環，忌成對。」〔註88〕瓶器的材料、大小都需要根據具體的季節、擺放位置做出相應的選擇，款式則避免採用過於凸顯人為設計意圖的「有環」和「成對」的樣式。綜合《長物志》對畫作和瓶器布置的論述，文震亨追求制式化的審美風格，針對畫作、瓶器等器物的物性選取和布置方案進行嚴格細緻的規定，以求提出一套為士人階層提供指引的居室布置方案，這是一種以物的崇尚為根基的審美規劃。

參見柯律格對「懸畫」部分的針對性評論，「通過與那些滿壁皆是『名家山水』，卻以粗鄙的方式加以懸掛的門戶保持必要的距離，『雅趣』至少能減輕一些因『過渡』而引起的社會焦慮。」〔註89〕「社會焦慮」構成了文震亨設計制式化審美方案的直接原因，由此為理解雅致性審美原則和欲望化的身體之間的關係提供了思考路徑。晚明商人階層隨著社會地位的提高，愈加熱衷以購買名畫、名人字帖等文化藝術作品的方式提升個人聲望，然而他們在居室布置上以推崇對稱性和喜好金銀修飾著稱。士人階層不僅認為商人階層的審美趣味是對其所佔有的珍貴文化作品和器具的糟蹋，而且也擔心自身文化話語權被商人階層所攫取，這正是柯律格所描述的「社會焦慮」。士人階層的社會焦慮引起以器物為主要對象的制式化審美風格的產生，儘管制式化的規範以實現雅致性審美原則為目標，然而制式化的規範以物性的特質為準繩，因此雅致性審美原則的指向發生了置換，審美活動不再立足於以個人經驗為核心的精神體驗，而是轉變為圍繞器物的特性和用途。文震亨對雅致性審美原則的重構，實質就是身體的情感焦慮向欲望滿足的轉移，文震亨所贊許的「蕭寂氣味」

〔註87〕文震亨，長物志校注〔M〕，陳植校注，南京：江蘇科學技術出版社，1984，第351頁。

〔註88〕文震亨，長物志校注〔M〕，陳植校注，南京：江蘇科學技術出版社，1984，第352頁。

〔註89〕柯律格，長物：早期現代中國的物質文化與社會狀況〔M〕，高昕丹、陳恒譯，北京：生活‧讀書‧新知三聯書店，2015，第142頁。

以簡陋的居室布置和生活條件和基礎，而處身困頓的境況正是傳統儒家士人培育德行的契機，通過限制個體的身體對名利追求和物慾享受的欲望，起到端正本心的作用。然而以精神體驗為根基的審美經驗最終在文震亨的論述中自我解構，被以物為核心的制式化審美風格所取代。為了塑造雅致性的審美品位，制式化的審美風格以物性為根基對器物的選取和擺放進行了細緻的揀擇。不僅凸顯士人階層區別於庶民階層的趣味區隔，同時以世家園林為場景構建了一種涵蓋日常生活、宗族儀式、審美品鑒等多方面的奢華生活，為身體感官提供了逾越適度範圍的滿足。例如，在「置爐」部分，不僅對香爐的數量、置放位置和熱冷季節香爐材質都做了嚴謹的規定，而且對生香、熟香、沉香、香餅的存放均做了分類說明。這種制式化的方案立足於物性的基礎指引士人階層如何維繫自身的雅致生活風格，實際上這種細究物性的做法已經遠遠超出了實用的需要，以雅致的名義為士人的身體感官提供了舒適的體驗。不僅如此，身體感官的舒適體驗並沒有轉化為精神的反思和道德的思考，身體的感受本身就是制式化審美方案的最終指向，這表明雅致性審美原則被運用在為士人的身體欲望的滿足提供了參考方案。

總的來說，正如張春華的闡述，「《長物志》所呈現的，是江南文人在富庶繁華的經濟基礎之上所追求的一種既閑且隱、優雅精緻的生活美學狀態。」〔註90〕《長物志》呈現為追逐欲望和推崇雅致相滲透的生活美學圖景，然而當前學界的研究重心聚焦於文震亨的審美趣味，而忽略了欲望和審美之間的張力性互動。雅致性審美原則的構建建立在以物的崇尚為根基的制式化審美風格之上，晚明士人階層不再滿足在陋室中以修身的方式提升精神體驗和體悟天道，不再以精神體驗範疇的優越性維持階層區隔，而是轉為從處於環境中的身體感受出發針對器物的物性進行考究、選擇，並在具體布置過程中兼顧個體的視覺效果和身心體驗，以達到雅致品位，士人階層通過改善居住環境以追求身體欲望的滿足，在崇尚雅致的審美規劃的名義下得到了實現。

〔註90〕張春華，《長物志》生活美學思想探微〔J〕，浙江師範大學學報（社會科學版），
2022（3）：58～62。

第四章　晚明審美思潮的空間觀念

　　在「大禮議」事件之前，經過儒學思想的不斷闡釋，社會空間一方面和自然空間既共同以天道作為持續運作的規律，另一方面在遵循自然空間所呈現的啟示性指引的基礎上，發展成為以倫理綱常體系為根基的政治體系，演化為單一的倫理政治空間，這也是士人階層以行動者的身份介入的實踐場域。「大禮議」事件之後，士人階層以「得君行道」作為信念的政治實踐陷入空前的危機，商業社會的發展也為政治場域陷入困境的士人階層提供了新的活動範圍和消遣場所。王陽明及其後繼者在改造和發展儒學的過程中日益強調日常生活和庶民生活空間的重要性和價值，為士人階層的行動場域的轉移提供了思想基礎和正當性論證。

第一節　天理觀念的內在化轉向

　　如第一章所論述，從先秦到明代中期，空間觀念的演化均可以上溯至《周易》，道作為真理性內容具有貫穿自然空間和社會空間的普遍有效性，對自然空間的萬物化生和社會空間的個人行動和社會倫理秩序均能夠發揮指引性和規範性的作用。自然空間和社會空間一方面具有同構的關係，同時又以「先在─回應」的模式發生作用，自然空間通過呈現天、地、山、澤等八種一般性事物之間的組合變化以突顯時勢的變易，為社會空間的行動者提供實踐的引導性依據，並且推動社會空間的行動法則不斷修正。其後，儒學思想家將《周易》所展現的自然空間和社會空間之間的互動關係在思想層面予以系統化和理論化，將君王治理國家、士人修德和立功業、家庭倫理關係均整合納入以綱常倫

理為基礎的社會系統，社會系統的合法性來源於上天所呈現的道。子思和董仲舒對天人關係的解釋策略展現了儒家思想譜系中兩種最具有代表性的構建社會秩序的方式，他們分別從自然樸素主義和天人感應的角度出發，通過援引來自於天的權威，將社會空間建構為單一的倫理政治空間。其後儒學思想家繼續援引《周易》的思想資源，分別沿著自然樸素主義或天人感應的思路，繼續通過強化綱常倫理和皇權政治之間的關係推動社會空間行動法則的變革，並通過吸納佛道思想予以改造，試圖進一步強化儒家思想在社會空間的話語權，同時為士人階層在社會空間的實踐提供思想資源。值得注意的情況是，以董仲舒為主要代表的具有深刻神學色彩的天人感應學說，在漢代的讖緯術日漸衰落之後，日益向自然樸素主義的天人關係解釋路徑靠攏，自然空間的時勢變化和社會空間的事變之間的直接關聯日漸弱化，自然空間的啟示性意義逐漸轉變為自然樸素的形式。子思所作《中庸》在北宋之際日益受到道學家的重視，《中庸》將君臣、父子、夫婦、昆弟、朋友交往這五個涵蓋政治和宗族倫理的方面視為促成社會秩序實現達道的途徑，成為道學家構建以綱常倫理體系為基石的社會秩序的重要參考。子思通過「達道五」、「行之者三」、「九經」確立了理想型的社會空間秩序以及士人階層自我修行和介入政治的規範，建構了以道為核心的貫穿個人、家庭、社會政治的綱常倫理體系，社會空間被構建為單一的倫理政治空間，而道則來源於天，社會空間運行機制的合法性需要上溯到自然空間。

到了兩宋時期，儒家思想依然將社會秩序的合法性建立在道的基礎之上，而作為真理內容並起到規範性作用的道則往往被視為源於上天，因此為了理解上天如何發揮啟示性作用，《周易》繼續成為理學援引的思想資源。理學的先驅者周敦頤在代表作《太極圖說》和《通書》中通過對《周易》的闡釋，立足天道構建以綱常倫理體系為基礎的社會空間。以《通書》為例：

> 《通書·順化第十一》：天以陽生萬物，以陰成萬物。生，仁也；成，義也。故聖人在上，以仁育萬物，以義正萬民。天道行而萬物順，聖德修而萬民化。大順大化，不見其跡，莫知其然之謂神。故天下之眾，本在一人。道豈遠乎哉！術豈多乎哉！[註1]

周敦頤以《周易》的陰陽五行思想作為根基，借鑒、吸納道家思想以構建社會空間的秩序，萬物的產生和形成的根源來自於陰陽兩極的變化運動，而陰

〔註1〕周敦頤，通書：朱熹解附〔M〕，中華書局，2009，第23～24頁。

陽兩極的變化運動正是道的一個面向，陰陽兩極以及道的權威性來源於上天，聖人遵循天道的啟示將仁和義的思想用於培育萬物和教化萬民，天道得以被遵行的結果是社會空間順暢有序地運作。對社會空間的個人而言，則需要遵循聖人的教化，以「誠」作為養性和修德的準則，順應天道的運行規律，從而妥善處理個人、家庭和天下的事務，趨向於「立人極」的境界。可以參考李旭然對周敦頤「立人極」思想的解讀，「在周敦頤看來，人生天地間，和天地一樣，根本上是誠而真實無妄的，任何與之不相符合的行為，皆是有悖於人性之誠的，不能中於人性，不合於天、地、人共同構成的生生不息的誠的世界，即是妄動為惡。」〔註2〕周敦頤對「立人極」的闡發建立在融合《周易》和《中庸》的基礎上，將《中庸》重點論述的「誠」闡釋為仁和義的根源，同時也是天地的根源，只有秉持誠心，個人才能得以和世界共同遵循天道的運作規律，即和自然空間的萬物化生以及以仁和義為道德法則的社會空間共同有序發展。簡而言之，在周敦頤的思想體系中，無論是個人秉持誠心以提升德行和智慧，還是社會空間的道德規範的確立和有序運作，均建立在將道視作普遍性真理予以體悟和遵循的基礎之上，而道的呈現則需要追溯至自然空間的陰陽變化。換言之，作為周敦頤思想體系根基的道來源於上天，其合法性也是由上天所賦予。

周敦頤繼續將社會空間的運做法則上溯至天，這種思維取向為朱熹所繼承。參照郭萍的闡述，「程朱理學基於『立人極』即『代天立極』的邏輯進一步推進，通過精緻的理學論證實現了以人道觀照天道，也即以人倫之應然作為萬物之必然的根據。」〔註3〕換言之，儘管程朱理學儘管賦予了個體在認識天道過程中的主動性和創造性，然而這種對於普遍真理的認知活動依然雖然上溯至天道。以朱熹回覆黃道夫的書信為例，「天地之間，有理有氣。理也者，形而上之道也，生物之本也；氣也者，形而下之器也，生物之具也。是以人物之生，必稟此理然後有性，必稟此氣然後有形。」〔註4〕朱熹對「理」和「氣」

〔註2〕李旭然，周敦頤「立人極」思想的三個面向〔J〕，現代哲學，2018（2）：141～147。

〔註3〕郭萍，儒學現代轉型的「引橋」——宋明儒學的時代性再認識〔J〕·哲學研究，2018（7）：65～72。

〔註4〕朱熹，晦庵先生朱文公文集（四）〔M〕，徐德明、王鐵校點//朱子全書（第二十三冊），朱傑人、嚴佐之、劉永翔編，上海：上海古籍出版社，合肥：安徽教育出版社，2010，第2755頁。

進行了區分，理即具有普遍真理意義的道，不僅是個人和萬物得以產生的根源，而且是士人階層介入以綱常倫理體系為根基的社會空間需要遵循的規範性法則，而氣則是具體的個人得以產生的根源，而具體的個人通過秉承氣而產生具體且獨特性的形體。「理」和「氣」分別代表貫穿個體、萬物和社會的普遍性真理以及具體化的個人及其形體，二者同時來源於外在於個體的「天地之間」，理和道的起源和權威性需要上溯到天，這也正是朱熹所言的格物致知的意義所在。

　　從先秦《周易》《中庸》到北宋以周敦頤、朱熹為代表的理學發展脈絡，寓意普遍性真理的道需要通過自然空間的現象變化予以呈現，道對於個體和社會空間的合法性也來源於上天，外在於個體而存在。正如楊國榮對經歷過朱熹改造之後的理學總體思想的闡述，「在理學家那裏，理既是普遍的規範，又是存在的根據（萬物之本）。作為萬物之本，理往往被賦予了超驗的性質。」〔註5〕理學將理確立為「普遍的規範」和「萬物之本」，成為貫通社會所有領域的真理性法則，儒家思想家為了確立社會空間的秩序進一步構建了涵蓋個人修身、家庭倫理、君臣關係的綱常倫理體系，士人階層得以介入進行實踐的社會空間是單一的倫理政治空間。

　　與朱熹同時代的另一位儒學思想家陸九淵則開啟了儒學思想史的心學轉向，為理解和闡釋天理提供了另一種路徑。參見陸九淵的經典論述，「四方上下曰宇，往古來今曰宙。忽大省曰：宇宙內事，乃己分內事；己分內事，乃宇宙事。」〔註6〕相比於朱熹認為理存在於天地之間並外在於個人，陸九淵提出了「吾心便是宇宙」的心學命題，具體來說，「宇」涵蓋「四方上下」，是一個空間概念，「宙」包含了「往古今來」，是一個時間概念，「宇宙」則同時兼顧了空間和時間的視角，將線性時間軸上空間所包含的形而上的道和形而下的器統合為一個不加區別的整體，而「宇宙」和「吾心」又被確立為同一的範疇，即「宇宙」所包含的道和器相合一的整體也就屬於「己分內事」。而儒家的思想脈絡從先秦一直到程朱理學，理和道的起源和合法性一直來自於上天，陸九淵所開啟的心學路徑中則將理和道均轉化為「吾心」所包含的內容，這意味著自然空間發生內在轉向，也即天理觀念的內在化。因此，陸九淵在論述介入社

〔註5〕楊國榮，善的歷程：儒家價值體系研究〔M〕，北京：中國人民大學出版社，2009，第223頁。

〔註6〕陸九淵，陸象山全集〔M〕，明王宗沐編，臺北：世界書局，2010，第247頁。

會空間的時候，「吾心」成為了個人如何處理倫理政治問題的重要尺度。陸九淵認為，「此心若正，無不是福。此心若邪，無不是禍。世俗不曉，只將目前富貴為福，目前患難為禍。不知富貴之人，若其心邪，其事惡，是逆天地，逆鬼神，悖聖賢之訓，畔師君之教，天地鬼神所不宥，聖賢君師所不與，忝辱父祖，自害其身。」〔註7〕「聖賢之訓」和「師君之教」是構建社會道德規範的主要途徑，對「聖賢」和「師君」的效法是社會空間的綱常倫理體系得以運作的基礎，而能否遵行「聖賢之訓」、「師君之教」乃至個人的福禍，都和「此心」直接相關，如何匡正吾心是心學的重要命題。對比陸九淵和周敦頤、朱熹的相關論述可以看到，「此心」的正邪成為檢視個人德行和行為規範的標準，在功能和意義上可以和天理、天道互相替代。由此，儒學開啟崇尚內省的新轉向，將修身的途徑轉向內心修煉，以恢復被私欲遮蔽的「本心」，正是陸九淵和後繼者王陽明學說的重要指向。在陸王心學體系中，「本心」和天理、天道相等同，這意味社會空間的行動法則的合法性來源從天移置到內心。

陸九淵的心學思想在宋代被視為淪為禪學的異端，王陽明在深入反思朱子學的基礎上，在「龍場悟道」之後發展出以「心即理也」為核心的思想體系，其後開始深入理解陸九淵的心學思想。對於陸九淵將天理內在化為本心的觀點，王陽明深表贊同，並將陸九淵的學說重新納入儒家思想譜系，並視其為思想同道。〔註8〕王陽明認為陸九淵沒有徹底消除心和理之間的二分，本心被看作理的場所，理依然保留了先在存在的性質。王陽明講到，「天道之運，無一息之或停；吾心良知之運，亦無一息之或停。良知即天道，謂之『亦』，則猶二之矣。」〔註9〕正如楊國榮的闡釋——「王陽明拒絕將本體世界的考察與人自身的存在分離開來」〔註10〕，王陽明嘗試完全取消本心和天理之間的區別，

〔註7〕陸九淵，陸象山全集〔M〕，明王宗沐編，臺北：世界書局，2010，第181頁。
〔註8〕王陽明「龍場悟道」的思想起源，以及他對陸九淵思想的接受和評價，詳細參見孫寶山，論王陽明與陸象山的學術承繼關係〔J〕，中國哲學史，2010（1）：61～67；葛兆光在綜合引述唐君毅、島田虔次、狄百瑞的觀點後指出，王陽明學說主要來源於程朱理學，「明代王學實際上是宋代理學的延續。」參見葛兆光，中國思想史第二卷：七世紀至十九世紀中國的知識、思想與信仰〔M〕，上海：復旦大學出版社，2011，第268頁。
〔註9〕王守仁，文錄四〔M〕// 王陽明全集（第一冊），吳光、錢明等編校，杭州：浙江古籍出版社，2010，第285頁。
〔註10〕楊國榮，心學之思：王陽明哲學的闡釋〔M〕，上海：華東師範大學，2022，第7頁。

將本心等同於天理，這是對天理觀念的內在化趨向的進一步推進。

從王陽明處理知行合一的思想邏輯出發做進一步探究，參考《傳習錄》收錄的王陽明與徐愛的對話：

> 今姑就所問者言之：且如事父，不成去父上求個孝的理？事君，不成去君上求個忠的理？交友治民，不成去友上、民上求個信與仁的理？都只在此心，心即理也。此心無私欲之蔽，即是天理，不須外面添一分。以此純乎天理之心，發之事父，便是孝，發之事君，便是忠，發之交友治民便是信與仁。只在此心去人欲、存天理上用功便是。〔註11〕

事父、事君、交友、治民，均屬於經典儒家典籍所構建的綱常倫理體系的一部分，構成了社會空間運作的基礎，王陽明以綱常倫理範疇的為例闡述心學觀點，這段論述可以從兩個層次予以解讀。其一，王陽明指出，關於孝的理不能向父親求得，關於忠的理不能向君主求得，以此質疑朱熹關於格物致知的解釋，即朱熹認為理存在於外物，需要通過對外物的認識而認識理。王陽明以事父、事君等例子為例，認為理並不存在父親或君王身上，從而指出求理需要返諸內心，不存在外在於內心的天理，天理和本心相同一。具體而言，理、性和天這三個形而上的概念均和本心同一，人們需要通過返回自身的自省，祛除欲望對本心的遮蔽，讓本心以呈現，這個過程即是盡心、知性、知天的過程，因此對天理的體悟和本心的呈現是同一件事情，這是從儒家學理的層面確立了天理觀念的內轉，天理被王陽明闡釋為本心。其二，再從實踐層面的角度看，王陽明提出知行合一的學說，和朱熹、陸九淵均不相同，事父、事君、交友和治民作為具體的實踐行動並非是在「知」之後，認知和行動本身就是相互同一、不可分離，由於認知是心意的呈現，因此一系列的實踐本質就是心意針對具體事務的投射。具有正當性的實踐是「純乎天理之心」的運動，「純乎天理之心」就是經過「去其心之不正、以全其本體之正」〔註12〕的內省過程後的本心。事父的時候如果能表現為孝，正是因為本心在事父的行動中得以呈現，因而實踐的關鍵在於正心，事君、交友、治民的實踐同樣可以如此理解。簡而言之，在社會空間的行動要符合綱常倫理體系的要求，需要通過徹底的內心自省以復

〔註11〕王守仁，傳習錄〔M〕// 陽明先生集要（全二冊），施邦曜輯評，北京：中華書局，2008，第 30 頁。

〔註12〕王守仁，傳習錄〔M〕// 陽明先生集要（全二冊），施邦曜輯評，北京：中華書局，2008，第 36 頁。

歸「純乎天理之心」，天理等同於內心的意向所指，這是從實踐層面確立天理觀念的內轉。

總結來看，王陽明的心學思想體系在理論和實踐兩個層面同時確立了天理觀念的內轉，自《周易》始在中國思想史發展進程中道和理均需要通過自然空間的現象變化得以呈現，其權威性也由天所賦予，而在王陽明的心學體系中，理和道被闡釋為與不受欲望遮蔽的本然之心相同一的概念，在本心之外不存在理。對於社會空間而言，天理是社會空間的倫理政治秩序的合法性來源，天理觀念的內轉意味著社會空間的合法性從自然空間轉向了人的本心，為社會空間結構的變化創造了可能性。

第二節　「日常化空間」的思想史起源和特徵

對晚明社會空間結構的考察，需要延續對儒家思想史發展脈絡的考察，天理觀念的內在化轉向在王陽明思想體系中完成，這種轉向對士人階層在社會空間的實踐活動構成了何種影響？新的空間形態又具有何種特徵？

一、天理觀念的內轉與「日常化空間」的產生

王陽明及其後繼者的學說構成了晚明士人階層的主要思想根源，在王陽明的心學體系中實現的天理內在化轉向，對士人階層在社會空間的實踐影響深遠。從天理觀念的內轉談起，王陽明認為天理、本心、良知均是同一的概念，培育德行的唯一路徑在於正心，這是一種完全返回自身的修身養性的路徑，將培育內心的誠意作為重要方式，通過祛除私欲對本心的遮蔽，目標是讓心體回歸本然的至善狀態，而順應本心的行動就是致良知的實踐。那麼如何理解天理觀念的內轉所產生的影響？從總體層面而言，士人階層面向自身的德行培育和面向社會空間的實踐行動的依據均來自於理和道這兩個一直被視為同一的形而上概念，而天理觀念的內轉意味著士人階層的德行培育和實踐行動的依據不再來源於外在的自然空間對天理的呈現和儒家典籍對天理的闡釋，而是以本心作為士人階層追求內聖外王的人生境界的最終依據，這是一種從他律向自律的轉變。之前儒家思想脈絡中的天理在一定程度上具有客觀性和普遍性的特徵，而在「心即理也」的命題下，天理和本心相等同，本心又為個體天然所擁有，不存在脫離本心的天理，這意味著天理此前所具有的客觀性和普遍性特質被置換為個體的內在尺度，士人階層的德行培育和

社會實踐也隨之轉化為以個體的內在尺度作為規範性法則，這樣產生了兩個方面的主要影響。

其一，根據王陽明的論述，所有個體天生就和聖人一樣具備本心，只因本心被私欲所遮蔽，而導致不同個體之間的道德境界存在區別，由此可見，判別個人是否保有本心的重要尺度是私欲，而私欲意指追求學識、名望、地位和利益的欲望，以功利性為主要特徵。因此，只需要排除這些功利性慾望即可以恢復本心，從而得以在社會空間進行致良知的實踐。王陽明多次以事父、事君、交友和治民為例討論如何做到格物致知和致良知，然而這並不意味著致良知的社會實踐僅僅局限在以事父、事君、交友和治民為主要代表的倫理政治實踐，而是僅僅只需要祛除功利性慾望，所有順應本心的行動均可以視為致良知的實踐。參見《答顧東橋書》的說法，「區區『格致誠正』之說，是就學者本心日用事為間，體究踐履，實地用功，是多少次第，多少積累在，正與空虛頓悟之說相反。」〔註13〕王陽明特意指出，做到自我正心、培育誠意，需要在日常事務中時刻自我錘鍊，並非憑空想像聖賢的立場和行動，而包括愚夫和小童在內的庶民階層只需要在日常事務中省察內心以自正，也可以成為聖賢。對士人階層而言，這意味著在倫理政治空間之外的日常事務也具有價值和意義，個體只需要順應本心進行實踐，日常事務的處理也是致良知的實踐，並非純粹的閑暇消遣，具有和倫理政治空間的實踐相等同的重要性，為社會空間分化出「日常化空間」提供了思想論證。

其二，在王陽明的心學體系中，個人修身養性的唯一途徑是錘鍊心體。王陽明稱之為「明的工夫」，「然學者卻須先有個明的工夫。學者惟患此心之未能明，不患事變之不能盡。」〔註14〕人們只需要通過返諸自身的克己工夫使內心恢復澄明，就可以妥善應對不同事務。由於王陽明認為天理必然內在於人自身，不在本心之外存在，因此儘管他設計了「明的工夫」作為錘鍊心體的方法，繼續延續儒家思想修身養性的傳統。然而，一方面，有效澄明心體的前提是每個人天然具有本心，因此人們只需要通過澄明心體的克己工夫祛除遮蔽本心的私欲即可以回歸本心；另一方面，澄明內心作為儒家的修身養性的克己工夫，和儒學先賢的修身工夫一樣，均以天理作為依據標準，而在王學體系中天

〔註13〕 王守仁，答顧東橋書〔M〕// 陽明先生集要（全二冊），施邦曜輯評，北京：中華書局，2008，第202頁。

〔註14〕 王守仁，傳習錄〔M〕// 陽明先生集要（全二冊），施邦曜輯評，北京：中華書局，2008，第46～47頁。

理又和本心相同一，因此澄明內心的克己工夫的依據標準變換為個體自身的
內在尺度。也就是澄明內心的工夫論的有效前提和依據標準均需要返回個體
自身，將內在尺度作為根基。這意味著士人階層修身養性的標準在一定程度上
將由自我所確定，雖然袪除私欲得到王陽明著重強調，然而究竟何種類別和何
種程度的欲望需要被袪除，則立足於自我本然存在的心體做出判斷。儘管王陽
明設定了本心具有恆常性和共同性的性質，即本心的特性恆常一致並被所有
人所天生具有，但是本心的這種形而上特質需要人們植根自身而體悟，將不
可避免地在具體操作過程中導致了對私欲的內涵和合理程度的差異化理解。
這種對私欲劃分的不同理解，反映在士人階層的行動中的結果是嚴格的綱常
倫理體系之外的部分訴求得到自我認可和保留。例如，晚明士人階層往往沉
溺於各種癖好，並引以為榮，張岱講到，「人無癖不可與交，以其無深情也；
人無疵不可與交，以其無真氣也。余友祁止祥有書畫癖，有鞠躬癖，有鼓鈸
癖，有鬼戲癖，有梨園癖。」〔註 15〕他們或沉迷於搜尋各類珍版圖書和畫作，
或沉迷於園林的設計、建造或布置，或沉迷於收集各類古玩和時玩，或沉溺
梨園戲曲，在內在尺度成為士人階層自我規範的唯一標準的情況下，這些物
慾往往被自認為一種文化品位而得到保留，成為士人階層日常化空間的構成
部分。

　　王學思想在晚明日益成為士人階層的主流思想，承繼王陽明天理觀念的
內轉的思路，繼續在不同領域拓展個體內在尺度的重要性。在儒學的脈絡中，
王陽明的後繼者泰州學派進一步弱化了王學錘鍊本心的克己工夫，突出強調
具有同一性的天理、本心和良知的現成特性，即天理、本心和良知均為所有個
體自然具備，而且幾乎無需通過特意的克己工夫就可以保有本心。例如，泰州
學派的激進者王艮就認為，「『天理』者，天然自有之理也，『良知』者，不慮
而知、不學而能者也。惟其不慮而知、不學而能，所以為天然自有之理；惟其
天然自有之理，所以不慮而知、不學而能也。」〔註 16〕王陽明認為良知為人們
天然具有，但是良知容易為私欲所遮蔽，因而需要必要的反思克己工夫才能復
返本心，恢復良知。王艮在繼承王陽明主要看法的基礎之上，進一步強調良知
的「不慮而知，不學而能」的特性，並且以自然界的「鳶飛魚躍」為喻，指出

〔註 15〕張岱，陶庵夢憶〔M〕，北京：中華書局，2020，第 176 頁。
〔註 16〕王艮，天理良知說〔M〕// 王心齋全集，陳祝生等校點，南京：江蘇教育出
　　　　版社，2001，第 31～32 頁。

良知和天理一樣均為所有個體天生具備，因而無需通過另外一系列修身養性的工夫追求良知境界，只需要遵循現成的本性去行動，就已經是遵循良知的實踐行為，同時也是遵循天理的實踐行為。相近的觀點見諸羅近溪，「汝若果然有大襟期，有大氣力，又有大大識見，就此安心樂意而居天下之廣居，明目張膽而行天下之達道。工夫難得湊泊，即以不屑湊泊為工夫，胸次茫無畔岸，便以不依畔岸為胸次。解纜放舡，順風張棹，則巨浸汪洋，縱橫任我，豈不一大快事也耶！」〔註17〕羅汝芳以順風行船做比喻，主張個體無需借助複雜的修習工夫，順應本性而行動就是達道的實踐。泰州學派將天理闡釋為個體無需經歷特別的克己工夫就可以具備的本心或良知，進一步強化個體自身內在尺度在判別實踐正當性和價值方面的權威。對價值觀念進行嚴加規範和引導的禮法制度和文化趣味被「王學左派」斥為禁錮人們自然本性的枷鎖，個體在綱常倫理體系之外的日常行動只需要自我判定為順應了本性，即具有符合天理和良知的正當性，為日常化空間的產生奠定思想基礎。

參考王汎森對晚明思想史動向的觀察，「可是，到明代後期，人們開始認識到人慾是不可能消除淨盡，也不必消除淨盡。後天的才、情、人慾、氣質原來是人的天性中一個天然的組成部分，也就是說所有這些後天的東西皆有其先天性。」〔註18〕經過陸九淵、王陽明和泰州學派的不斷闡發，天理觀念的內轉在儒家思想脈絡中確立了對個體本性的重視和對個體的內在尺度作為判別標準的認可，個體的情感和欲望因為被視為天性的構成部分而通過自我審查，其合理性在全社會得到愈加寬鬆的認可和接受。同時，這種區別於綱常倫理體系之外的情感和欲望需要在社會空間中得到安置，因而，社會空間從單一的倫理政治空間模式日益分化出以閒適和享樂為特徵的日常化空間。以萬曆年代的袁宏道為例，他推崇植根於個體本然情性的「性靈」，將之視為詩歌創作和文學評鑒的最高原則。參見他對袁中道詩作的評論，「大都獨抒性靈，不拘格套，非從自己胸臆流出，不肯下筆。有時情與境會，頃刻千言，如水東注，令人奪魂。」〔註19〕葉朗將「性靈」的界定為「是指一個人的真實的情感欲望

〔註17〕羅汝芳，近溪子集〔M〕// 羅汝芳集，方祖猷、梁一群等編校，南京：鳳凰出版社，2007，第 62 頁。

〔註18〕王汎森，晚明清初思想十論〔M〕，北京：北京師範大學出版社，2020，第 86 頁。

〔註19〕袁宏道，敍小修詩〔M〕// 袁宏道集箋校（一）〔M〕，錢伯城箋校，上海：上海古籍出版社，2018，第 202 頁。

（喜怒哀樂嗜好情慾）。這種情感欲望，是每個人自己獨有的，是每個人的本色。」〔註20〕袁宏道尤其與主張「童心說」的李贄交好，認為詩歌的創作建立在不受拘束地表達自我「情感欲望」的基礎之上，詩歌的功能並不是特定社會規範和道德倫理的注解，詩歌所表達的情感內容和方式不應被局限在古人詩歌創作的構思或用典的慣例之內。值得注意的是，袁宏道重視「情與境會」的意境審美效果，詩人的本真感情和所處環境相融合將是詩歌創作的動力來源之一，觸發情感發生、流動並與之相契合的「境」則是一種日常的情境，因為個體只有置身倫理政治空間之外才可能擺脫既有的道德規範和詩教傳統的約束，真正抒發純粹的本真性情。袁宏道也致力於日常生活的構建，在《瓶史》中寫到，「浴之之法，用泉甘而清者細微澆注，如微雨解醒，清露潤甲。不可以手觸花，及指尖折剔，亦不可付之庸奴猥婢。」〔註21〕袁宏道對澆花的水源、技巧和人選均做了精細的規定，例如選擇泉水用以澆花，一方面通過泉水和自然的關聯性以營造品鑒花的雅興，而且通過泉水的甘甜和清澈的特性切實提升觀賞花卉的審美效果，兼顧了營造雅致的情趣以及從實用性出發提升感受效果。這種對花卉的養護和欣賞方式緊緊圍繞著花卉的特性出發，聚焦於如何構建雅致和舒適的日常生活，並沒有試圖將日常生活納入以提升道德境界為目標的傳統儒家倫理生活模式之中，區別於倫理政治空間的日常化生活空間因而得以構建。

二、「日常化空間」的特徵：閒適和欲望的二重性

考慮到儒家思想一直作為士人階層的知識信仰，發生在晚明儒學思想史的天理觀念內轉，導致個人的內在尺度成為了人們處理生活和社會問題的重要依據，個體的本然情性日益受到重視和認可，構建以閒適和享樂為宗旨的日常生活具有了正當性，促成日常化空間的產生。發生在晚明時期的儒學內部的轉向，則需要結合晚明社會空間的結構變化予以綜合理解，參見余英時的論斷，「大體言之，這是儒學的內在動力和社會、政治的變動交互影響的結果。以外緣的影響而論，特別值得注意的是『棄儒就賈』的社會運動和專制皇權惡化所造成的政治僵局。這二者又是互相聯繫的：前者以財富開拓了民間社會，

〔註20〕葉朗，中國美學史大綱〔M〕，上海：上海人民出版社，2014年，第346頁。
〔註21〕袁宏道，瓶史〔M〕// 袁宏道集箋校（二）〔M〕，錢伯城箋校，上海：上海古籍出版社，2018，第890頁。

－113－

因而為儒家的社會活動創造了新條件；後者則堵塞了儒家欲憑藉朝廷以改革政治的舊途徑。這兩種力量，一迎一拒，儒學的轉向遂成定局。」〔註22〕結闡第二章對晚明政治、經濟和思想局面的闡述，一方面是「大禮議」事件後專制皇權的權力日益膨脹，士人階層在知識信仰和政治地位上自我確立的皇權合作者的身份定位岌岌可危，士人群體不再將倫理政治空間視為唯一理應介入的社會空間，王陽明及其後繼者的學說順應時勢在思想史維度確立了天理觀念的內轉，逐漸將本心乃至本然性情確立為自身行動的指引，從而為日常化空間的產生創造了條件；另一方面，商人的經濟實力和社會地位不斷提升，士商階層之間的雙向互動的程度不斷加深，不僅出現了個別士人群體為了追求經濟利益而從商的「棄儒就賈」的現象，而且一部分的商人及其後裔可以憑藉經濟資本獲得士人身份，跨階層的接觸和交流促進了民間社會的物質財富的提升和文化流通的擴大，導致士人階層日常化空間中的物質和精神二者之間的張力性互動加劇。

在結合晚明的經濟、政治局面的基礎上梳理了日常化空間產生的思想史脈絡之後，有必要進一步明確士人階層的日常化空間的特徵，以《長物志》的第四卷《禽魚》總論為例──

> 語鳥拂閣以低飛，遊魚排荇而徑度，幽人會心，輒令竟日忘倦。顧聲音顏色，飲啄態度，遠而巢居穴處，眠沙泳浦，戲廣浮深；近而穿屋賀廈，知歲司晨，啼春噪晚者，品類不可勝紀。丹林綠水豈令凡俗之品，闌入其中。故必疏其雅潔，可供清玩者數種，令童子愛養餌飼，得其性情，庶幾馴鳥雀，狎鳧魚，亦山林之經濟也。志禽魚第四。〔註23〕

該卷的主題是如何在居室環境的設計中引入禽鳥和魚類，對鶴、鸚鵡、金魚等適宜家養的禽魚類進行了點評，並對如何觀賞、飼養和選取器具做出解釋。在居室布置的規劃中引入禽魚進行飼養和觀賞，意在營造生活情趣和提升生活質量，在審美感受上追求「幽人會心，輒令竟日忘倦」。具體來說，「幽」是文震亨試圖構建的居室風格，通過將禽鳥引入居室設計規劃中，營造幽雅的

〔註22〕余英時，士商互動與儒學轉向──明清社會史與思想史之表現〔M〕// 現代儒學的回顧與展望，北京：生活·讀書·新知三聯書店，2012，第 189 頁。

〔註23〕文震亨，長物志校注〔M〕，陳植校注，南京：江蘇科學技術出版社，1984，第 119 頁。

居家生活氛圍，以求「會心」，即滿足內心的自然情性。這和晚明儒學的天理觀念的內轉相契合，士人階層意圖順從自我的內在尺度，將關注點放在營造居室的雅致和提升生活的質量，這正是對日常生活的建構。同時，文震亨設想的審美效果不僅包含了通過塑造清幽的居室氛圍以達到滿足個人內心體驗，而且追求「竟日忘倦」的境界，這種境界是以擺脫社會性事務帶來的煩擾為前提。對士人而言，社會性事務以倫理政治空間中的實踐活動為主，因此文震亨設想的日常生活並非作為倫理政治空間的附庸，而是試圖在倫理政治空間之外構想一種新的社會空間形態。正因如此，以該卷的總論作為考察對象，有助於以此為例展示晚明日常化空間的特徵。

首先，根據文震亨對居室情境描繪和概述，日常化空間的顯著特徵是閒適。根據文震亨在該卷總論所描繪的庭園場景，不同種類的鳴鳥不僅穿越亭臺樓閣，而且在不同時段循習鳴叫，池魚排列有序暢遊，孩童在餵養、觀賞禽魚的過程中培育性情，這是將禽魚的聲音、動態以及人的情感活動相融合的居室情境。這種居室情境具有清幽和雅潔的特色，不僅順從內心性情的抒發，而且為人們提供了擺脫世俗事務的場所，這是一種兼具自然生機和性靈情懷的風格，因而可以用「閒適」予以概述。構建展現雅致品位的生活情境一直以來均是士人階層的文化主流，尤其貫穿於歷代園林的設計和建造歷史，而晚明時代構閒適的日常生活又和士人階層對待政治的立場變化相關聯。文震亨在描述中不僅明確提到了「竟日忘倦」是其所追求的審美感受，意圖將世間的事務隔絕在閒適的日常生活之外，為士人階層提供了一個和世俗事務無關的生活場所，從而避開政治領域的聲望變化和名位得失引起的煩擾，雅致性生活方式只需要順應個人的本然心性即可，無需嚴格遵循傳統儒家關於居室等級的規範。同時，細觀文震亨對禽鳥活動和相關聯的庭園的樹木和水源的描繪，文震亨以「雅潔」予以形容，立足點在禽鳥的自然情性和生命活力，人們置身於這種生活情境中所獲得的內心滿足和性情培育，也是指體驗感受而言，禽鳥的活動、人們的感官體驗以及居室的雅致風格均沒有引申至道德領域作進一步昇華，也沒有從情境出發抒發政治抱負和入世情志。

相似的情況出現在袁宏道《瓶史》的賞花情境，「茗賞者上也，譚賞者次也，酒賞者下也。若夫內酒越茶及一切庸穢凡俗之語，此花神之深惡痛斥者，寧閉口枯坐，勿遭花惱可也。夫賞花有地有時，不得其時而漫然命客，皆為唐

突。」〔註24〕袁宏道描述了三種賞花情境並予以對比，按照從雅正到庸俗的順序進行依次排列：喝茶、談話、喝酒，以喝茶作為最適宜的情境，緣由是茶和花在中國文化傳統中均具有雅致、逸遠的文化符號屬性，可以看出，袁宏道對日常生活空間的塑造風格同樣具有閒適的特徵。與此同時，與文震亨對閒適的居室情境的構建邏輯相似，袁宏道以「花神」比擬花的性情，將其視為賞花情境的核心要素，將個體以花卉作為審美對象的過程中的體驗感受作為賞花情境是否雅致的判別標準，並沒有將個體的感官經驗昇華為道德覺悟或政治進取的決心，日常化空間和倫理政治空間在一定程度上保持距離。陳繼儒同樣認為，「人言天不禁人富貴，而禁人清閒，人自不閒耳。若能隨遇而安，不圖將來，不追既往，不蔽目前，何不清閒之有？」〔註25〕簡而言之，晚明士人階層意圖將日常化空間塑造為以閒適為主要特徵、并與倫理政治空間相分離的社會空間。

其次，晚明士人意圖將閒適確立為日常化空間的主要特徵，集中落實對幽深、雅致的情境風格的構建過程中，透過文震亨的構建方案，可以發現隱匿在閒適之下的欲望，這是晚明日常化空間的第二個特徵。相比於商人階層對窮奢極欲生活的追求，晚明士人對享受欲望的渴求往往隱匿於閒適和雅致的審美趣味中，並不會直白予以呈現，因此往往被研究者所忽視。陳寶良寫到，「明代士人尚物，所取者不是耳目之娛，意趣之適，而在於其德。」〔註26〕劉千美指出，「閒適之情，不獨為人所有，萬物也各有其閒情。因而晚明小品中，除了看到閒人外，更常看到的是閒花、閒鳥、閒雲、閒池、閒庭、閒侶、閒編、閒想、閒辭、閒地、閒屋。」〔註27〕但是，如果細緻考察士人群體的審美生活，以閒適狀態存在的花卉、禽鳥、庭院、宅地、屋社等，並非庶民階層可以擁有，士人群體對閒適生活的審美構建過程中，欲望的邏輯隱藏在自我宣稱的崇雅、崇德的外在特徵之中。

繼續以文震亨關於禽鳥、魚和人如何在居室環境中實現各得其樂的融洽

〔註24〕袁宏道，瓶史〔M〕// 袁宏道集箋校（二）〔M〕，錢伯城箋校，上海：上海古籍出版社，2018，第894頁。

〔註25〕陳繼儒，小窗幽記〔M〕，成敏評注，北京：中華書局，2013，第72頁。

〔註26〕陳寶良，明代士大夫的精神世界〔M〕，北京：北京師範大學出版社，2017，第429頁。

〔註27〕劉千美，日常與閒適：小品散文書寫的美學意涵〔J〕，哲學與文化，2010（9）：119～134。

情境的設想為例，足以支撐和容納達到這種規模的場景設計的場所顯然不可能是尋常民宅。首先，從住宅的內部層次而言，住宅內部需要包含庭院、樓閣、亭榭等多樣化、各有特色的建築，而不能建造為千篇一律的房舍，只有在多樣化風格的建築之間，鳥的飛翔才能產生「拂閣」的空間視覺效果。其次，從住宅的面積而言，文震亨列舉了燕雀、黃鸝、烏鴉、雄雞等諸種禽鳥，並將對它們在巢居和活動兩種時段的姿態和聲音進行審美觀照，因此住宅必須具有廣闊的面積，為諸種禽鳥的築巢和活動提供足夠的範圍，而且只有在足夠廣闊、空曠的範圍中諸種禽鳥的不同發聲才可以得以有層次地辨明，從而產生聽覺審美效果。最後，從住宅的內部布局而言，文震亨明確寫到需要具備「丹林綠水」，即需要種植樹木、建設水池，不僅為禽鳥和魚類提供原生態的生活場所，即並非將禽魚當作圈養的玩物，而且為人們休憩放鬆提供了近似大自然的居住環境。綜合上述三個方面，足以滿足文震亨的情境構想的只能是世家園林。與此同時，為了滿足感官享受，禽鳥和魚類的品種和數量需要達到一定的規模要求，而且還需要置放「清玩者數種」以營造雅致潔淨的情趣，這意味需要在庭院中置放古玩和做工精美的時玩以供人們欣賞。可以看出，文震亨營造閒適的日常空間同時，也是在設計一種奢侈的生活方式，以極力滿足個體自身的欲望享受為追求目標。這種在士大夫群體中常見的現象也已經被社會所洞察，嘉靖朝官員唐順之見證了園林的雅致意境下的巨額花費，「吾江南人斬竹而薪之，其為園亦必購求海外奇花石，或千錢買一石，百錢買一花不自惜」。〔註28〕

試將文震亨的審美追求和歐陽修做對比，參見歐陽修評賞奇石所論，「夫物之奇者，棄沒於幽遠，則可惜，置之耳目，則愛者不免取之而去。嗟夫！劉金者雖不足道，然亦可謂雄勇之士，其平生志意豈不偉哉？及其後世，荒堙零落，至於子孫泯沒而無聞，況欲長有此石乎？用此可為富貴者之戒。」〔註29〕歐陽修結合奇石的曾經擁有者劉金的生平經歷和家族命運變化，以鑒賞奇石的名義，從歷史視野出發反觀自身遭遇，一方面羨慕劉金有機會在社會空間踐行自身的政治理想，另一方面則自省不能將賞物的雅好發展為窮奢極欲的生活方式。簡而言之，歐陽修的賞物邏輯是將物作為中介，通過物所負載的歷史抒發人生際遇的感受和進行道德反思，將賞物限制在倫理政治空間的視域。以

〔註28〕 唐順之，任光祿竹溪記〔M〕// 唐順之集，馬美信、黃毅點校，杭州：浙江古籍出版社，2014，第 552 頁。

〔註29〕 歐陽修，菱溪石記〔M〕// 歐陽修集編年箋注（三），李之亮箋注，成都：巴蜀書社，2007，第 94～95 頁。

文震亨為代表的晚明士人則恰恰相反，立足物性進行精益求精的設計，在塑造雅致風格的日常生活的同時，無節制地打造奢華的生活處所，最大限度地滿足自身的享樂欲望，而歐陽修賞物過程中對政治際遇和道德培養的思考，則被隔絕在晚明士人的日常生活空間之外。

綜合來看，晚明士人階層的日常化空間呈現出閒適和欲望的兩種特徵，前者是士人階層試圖構建日常化空間的風格，而後者則內在於具體的構建策略之中，這正是晚明士人階層的日常生活區別於歷代文人的獨特之處。

可以和朱良志對中國藝術中的閒適觀念的分別做對比，他將貫穿於中國多個歷史時段士大夫群體對閒適的追求分為三個不同類別，其一是「適人之適」，集中在生理欲望和倫理精神兩個不同的方面；其二是「自適其適」，是袪除功利觀念後的愉悅；其三是「忘適之適」，是天人合一的至樂境界。〔註30〕通過他的引用文獻可以看出，晚明時期的閒適觀念並沒有被納入考慮。這意味晚明日常化空間的閒適和欲望之間的相互結合和相互作用，構成了一種和政治相疏離的背景下的雅致式奢華生活，這是一種新產生的閒適觀念。再結合妥建清對晚明社會總體風氣轉向崇奢侈的評論，「由此看來，晚明士人以華為美的『去崇高化』的審美趣味的播散，不但表現出怪誕化的頹廢審美風格，而且已然反動儒家『溫柔敦厚』的審美風格特徵，致使晚明宰制的儒家文化約束機制日趨弱化甚至瀕於失效的境地。」〔註31〕妥建清的觀點為進一步論述提供了基礎，他指出晚明士人階層的審美趣味的「去崇高化」特點，士人階層在日常化空間的審美活動中傾向追求華美的和奢侈的欲望享受，削弱了日常生活和倫理政治空間的聯繫，表明傳統儒家建立在綱常倫理體系基礎上的道德觀念和政治信仰在士人群體中失去了獨尊地位。

但是，晚明士人對日常空間的打造又並非完全背離了儒家思想，可以從兩個角度予以闡釋。其一，從士人階層的審美品位看，晚明士人的審美主流並沒有完全表現為怪誕化或者奢華式的風格，《長物志》《瓶史》等著作意在確立以閒適為首要特徵的審美風格，通過構建雅致的審美風格的方式確立士人階層的標識性審美趣味，不僅以此回應社會地位不斷上升的商人階層對文化話語權的爭奪，而且也是對士人階層的社會心態的展現，他們由於對晚明政局日益

〔註30〕朱良志，中國藝術的生命精神〔M〕，合肥：安徽教育出版社，2006，第329～341頁。

〔註31〕妥建清，論晚明士人的頹廢生活審美風格——以晚明士人任俠生活為中心〔J〕，人文雜誌，2013（5）：57～63。

失望而轉向專注於日常生活的經營。對奢華的追求作為社會無意識滲透在士人階層對日常生活的構建方式，滿足了士人階層的享樂欲望，對欲望的追求卻並非士人階層進行審美活動的主要意圖，然而卻最終成為了士人階層審美活動的結果。其二，儒學內部在晚明時期也發生了天理觀念內轉的變動，王陽明立足本心闡發天理，將性、理、道統一於本心，其後繼者泰州學派進一步推動了儒學的日用化趨向，個體的內在尺度成為了士人的衡量標準，儒學發生了從以外在的天理為標準的約束機制向以本心為標準的引導機制的轉向，即士人階層遵循自我的本心行動即可，無需接受外在繁瑣的道德訓導和行為規範的約束。另外，日常化的空間同樣可以成為體悟天道的場所，王艮講到，「聖人經世，只是家常事。」〔註32〕再參見萬曆年代的士人洪應明撰寫的語錄集《菜根譚》，「滿室清風滿幾月，坐中物物見天心；一溪流水一山雲，行處時時觀妙道。」〔註33〕置身於閒適的生活狀態中，人們只需要順應本心，保有本真情性，也可以在日常化空間中得以體悟天道而成為聖人。這正是儒家王學學派以本心為標準的引導機制的體現，個體無需繼續遵循程朱理學的路徑，以繁瑣複雜的儀式對自我的情性和欲望進行嚴格的規訓。

　　總而言之，晚明士人階層的日常化空間在一定程度上和倫理政治空間相分離，具有閒適和欲望的二重性特徵。士人階層意圖將居室生活構建為以閒適為特徵的日常化空間，而在對閒適的審美構建過程中，立足於物性打造了奢華的居室陳設和布置，滿足了士人階層的享樂欲望，這種晚明時代社會空間結構的變化可以在儒學天理觀念的內轉中得到解釋，而且和士大夫在晚明政局中的日益下降的地位和商人階層的社會聲望不斷上升密切關聯。

第三節　日常化空間的場域法則和運作：以計成《園冶》為例

一、《園冶》的審美原則與日常化空間的構建

　　晚明的士人群體在「得君行道」的政治理想破滅之後，受到陽明心學主導的天理觀念內轉的儒學思想轉向的影響，日益將注意力投向日常生活，在士商

〔註32〕王艮，語錄〔M〕// 王心齋全集，陳祝生等校點，南京：江蘇教育出版社，2001，第 5 頁。
〔註33〕洪應明，菜根譚〔M〕，楊春俏評注，北京：中華書局，2017，第 111 頁。

互動日益加劇的社會結構變化的歷史條件下，士人階層所介入的社會空間不再是單一的倫理政治空間，社會空間發生了分化，日常化空間成為了晚明時期的一種新的社會空間形態，並且以閒適和欲望的二重性作為其特徵。有必要進一步思考，日常化空間的產生如何在審美活動中得到體現？參見朱忠元對晚明審美意識的闡述，「生活中的諸種苦痛在山林、園林和器物的賞玩中得到紓解，得到釋放，一些人在這種生活中甚至成為某方面的專家，對花、瓶、家具等有了精深的研究，有了獨到的審美感受。」〔註34〕園林正是晚明士人群體開拓日常化空間的重要領域之一。以晚明時期的代表性造園著作計成的《園冶》為例，探討在園林的建築設計及其內部的審美意境的構想中，士人階層的空間觀念的日常化新變如何得以實現，並進一步探究日常化空間的場域法則和運作模式。

　　之所以選擇以計成《園冶》作為研究案例，對晚明士人階層所置身的空間分化的新動態進行考察，重要的原因是晚明社會開始熱衷於園林建設，園林生活在士人群體的日常生活中佔有重要地位，根據吳晗對史料的梳理，「仕宦階級經構園亭風氣之盛，大概也是嘉靖以後的事。」〔註35〕夏咸淳則寫到，「明代私家園林初興於嘉靖年間，萬曆以來臻於鼎盛。」〔註36〕在實用功能上，園林作為士人階層的居所，是他們日常生活的發生和進行的主要場所，而且在文化功能上成為士人階層用以構建審美趣味、展現自身精神境界的平臺，即「一個賞心悅目、怡情騁懷的生活空間」〔註37〕。正如謝雲霞對晚明園林的審美考察所指出，「在晚明江南文人的精心設計與盡心營構下，園林中的物態環境與其精神旨趣融為一體，相與為一，一種清雅、文雅、淡雅的文化藝術氛圍與精神境界自然而然地呈現出來矣。」〔註38〕對晚明園林所體現的審美趣味的考察，將有助於理解士人階層針對日常生活所秉持的價值立場，從而圖繪日常化空間的場域結構。

〔註34〕朱忠元等，中國審美意識通史：明代卷〔M〕，北京：人民出版社，2017，第367頁。

〔註35〕吳晗，明代的新仕宦階級，社會的政治的文化的關係及其生活〔J〕，明史研究論叢（第五輯），1991（2）：1～68。

〔註36〕夏咸淳，明代山水審美〔M〕，北京：人民出版社，2009，第564頁。

〔註37〕潘黎勇，中國美育思想通史：明代卷〔M〕，濟南：山東人民出版社，2017，第472～473頁。

〔註38〕謝雲霞，清雅・文雅・淡雅——論晚明江南文人造園崇「雅」的三種審美範式〔J〕，文藝爭鳴，2016（9）：204～212。

而計成的著作《園冶》在中國園林史上具有重要的地位，集中展現了晚明士人階層修築園林的審美品位和技術手段。正如建築學家漢寶德的評價，「《園冶》所代表的園林精神，是士大夫生活理想的一部分，為我國園林發展至晚明時期之自然表現。」〔註 39〕《園冶》包含了「相地」、「立基」、「屋宇」、「掇山」、「借景」等共十章，涵蓋園林建造和布置所涉及的地址選擇、地基確立、居室設計、假山構造等多個方面的內容，不僅是建造園林的技術指南，而且致力於打造雅致、自然的園林風格，這是一部園林美學主題的經典著作。作者計成是一名出生在萬曆年代的造園家，然而他並非一個缺乏文化知識和審美品位的普通工匠，他對詩歌和繪畫的創作和鑒賞均有一定的造詣，尤其推崇唐末、五代年間的山水畫家關仝和荊浩，意圖將兩位畫家的藝術風格落實在園林建造。同時，參考吳承學對《園冶》的評價，「此書既反映了我國園林藝術的民族特點，也反映了計成本人和晚明士人對建築藝術的審美趣味和生活情趣。」〔註 40〕計成的造園風格所體現的藝術風格和當時士人階層的主流審美品位高度契合，尤其深得阮大鋮、錢謙益、鄭元勳、曹元甫等晚明士人的器重和贊許。因此，儘管計成並沒有獲得出仕的機會，並不屬於士人階層，然而考慮到計成的知識結構背景，以及作為計成雇主的眾多晚明文人對計成造園的技藝和風格的認同，《園冶》一書所論述的園林風格可以被視為晚明士人階層審美品位的展現，對《園冶》試圖構建的居室風格及其文化內涵的考察為理解晚明士人階層的日常化空間提供了重要路徑。

首先，參考《園冶》的序言有助於理解士人階層對作為生活場所的園林的價值定位，以及日常化空間如何在園林中得以確立。阮大鋮撰寫的《冶敘》中寫到——

> 余少負向禽志，苦為小草所絀。幸見放，謂此志可遂。適四方多故，而又不能違兩尊人菽水，以從事逍遙遊；將雞塒、豚柵、歌戚而聚國族焉已乎？鑾江地近，偶問一艇於寤園柳淀間，寓信宿，夷然樂之。樂其取佳丘壑，置諸籬落許；北垞南陔，可無易地，將嗤彼雲裝煙駕者汗漫耳！〔註 41〕

〔註 39〕漢寶德，物象與心境：中國的園林〔M〕，北京：生活・讀書・新知三聯書店，2014，第 200 頁。

〔註 40〕吳承學，晚明小品研究〔M〕，北京：北京大學出版社，2017，第 267 頁。

〔註 41〕計成，園冶注釋〔M〕，陳植注釋，北京：中國建築工業出版社，1988，第 32 頁。

　　根據阮大鋮的論述，他一直期望可以像東漢隱士向長平、禽慶一樣隱居山林而放棄出仕為官，但是由於受到官宦仕途和照顧父母之責的束縛，始終無法如願並引以為憾，直到參觀南京寓園之後，發現將園林作為生活場所，不僅得以實現隱匿山林的志趣，而且可以兼顧照顧父母的責任。如果結合阮大鋮在明清易代之際富有爭議的表現，他關於自我年少就確立了隱匿山林的志向並不具有真實性。然而，透過他的敘述，得以看出士人階層如何界定園林的地位和功能，嘗試從以下兩個角度予以解讀。

　　其一，定居園林被視為隱匿山林的替代性選擇，從二者的相似性出發可以對園林生活的特徵進行闡釋。在價值定位範疇，園林具有「去政治化」的特徵，阮大鋮將隱居山林和官宦仕途相對立，自稱受困於仕途而沒法實現隱居山林的志趣，遊覽寓園的經歷為阮大鋮帶來新的認知，認為居住在園林可以獲得和隱居山林相似的體驗，而隱居山林所包含的一個重要價值取向就是放棄對仕途的執著，從倫理政治空間中脫離出來，因此園林在價值定位上和倫理政治空間相疏離；再從其審美特徵的範疇看，園林之所以可以替代山林的地位，阮大鋮甚至諷刺某些人深入山林遊歷的行徑是多此一舉，是因為園林內部的自然環境及產生的情致可以替代山林所能提供的審美體驗，正如阮大鋮所描述，優美丘壑和籬笆的修建打造了園林的庭院景致，可以作為擺脫功名利祿束縛的精神體驗的載體，因而園林是區別於倫理政治空間的另一種空間形態。

　　其二，定居園林和隱匿山林之間又存在區別。根據阮大鋮的自述，他被朝堂放逐之後沒有選擇歸隱山林，因為需要兼顧照顧父母的責任，而定居園林則可以兼顧「北垞南陔」，意為不僅可以欣賞山林的自然精緻，而且可以履行盡孝伺奉雙親的責任，這是定居園林作為隱匿山林的替代性選擇的另外一個原因。儘管園林被建構為一個和倫理政治空間相區別的場所，然而和隱匿山林的歸隱抉擇不同，後者是徹底和倫理政治空間斷裂，並不追求社會名望和物質生活的享受；而定居園林則通過置身於自然雅致的環境中獲得精神體驗和感官經驗的滿足，士人階層將經營倫理政治空間的精力部分轉移到日常生活的運作，並不意味著士人階層完全放棄自身在倫理政治空間的位置和資本，他們並不沒有選擇像隱士的生活完全退出社會生活。和阮大鋮的人生經歷相類似的錢謙益持相同的看法，「山林朋友之樂，造物不輕予人，殆有甚於榮名利祿也。

予之得從孟陽於此堂也，可不謂厚幸哉！」〔註42〕園林生活被視為迴避「榮名利祿」的場所，和廣泛存在於倫理政治空間的權力爭鬥相隔離，但同時居於園林並非意味著完全逃避世俗生活，而是將園林視為自己和志同道合的朋友共同分享精神所得的場所。結合阮大鋮和錢謙益的觀點，定居園林是一種折衷的選擇，晚明士人階層部分退出倫理政治空間的名利爭奪，將聚焦點轉移到居室品位和生活質量的提升，而同時又繼續秉持儒家立場關注生活，而非完全遁入釋道的出世境界。

　　參見肖鷹對《園冶》審美風格的總體概述，「重視感觸、追求生氣，而不是造境空遠、獨對幽玄，是計成建園美學的主旨，這個主旨是代表著晚明尚物賞物的審美旨趣的。」〔註43〕計成的園林設計注重滿足個體感受經驗，塑造富有自然生命力的環境特徵，並且和個體的日常生活密切關聯，並非一種簡樸的隱居規劃。結合阮大鋮為《園冶》所撰寫的序言，士人階層對作為生活場所的園林的價值地位和功能的認識，展現了日常化空間從社會空間的分化，作為士人階層的日常化空間的園林環境以雅致、自然的審美體驗作為特徵。晚明園林美學不僅表現出和倫理政治空間相分離的特性，以「去政治化」作為自身的價值定位，凸顯「日常化」的空間特徵；而且展現了士人階層在實踐範疇的重心和方向的轉移，晚明士人將經營倫理政治空間的精力轉化為對園林的精心設計，試圖將園林建造為休閒享受的場所，而且同時成為承載晚明士人群體的精神情致的載體。

　　進一步思考《園冶》關於園林設計和布局的審美原則和日常化空間的特徵之間的關聯。參照計成在引論性意義的《興造論》中闡述的基本觀點，造園師不能滿足於僅僅承擔雕刻牆壁、建造房舍的匠人角色，如果僅僅止步於遵循慣例進行單純的建築工作，這將淪為一個平庸的造園工匠。造園師需要成為園林的「主人」，即成功的造園師需要具備主導並確立園林的審美意境的能力，這正是計成認為自身的造園技藝得以優越於一般工匠的原因，而「因」和「借」則是《園冶》所推崇的造園根本方法論。

　　具體論之，「因」就是「因地制宜」，根據選址的地理狀況對樹木、山石、

〔註42〕錢謙益，耦耕堂記〔M〕// 錢牧齋全集，錢曾箋注，錢仲聯標注，上海：上海古籍出版社，2003，第1138頁。

〔註43〕肖鷹，中國美學通史（明代卷）〔M〕，南京：江蘇人民出版社，2021，第391頁。

房舍、亭臺等園林的構成部分進行設計和布置；「借」就是「借景」，將人們身
處園林中所能看到的園外環境也納入園林設計的統籌安排中，通過對園內進
行對應的設計和建造，不僅將園外的雅致景色轉化為園林景致的一部分，而且
也將園外的庸俗情境予以遮蔽，通過「收」和「屏」的雙重手段增進園林的審
美趣味。「因」和「借」二者之間又並非兩種完全獨立的造園方法，「借景」的
關鍵在於如何通過「收」和「屏」的雙重手段將園林內部和外部的景致相融
合，需要立足於對園林內部的庭院建築和自然景物進行因地制宜的對應性設
計或改造。李世葵以「因水構園」、「因地成形」、「因地造屋」、「因地取材」、
「因時制宜」這五個方面對「因」的方法論進行了精準概括。〔註44〕綜觀《園
冶》全書，「因地制宜」主要是一種技術原則，作為建造園林的根本方法論貫
穿全書，體現在園林的選址、屋宇和庭園的興建、林木和湖畔的規劃等方方面
面，「借景」被計成確定為園林的設計和布局的審美原則，專門開闢一章重點
論述。關於「借景」的構思起源，計成寫到，「然物情所逗，目寄心期，似意
在筆先，庶幾描寫之盡哉。」〔註45〕「借景」作為一種審美方法，其構思起源
於外部景物的情性對造園師的視覺和內心感覺的先後觸動而產生的意境，造
園就是將由內心感覺主導的意境落實到設計和布局的工程之中。計成對「借
景」的解釋可以在晚明的總體思想狀況中得到解釋，王陽明及其後繼者進一步
推動並確立了儒家思想史的天理觀念的內轉，順應本心的行動就是符合天理
的所為，個體自我的內在尺度成為士人階層處理一切事務的主要依據，個體的
日常生活的價值和意義不斷得到提升。「借景」作為一種遵循心意為基礎的審
美創構方式，表現為遵循內心感覺對園林內外的景物進行統籌構想，並將以心
意為基礎的意境構想落實在築園工程中，體現了晚明的總體思想狀況對本心
的重視趨勢，以改善視覺體驗和順應內心感受的方式，提升園林在居住場所方
面的審美體驗，即提升士人階層在日常化空間中的審美感受。

具體而言，日常化空間的閒適和欲望的雙重特徵如何在「借景」的審美創
構中得以體現？以計成有關借景和日常生活之間的關係的論述為例做進一步
解釋。

〔註44〕參見李世葵，《園冶》園林美學研究〔M〕，北京：人民出版社，2010，第209
　　　～215頁。
〔註45〕計成，園冶注釋〔M〕，陳植注釋，北京：中國建築工業出版社，1988，第247
　　　頁。

　　　　構園無格，借景有因。切要四時，何關八宅。林皋延佇，相緣
　　竹樹蕭森；城市喧卑，必擇居鄰閒逸。高原極望，遠岫環屏。堂開
　　淑氣侵人，門引春流到澤。嫣紅豔紫，欣逢花裏神仙；樂聖稱賢，
　　足並山中宰相。……林陰初出鶯歌，山曲忽聞樵唱，風生林樾，境
　　入羲皇。幽人即韻於松寮；逸士彈琴於篁裡。紅衣新浴；碧玉輕敲。
　　看竹溪灣，觀魚濠上。山容藹藹，行雲故落憑欄；水面鱗鱗爽氣覺
　　來欹枕。南軒寄傲，北牖虛陰；半窗碧隱蕉桐，環堵翠延蘿薜。俯
　　流玩月；坐石品泉。〔註46〕

　　「借景」作為構建園林的審美方法，在形而上範疇建立在遵循本心所感的
基礎之上，而在具體運用方面的要求則是「切要四時」，即需要與四季的氣候
相適應。根據計成的論述，「切要四時」不僅是園林的設計和布置需要遵循的
要求，而且對處身園林的個體而言，需要圍繞「時」進行個體與環境的互動。
到了晚明時期，天理觀念的內在化促成日常化空間的產生，計成將構成園林設
計的根基落實在內心對外物環境的感受，體現了士人階層著力立足於內在尺
度的日常生活，從而建構和倫理政治空間相疏離的日常化空間。具體論述「借
景」如何做到「切要四時」，一般狀況下的借景舉措，園林需要將內部的景致
設計和園外的遠山、樹林相結合，而不同季節的園林景致各有差異。以夏季為
例，計成描述了由聲音、自然景致和樓舍共同組成了獨特的夏季園林意境，對
園林的居住者而言，不僅可以聆聽飛鳥的鳴叫、樵夫的歌唱、文人的吟誦和彈
奏，而且依託園林內部的建築和布置，可以欣賞竹林、遠望山麓以及在泉水邊
賞月，這是一種遵循雅致和自然的審美趣味將園林內外的景致相融合的審美
意境。對園林的居住者而言，這種審美意境正是日常化空間的構成部分，他們
依據不同的「時」具有的氣候環境及相應的自然景致的特徵，在園林內部組織
和安排適宜的審美活動，作為實踐依據的「時」完全簡化為相應季節的氣候和
環境特徵，並為日常化空間的審美或享樂活動提供參照指引，不僅不再更進一
步向政治場域引申，而且也沒用衍生出道德規訓的規範法則。因此，計成所構
想的日常化空間和倫理政治空間保持一定距離，園林不僅成為士人階層得以
暫時離開倫理政治空間的場所，而且以其對雅致、自然的審美趣味的追求為士
人階層提供了身體感受和情感表達方面的滿足，這正是日常化空間的閒適特

〔註46〕計成，園冶注釋〔M〕，陳植注釋，北京：中國建築工業出版社，1988，第243
　　　　頁。

徵的體現。

那麼，日常化空間的第二個特徵——欲望，又是如何體現在「借景」的方法論中？「借景」的審美方法要打破園林內外的界限，試圖構建園林內外景物相融合的審美意境，不僅需要以「收」和「屏」的手段對園外雅致和庸俗的景致分別做出引入或遮蔽的選擇，而且需要探索如何完善園林內部的屋舍和自然景致的設計和布置，以達到和園外的山林景致相互增色的審美效應。按照這種審美規劃，園林內部的設計遵循自然和雅致的審美原則，而這種審美原則又包含了以物性為依據的摹仿性邏輯。

繼續以計成對夏天的園林生活的描述為例，為了和由山麓、樹林等自然景色以及清涼的氣候條件共同組成的園外景致相呼應，園林內部不僅包含了溪水、竹林、遊魚、綠樹、清泉、繁花等自然景致，而且為滿足觀景、休憩、寄情等多種功能的需要對屋舍的欄杆、不同方位的窗戶和圍牆進行了相應的設計。為了塑造園林內部的自然和雅致的審美風格，計成的設計方案傾向摹仿大自然的山水樹林環境，通過改造地形條件的方式在園林內部複製山水、林木、花卉等大自然環境，並且將屋舍建造為便於觀察、品味自然環境的場所，最終將園林構造為隱居山林的模擬場景。正如曾繁仁所指出，「計成的造園理論與實踐在對待自然環境方面還非常重視依據自然山水樹木之性，尊重自然，愛護自然。」〔註47〕計成對自然、雅致的園林審美風格的推崇，落實在造園實踐中最終表現為對自然環境的模擬，因而他所關注的「自然山水樹木之性」更主要表現為物性，以複製自然的方式將大自然環境移置到園林內部，並且以「借景」的審美方法構建了園林內外相融合的意境。正如朱忠元的敏銳觀察，「明代中後期尤其是晚明的園林，實際上是一種與幽韻與聲色的審美複調，實際上是物質與精神的混響，是欲望和審美的交融。」〔註48〕建立在物性基礎上的摹仿性邏輯，將在對自然和雅致的審美品位的追求中客觀導向了享樂的欲望。晚明士人的日常化空間一方面具有通過審美意境予以表現的閒適特徵，另一方面，園林的審美意境建立在摹仿大自然環境的造園規劃基礎之上，顯然易見的是，因為計成的造園規劃包含了複雜龐多的景觀設計和精緻繁多的屋舍建造，所以相應的造園工程將涉及到對地形條件的大幅改造和重新布置，相關的改造和

〔註47〕曾繁仁，曾繁仁學術文集（十）‧生生美學〔M〕，北京：人民出版社，2021，第 245 頁。
〔註48〕朱忠元等，中國審美意識通史：明代卷〔M〕，北京：人民出版社，2017，第 429 頁。

建築的造價並不低，實際上這正是一種雅致式的奢華住宅風格。

　　傳統儒家士人對於住所和日常生活的價值觀念，可以引用唐代劉禹錫《陋室銘》的名句「斯是陋室，惟吾德馨」予以概括，他們更願意將人生追求放置於倫理政治空間中，而日常生活僅僅是修身養性的場所，置身於「陋室」反而有助於磨煉道德心志。再參見關於南宋園林面積規模縮小的相關研究，「作為表達方式的園林，文人們對它的寄託是在其中生活並賦予詩意以及倫理的內容。」〔註49〕南宋士人將園林視作一種闡述情志和倫理思想的藝術表達方式，避免陷入對園林的佔地規模和內部陳設的攀比。而到了晚明時期，士人階層從物性出發構建富有審美趣味的日常化空間，屋舍及庭園的建造和布置追求廣闊、齊全和華美的規模，隱含了從甘於居住「陋室」向尋求享樂欲望的價值轉變。

　　總而言之，園林生活作為晚明士人階層日常生活的重要組成部分，為政治地位日益下降的士人群體提供了歸隱山林的模擬場景，區別於倫理政治空間的日常化空間在造園規劃中得以構建。通過「借景」的造園方法，計成致力於構建以自然、雅致為特徵的審美意境，在園林的設計和建築中致力於摹仿大自然環境的多重景致，士人階層的內心感受和享受欲望得到滿足，士人階層在日常化空間中對閒適和欲望的追求在計成的造園的理論和實踐中得以實現。

二、內外場域法則的運作：階級區隔與欲望訴求

　　通過計成建造園林的規劃和構想可以看出，將園林生活構建為自然、雅致的審美意境，士人日常化空間得以確立，並表現出閒適和欲望的雙重特徵，這是一個和單一的倫理政治空間相區別的社會空間，晚明士人階層將關注點和精力從日益衰敗的朝堂轉向日常生活的經營和打造。晚明之前，士人階層的社會空間是單一的倫理政治空間，場域的支配性法則是余英時所概述的士大夫政治文化的主要內涵「得君行道」，即士人階層在一定程度上作為皇權合作者，在遵循綱常倫理體系的基礎上，將踐行天道和效忠君王相結合。在士人階層將思考和實踐的重心日益向日常化空間轉移的歷史語境中，作為規範日常化空間運作的場域法則具有何種內涵？

　　計成建造園林的規劃和設想不僅僅包括在建築層面探索如何構建審美意

〔註49〕何曉靜，南宋江南園林的意象與表達〔J〕，學術界，2018（7）：164～172。

境，而且以士人階層的日常生活情境為例對審美體驗的效果進行印證，繼續以計成的造園規劃為例，通過探索園林的審美設計和士人日常生活之間的互動，探索日常化空間的場域法則。

參看計成關於在「旁宅地」如何建造園林的論述——

> 宅傍與後有隙地可葺園，不第便於樂閒，斯謂護宅之佳境也。開池濬壑，理石挑山，設門有待來賓，留徑可通爾室。竹修林茂，柳暗花明；五畝何拘，且效溫公之獨樂；四時不謝，宜偕小玉以同遊。日竟花朝，宵分月夕，家庭侍酒，須開錦幨之藏；客集徵詩，量罰金谷之數。多方題詠，薄有洞天；常餘半榻琴書，不盡數竿煙雨。礙戶若為止靜，家山何必求深；宅遺謝朓之高風，嶺劃孫登之長嘯。探梅虛蹇，煮雪當姬，輕身尚寄玄黃，具眼胡分青白。固作千年事，寧知百歲人；足矣樂閒，悠然護宅。〔註50〕

在計成看來，園林的位置選擇和建造風格需要兼具適宜和得體，《園冶》第一章《相地》對山林、城市、村莊、郊野、湖畔以及住宅附近這六種不同的地理位置的造園條件和合適的園林風格進行點評。相比於另外五種地理位置，計成關於如何在住宅附近的空隙地面建造園林的相關論述，緊密結合日常生活的感受和體驗展開，為理解晚明士人階層的日常化空間的場域法則提供了審美維度的視角。計成以「佳境」和「樂閒」分別形容園林景致的審美特征和園林內部的日常生活，就如何營造「佳境」來說，通過開掘池塘、疏通溝渠、堆疊假山等一系列造園工程，以及修整竹林、養育林木、根據時節選種花卉等各種園藝布置，構建了摹仿大自然環境的雅致場所；就如何享受「樂閒」來說，園林的居住者生活在精心建造和布置的「佳境」之中，可以在日常生活中從事多種雅致活動，例如在侍女的陪伴下欣賞因應時節盛開的花卉，和客人一起創作詩歌或者吟誦詩文，在深宵一邊飲酒一邊欣賞月色，在冬日欣賞梅花的同時和愛妾蒸煮雪水泡茶，閑暇時間在精細構建的園林意境中進行各種類型的雅致活動，以滿足享樂的欲望需求。計成的造園理論推崇「佳境」和「樂閒」，和晚明士人階層的日常化空間的特點閒適和欲望相一致。正是「佳境」所具有的自然和雅致的審美趣味，以及「樂閒」所包括的賞花、吟詩、煮茶等文人雅致活動，在環境和活動兩個範疇同時構築了日常化空間的

〔註50〕計成，園冶注釋〔M〕，陳植注釋，北京：中國建築工業出版社，1988，第66～67頁。

閒適特徵。不僅如此，也正是構築「佳境」而進行的多方面的造園工程，以及豐富多樣的閑暇娛樂活動，滿足士人在家居生活的享受需要，展現了士人階層的欲望生活。透過計成的造園規劃和對理想的園林生活的設想，有必要結合晚明社會結構和思想主流的變化，思考日常化空間的支配性法則如何得以確立。

如前所述，日常化空間具有閒適和欲望的雙重特徵，閒適則是士人階層試圖自我確立的日常化空間的首要特徵，欲望則內在於士人階層構建閒適生活的具體舉措之上，可以從相同的邏輯出發闡述日常化空間的場域法則。

（一）場域的外部法則：自然、雅致的審美價值

由於園林普遍作為晚明士人的日常生活場所，計成將「佳境」的構建視為園林設計和建造的目標，再考慮到他造園的服務對象也以阮大鋮、錢謙益等晚明士人群體為主，因此，透過計成造園的設計規劃以及他對園林生活的效果設想可以看出，士人階層對日常化空間的環境構建以及在日常化空間的行動選擇，均遵循以自然和雅致的審美趣味為基礎的價值觀念。換言之，這種價值觀念就是晚明士人階層的日常化空間的支配性法則。具體言之，這種以追求自然和雅致的審美品位為基礎的支配性法則，在日常化空間又是如何具體運作並發揮怎樣的作用？

自然和雅致趣味的價值觀念作為日常化空間的行動法則，對於士人階層而言，能否在環境構造與個人行動上同時展現自然和雅致的審美趣味，是衡量他們的文化資本豐厚與否的重要尺度，並決定了他們在社會空間所享有的文化聲望。晚明士人階層之所以致力於在日常化空間遵循場域的規範性法則，試圖塑造自身在審美品位範疇的文化優勢地位，擴大自身所佔有的文化資本以及提升自身的文化聲望，直接原因是要在士商互動日益加劇的社會結構變化趨勢中維護自身的文化話語權，從而在日常化空間中實現階級區隔，維護自身相對於商人階層的文化優勢地位。趙強闡述了晚明士大夫群體對「好事者」的貶斥策略，「如曹昭《格古要論》、高濂《遵生八箋》、董其昌《骨董十三說》、何良俊《四友齋叢說》、袁宏道《瓶史》、屠隆《考槃餘事》、項穆《書法雅言》、文震亨《長物志》、劉體仁《七頌堂識小錄》、姚際恒《好古堂家藏書畫記》等一系列重要著述，均明確體現出這種趣味區隔意識，從學識、趣味、審美經驗和判斷力等不同角度對『好事者』大加撻伐，由此形成了『雅尚』與『俗態』、『真賞』與『啖名』、『善趣』與『惡道』等一系列重

要的鑒賞趣味話語。」〔註51〕士人群體通過制定文化場域的支配性審美法則，以此回應商人群體不斷上升的社會地位帶來的挑戰。余英時的研究則闡述晚明商人群體的社會影響力對其他領域的滲透，「概括言之，16世紀以後商人確已逐步發展了一個相對『自足』的世界。這個世界立足於市場經濟，但不斷向其他領域擴張，包括社會、政治與文化；而且在擴張的過程中也或多或少地改變了其他領域的面貌。改變得最少的是政治，最多的是社會與文化。」〔註52〕隨著商業貿易的不斷擴大，商人佔有日益雄厚的經濟資本，商人階層的社會影響力和自我認同大幅提升，不再將由士人階層主導的社會輿論視為評判自我價值的唯一標準，並且利用經濟實力擴展自身在社會、政治與文化維度的影響力，例如建造奢華的園林、購置名貴瓷器、收藏名畫典籍等，激發了士大夫的危機感。對於在倫理政治空間日益失勢的晚明士人階層而言，如何在日常化空間中維繫自身的優越地位成為一個重要問題。

因而，士人階層將自然、雅致的審美趣味確立為日常化空間的場域法則，有利於發揮通過家族傳承和詩書修習而得以積累的文化優勢，確保自身在士商互動加劇的社會結構變化中繼續保有文化話語權。那麼，這種區隔如何在推崇自然、雅致的審美趣味的場域法則中得以實現？繼續以計成關於「旁宅地」的造園與園林生活的構想為例。

其一，在環境建造方面，計成設想中的園林「佳境」並不僅僅指建造工程層面的屋舍修築和地形條件改造，而且要通過借景的方法，將園林內外的景致融為一體，構建一種在觸動個體內心基礎上的人景互動的審美意境。雖然商人階層建造的園林也以摹仿大自然為主要特徵，然而計成為士人階層塑造的園林風格的優勝之處則體現在對以自然、雅致為特徵的審美意境的創構。具體來說，經過改造地形條件的工程，園林內自然景致的布置是對大自然環境的摹仿，包含了池水、假山、樹林、花卉等不同種類的要素，士人階層的園林布局並不僅僅是大自然環境的模擬，而是發生了以自然景致為對象的「物情所逗，目寄心期」的審美體驗過程，即從視覺到內心對自然景致所包含的情致進行觀察和感受。士人的審美體驗將包含了自然、雅致的審美趣味，例如，「竹修林茂」是通過竹林、樹林的繁茂展現源源不斷的生命活力，「柳暗花明」則意指

〔註51〕趙強，當「賞鑒家」遇到「好事者」──明清鑒賞趣味話語建構的歷史邏輯與美學動向〔J〕，文藝研究，2023（1）：35～48。

〔註52〕余英時，士商互動與儒學轉向〔M〕//現代儒學的回顧與展望，北京：生活·讀書·新知三聯書店，2012，第212頁。

結合地形條件針對性布置樹木和花卉的位置而營造的幽深趣味。再反觀商人階層對園林風格的喜好，儘管他們同樣熱衷於對自然環境的仿造，然而他們往往片面滿足於廣闊的園林面積，不僅沉迷於對諸種景致進行大批量的堆砌，而且熱衷將雕鏤金飾等被士人群體斥為庸俗品位的設計引入屋舍建造。同時，商人群體往往缺乏對園林內部諸種事物之間進行細緻協調的審美意識和文化視野，缺少打破園林的物理界限並促成內外景致相融通的審美自覺。

其二，在日常生活方面，參見生活美學研究對晚明園林的解讀，「原本與塵俗生涯、日常生活相隔絕的自然山水，也被充分世俗化、生活化了。」〔註53〕計成對園林地形條件的改造，是立足於自然、雅致的審美趣味對自然景致進行藝術化的處理和重構，其目標是從感官享受和文化體驗的方面改善士人階層的生活條件。因此，如何促成個人的生活娛樂和園林的環境之間相互契合，則是遵循日常化空間的場域法則的另外一種重要體現。計成描繪了園林內部日常生活的諸種構想，例如在侍女的陪伴下在不同季節欣賞因時綻放的花卉，在款待客人的宴會創作、吟誦詩詞，在榻前彈琴或閱讀以並欣賞微雨籠罩下的竹林。這些凸顯知識精英階層文化積累和審美品位的日常生活內容，和摹仿大自然環境的園林景致相融合，在審美意境的構建中實現自然環境和雅致趣味之間相互增益，這正是晚明士人階層遵循日常化空間的場域法則並進行階級區隔的表現。士人階層將因應園林自然景致而發生的觀景、吟誦、彈奏等活動確立為自身的階層標識，並上升為日常化空間的理想性行為規範。反觀商人階層，他們一般缺少由傳統士族傳承的文化資本，也因為忙於經營和謀利而疏於研讀詩書典籍，因而儘管他們可以立足於經濟資本的積累仿照士人階層建造園林以及購入名畫和藏品，但往往沒法達到士人階層所確立的自然、雅致的審美趣味。他們飲宴的主要功能局限在暴食酗酒和放縱享樂，缺乏將飲宴組織為包含詩詞交流、觀魚賞花等活動在內的雅致場景的能力，同時士人階層面對自然環境的敏銳直覺和豐富的情感反應主要立足於儒家的禮樂傳統，而商人恰恰缺失創構情景相交融的文化情感結構。

自然和雅致趣味的價值觀念被確立為日常化空間的支配性法則，晚明士人階層以此作為自身和商人階層相區隔的重要尺度，並通過自身在遵行這一支配性法則上知識優勢，將商人階層的審美趣味貶斥為奢靡和庸俗，進一步穩

〔註53〕趙強、王確，說「清福」：關於晚明士人生活美學的考察〔J〕，清華大學學報（哲學社會科學版），2014（4）：124～134。

固士人階層在文化範疇的話語權。然而，李玉芝指出，「文人在文字書寫和心志表現上常常是要強調對自然和傳統的古雅之韻的追求，但是在園林主人的奇石堆山的熱愛中，我們很難將文人對山石賞玩的熱愛，單純歸為對審美追求的外化。」〔註54〕而相比於美學類著作，明人筆記小說對士大夫構築豪奢屋舍的評判更加直接，謝肇淛寫到，「縉紳喜治第宅，亦是一蔽。當其壯年歷仕，或鞅掌王事，或家計未立，行樂之光景皆已蹉跎過盡。及其官罷年衰，囊橐滿盈，然後窮極土木，廣侈華麗，以明得志。曾幾何時，而溘先朝露矣。余鄉一先達，起家鄉薦，官至太守，貲累巨萬，家居繕治第宅，甲於一郡，材具工匠皆越數百里外致之。甫落成而身死，妻亦死，子女爭奪，肉未寒而券入他人之手矣。」〔註55〕考慮到晚明日常化空間的兩個特徵閒適和欲望之間的相互關係，顯然易見的狀況是「自然和傳統的古雅之韻」的審美趣味塑造了日常化空間的閒適特徵，然而士人階層在打造閒適的日常生活的過程中受到社會總體狀況的影響，雅致式的奢侈生活方式在士人群體中普遍得到認可，這種隱匿於閒適生活背後的欲望生活事實上逾出由自然和雅致趣味所主導的場域法則。那麼如何在場域法則的角度理解閒適和欲望之間的二重性？事實上，由自然和雅致趣味構成的支配性法則，僅僅是日常化空間的外在場域法則，士人階層遵循自然和雅致的審美趣味構建日常生活，確立自身區別於商人階層的階級習性，然而在場域存在另外一種以滿足享樂欲望為訴求的內部法則。

（二）場域的內部法則：奢侈生活和欲望滿足

如何理解這種以滿足享樂欲望訴求的場域法則？首先需要從晚明社會對奢侈的接受並予以正面評價的思潮談起。長期以來，包括儒家和道家均對奢侈的生活方式予以批判，將節儉確立為一種社會性美德，將欲望的放縱視為道德墮落的行為。參見朱熹編撰的《近思錄》，「人之於豫樂，心悅之，故遲遲，遂至於耽戀不能已也。豫之六二，以中正自守，其介如石，其去之速，不俟終日，故貞正而吉也。處豫不可安且久也，久則溺矣。如二可謂見幾而作者也。蓋中正，故其守堅，而能辨之早，去之速也。」〔註56〕在宋代理學的視野下，處於

〔註54〕李玉芝，明代中晚期的休閒審美思想〔M〕，北京：中國社會科學出版社，2021，第213頁。

〔註55〕謝肇淛，五雜組〔M〕，韓梅、韓錫鐸校點，北京：中華書局，2021，第97頁。

〔註56〕朱熹，近思錄〔M〕，王瀣、陸暉校點 // 朱子全書（第十三冊），朱傑人、嚴佐之、劉永翔編，上海：上海古籍出版社，合肥：安徽教育出版社，2010，第272頁。

安逸享樂的環境中的人們容易沉溺於無限的欲望滿足而無法自拔,因此人們必須秉持中正的天道自我錘鍊,盡快結束安逸享樂的生活欲求,才能保持明辨是非的判斷力並提升道德修養。《道德經》也寫到,「咎莫大於欲得;禍莫大於不知足。故知足之足,常足矣。」〔註57〕老子認為,嚴重的禍害和錯誤均來源於人們順從自身欲望的需要而無節制地向外索取,「儉」作為貫徹天道的三條法則之一,人們只有做到節制自我的欲望,才能避免內在精神為外物所奴役,從而促進個人的精神境界不斷提升,並進而有利於維繫家庭、邦國的良性有序發展。

總的來看,在中國思想傳統中,儘管儒道的思想家對奢侈和欲望的批判更主要集中在如何節制不合理的欲望的層面,尚沒有達到要求全面禁絕所有欲望的程度,但是總體而言,奢侈作為一種追求滿足超出正常需要範圍的欲望的生活方式,往往被視為損害個人德行、敗壞社會秩序的禍根,需要予以批判和戒除。而到了晚明,儒學日益重視內在尺度的訴求,奢侈和相關聯的欲望的合理性開始得到士人階層的接受和認可,商業社會的不斷擴大則為感官欲望的現實化創造了物質條件,參見王鴻泰對晚明感官欲望生產模式的闡述——「市場中的商品可說就是個人感官欲望的具體化,而此種作為感官欲望載體的商品進入市場後,又可能刺激更多人的感官欲望」〔註58〕。

參考余英時對明清儒學轉向的相關研究,在晚明士人階層中出現了正面評價奢侈的社會價值和影響力的言論,以陸楫有關奢侈有利於均貧富的言論為代表,陸楫認為富人和權貴的奢侈享樂生活為下層民眾提供不同種類的勞動機會,有利於以提升收入水平的方式改善庶民階層的謀生環境。〔註59〕余英時進一步認為,以陸楫所提出的崇奢言論在晚明社會具有廣泛的影響力,「所以奢的社會功用在16世紀被發現以後,也像新義利觀一樣,一直傳衍至18世紀,未曾中斷。這也是明清儒學轉向的一項清晰的指標。」〔註60〕也就是說,

〔註57〕陳鼓應,老子注譯及評價〔M〕,北京:中華書局,2015,第228頁。

〔註58〕王鴻泰,明清感官世界的開發與欲望的商品化〔J〕,明代研究,2012(1):105～143。

〔註59〕余英時對陸楫的崇奢言論的引述和學術史梳理,見於章節《奢的社會功能》部分的分析,參見余英時,士商互動與儒學轉向——明清社會史與思想史之表現〔M〕// 現代儒學的回顧與展望,北京:生活·讀書·新知三聯書店,2012,第220～228頁。

〔註60〕余英時,士商互動與儒學轉向——明清社會史與思想史之表現〔M〕// 現代儒學的回顧與展望,北京:生活·讀書·新知三聯書店,2012,第227頁。

對奢侈及相關聯的享樂欲望的部分認可，已經成為普遍存在於晚明士人階層精神世界的思想共識。究其原因，在經濟─社會的維度，到了晚明時代，商品交易的範圍和規模的不斷擴大，明朝初期制定的針對商人的生活條件和社會地位進行限制的等級體系名存實亡，伴隨士商互動的逐步深入，商人階層的生活方式和消費享受觀念不可避免地深刻影響了以節制欲望自我標榜的士人階層。再考慮經濟─文化的維度，參見柯律格的論述，「奢侈之物，尤其是那些會帶來聲望的貨品，比如古董和畫作，在晚明全部屬於商品的範疇，因此，『附庸風雅之物』對於任何負擔得起的人而言，都是可得的東西。」〔註61〕柯律格對以古董、畫作為代表的文化物品的商品化現象的描述，意味著具有標識身份地位象徵的文化物品不再由士人階層或者權貴所壟斷，而是轉化為可以通過價格競爭予以購買的商品。面對文化商品化的社會現象，士人階層為了穩固自身的文化權威的地位，以及維繫一種雅致趣味和文化品位的生活，只能將大量的金錢投入到古董藏品和藝術品的競價之中，追求奢侈的生活習性開始形成。由此，通過對經濟─社會以及經濟─文化的維度的考察，由於明末社會商業化程度的不斷加劇，商人階層的經濟影響力擴展到社會和文化領域，以欲望滿足為追求目標的奢侈的生活方式已經成為士人階層試圖維繫自身階層在社會和文化領域的優越地位的重要方式。

追求欲望享受成為晚明士人階層日常化空間的另外一種場域法則，和追求自然、雅致趣味的場域法則同時存在，兩種場域法則之間是內在與表面的關係，可以從這個角度出發理解追求欲望滿足的場域法則的運作。洪應明《菜根譚》寫到，「情之同處即為性，捨情則性不可見；欲之公處即為理，捨欲則理不可明。故君子不能滅情，惟事平情而已；不能絕欲，惟期寡欲而已。」〔註62〕洪應明的觀點代表了晚明士人階層處理追求欲望享受的態度，欲望的共通性部分被闡釋為人的本性或天理的既有構成部分，欲望的性質不再是必須予以杜絕的罪惡之源，當然晚明士人仍然認為需要節制欲望，不過對待欲望只需要做到「寡欲」的程度，而非「絕欲」。再參見泰州學派思想家何心隱的論述，「性而味，性而色，性而聲，性而安佚，性也。乘乎其欲者也。而命則為之御焉。是故君子性而性乎命者，乘乎其欲之御於命也，性乃大而不曠

〔註61〕柯律格，長物：早期現代中國的物質文化與社會狀況〔M〕，高昕丹、陳恒譯，北京：生活‧讀書‧新知三聯書店，2015，第141頁。

〔註62〕洪應明，菜根譚〔M〕，楊春俏評注，北京：中華書局，2017，第20頁。

也。」〔註 63〕何心隱將對於味道、色彩、聲音感官欲望和安逸的生活狀態的追求，確立為個人本性的一部分，人們需要承認本性所包含的欲望的合理性並予以妥善引導，他和洪應明的觀點相近，同樣主張以「寡欲」以及在《聚和老老文》所闡述的「育欲」取代「絕欲」，這成為晚明士人階層普遍對待欲望問題的基本邏輯。表面上看，這種邏輯並沒有在承認欲望的問題做出大幅推進，例如韓國學者崔在穆認為，「梁汝元（即何心隱，筆者注）主張寡欲，認為周敦頤的無欲說與孔孟不合。只不過他的寡欲論是向孔孟寡欲論的回歸，而並不意味著對私欲的肯定。」〔註 64〕原因在於，無論是傳統的儒家又或道家，均在一定程度上認為和人的本性相關聯的欲望具有合理性，然而洪應明論述的獨特之處在於對「欲之公處即為理」的強調，意為多數人共通的欲望具有合理性，這種思路同樣隱含在何心隱的論述中，這種邏輯以多數人的共通性取代了本性，作為賦予欲望合理性的依據。在晚明士人階層的日常化空間中，士人階層用以確立自身的階層特徵和區隔於商人階層的優越性的場域法則是推崇自然、雅致趣味的價值觀念，將欲望隱藏在自然、雅致趣味中，恰好符合「欲之公處即為理」的判斷標準。換言之，以審美趣味為主要內容的場域法則是日常化空間的表面性法則，而對欲望享受的追求則構成日常化空間的內部法則。

具體來說，繼續以計成關於「旁宅地」的造園規劃和園林生活的設想為例。首先，在環境建造和日常生活的兩個方面，士人階層將對自然、雅致趣味的追求確立為日常化空間的場域法則，並通過對審美品位的強調達到階層區隔的效果，然而對欲望享受的追求則隱匿在審美趣味的構建過程中。首先在環境建造方面，園林的修建改造展現了對大自然景致的摹仿，將池塘、丘壑、山林、花卉等幾乎所有大自然景致的種類均納入園林的地形改造工程中，通過以「因」和「借」兩種造園方法構建了凸顯自然、雅致趣味的審美意境。這種審美意境建立在大規模建造和布置多種自然景致的基礎上，日常化空間的審美品位直接產生於不同自然景致之間的並置。換言之，相比於精神體驗的追求，自然景致的物性在審美意境的創構中發揮更重要的作用。因此，園林不僅是一個凸顯自然和雅致趣味的空間，同時也是一個展示對物的佔有欲望

〔註 63〕何心隱，何心隱集〔M〕，容肇祖整理，北京：中華書局，1960，第 40 頁。
〔註 64〕崔在穆，東亞陽明學的展開〔M〕，錢明譯，臺北：臺大出版中心，2011，第235 頁。

的空間，可以參考張薇的觀點，「《園冶》在一定意義上，是社會奢侈風氣的產物」〔註65〕。

其次，在日常生活方面，在計成對園林生活的設想中，包含了欣賞花卉、喝酒作詩、賞梅煮雪等展現自然、雅致趣味的日常生活的活動。值得注意的是，欣賞因應時節盛開的花卉的同遊者是侍女，在冬日賞梅並蒸煮雪水泡茶的相伴者是姬妾。正如李漁關於納姬妾的闡述，「以其原為娛情而設，所重在耳目」〔註66〕；王士性則對姬妾的來歷和技能做了更細緻的剖析，「天下不少美婦人，而必於廣陵者，其保姆教訓，嚴閨門，習禮法，上者善琴歌詠，最上者書畫，次者亦刺繡女工。」〔註67〕簡言之，士人群體選納擅長技藝的姬妾用於增進生活的情趣。事實上即使侍女和姬妾是否出席賞花和賞梅的場合，並不影響作為審美對象的自然景致所包含的趣味，而計成特意將具備技藝才華的女眷也納入日常生活的雅致場合的規劃中，表明士人階層在園林生活中對日常生活審美意境的建構不僅著眼於個人的審美感受，而且將個體對安逸生活的追求和欲望滿足融合在審美意境的構建過程中。

總而言之，士人階層在日常化空間對欲望的追求已經超出了他們願意自我承認的「寡欲」範疇，他們對奢侈生活的嚮往和欲望滿足的訴求隱含在對自然、雅致的審美趣味的追求和遵行的過程，構成了晚明士人階層日常化空間的內部和外部兩種場域法則。晚明士人遵循這兩種場域法則在日常化空間中行動，一方面，欲望在一定程度被視為審美趣味的一部分，在日常生活中追求欲望滿足的正當性得到自身階層以及社會輿論的承認和接受；另一方面，士人階層對欲望滿足的追求被納入以審美作為名義的活動中，士人階層的欲望訴求以及對奢侈生活的嚮往在審美意境的構建中獲得部分替代性的滿足，士人所追求的欲望滿足弱化至「樂閒」、「悠然」的程度，這是一種休閒式的享樂生活，或稱之為雅致式的奢侈生活。

〔註65〕張薇，《園冶》文化論〔M〕，北京：人民出版社，2006，第 97 頁。

〔註66〕李漁，閒情偶寄〔M〕// 李漁全集（第三冊），單錦珩點校，杭州：浙江古籍出版社，2014，第 122 頁。

〔註67〕王士性，廣志繹〔M〕// 王士性集，朱汝略點校，杭州：浙江古籍出版社，2013，第 250 頁。

第五章　晚明審美思潮的「身體—空間」觀念的構成

　　根據第一章的論述，「身體」和「空間」之間的互動展示了士人階層和皇權之間的相互關係，「身體—空間」正是理解中國古代的思想狀況和政治變動的重要切入視角。立足於對晚明審美思潮的考察，身體觀念範疇發生了從「規訓的身體」向「欲望化的身體」的轉變，社會空間不再作為單一的倫理政治空間，日常化空間在社會空間分化生成。回到「身體—空間」的複合視域，考察晚明時期士人階層的身體觀念和空間觀念各自發生轉向之後，二者之間各自的變動又如何相互影響，為下一步從「身體—空間」觀念的嬗變出發探討晚明審美思潮的政治潛能做鋪墊。

第一節　「欲望化身體」和「日常化空間」的相互關係

　　首先，回顧前文對身體觀念在中國思想進程中流變的論述。在晚明之前，士人階層通常將「身體」視為綱常倫理體系的一部分，在單一的倫理政治空間的視域下處理身體問題。普遍的情況是，一方面，士人在社會空間的實踐中遵循以天道為基礎的行動法則，嚴格按照得體、節制和誠心的修身手段自我規訓，將衣飾、舉止等身體形態置於王朝的明文規定或社會普遍默認的等級制度之中，以中和、敦厚為準繩將情感表達和欲望滿足控制在最低限度，通過參與宗族儀式、接受經典典籍的訓示、進行靜坐等不同方法錘鍊內心以培育誠意；另一方面，士人對身體的自我規訓並不僅僅是外部的強制要求，

他們將身體視為表徵自身德行和智識的場所，將修身視為體悟天道的重要方式之一，在修身的過程中提升德行和增進智性，並且將悟道的增益運用到倫理政治空間的實踐行動，不僅因應時勢參與對社會空間的場域法則的重新闡釋，而且試圖介入朝堂，以皇帝的引導者、合作者的身份貫徹「得君行道」的政治信仰。到了晚明時代，朝廷日益放鬆對商業的管制和對商人階層的打壓，得益於便捷的交通運輸條件，商品交易的規模不斷擴大，商業社會的影響力深入滲透到社會的各個階層，商人階層的社會地位顯著提高，由此導致了士商互動在所關涉的範圍和程度上不斷加深。與此同時，「大禮議」之後，皇權日益得到強化，士人階層篤信的政治理想和長期以來具有的政治尊嚴一併失去，針對身體進行自我規訓的思想根基在社會空間中失去了得到貫徹踐行的可能。王陽明的思想學說推動儒學的關注點轉向「本心」和「日用」，為士人階層向將更多精力轉向世俗生活提供了思想論證。經濟、政治和思想領域的多重變化，開啟晚明士人階層的身體觀念的根本轉變，從「規訓的身體」轉向「欲望化身體」。

從產生的總體社會背景看，「欲望化的身體」是對倫理政治空間的背離，士人階層將注意力更多轉向自我的身體，不僅關注身體形體的外在修飾，而且重視滿足身體的感官欲望和情感表達的需求，不再將和倫理政治空間直接關聯的道德規範作為管理身體的唯一依據。

參見明末文人張翰對社會服飾僭越現象的觀察，以及張岱在自撰的墓誌銘中對年少生活的講述：

> 國朝士女服飾皆有定制，洪武時律令嚴明，人遵畫一之法。代變風移，人皆志於尊崇富侈，不復知有明禁，群相蹈之。如翡翠珠冠，龍鳳服飾，惟皇后、王妃始得為服，命婦禮冠四品以上用金事件，五品以下用抹金銀事件。衣大袖衫五品以上用紵絲綾羅，六品以下用綾羅緞絹，皆有限制。今男子服錦綺，女子飾金珠，是皆僭擬無涯，踰國家之禁者也。〔註1〕

> 蜀人張岱，陶庵其別號也。少為紈綺子弟，極愛繁華，好精舍，好美婢，好孌童，好鮮衣，好美食，好駿馬，好華燈，好烟火，好梨園，好鼓吹，好古董，好花鳥，兼以茶淫橘虐，書蠹詩魔，勞碌半

〔註 1〕張翰，松窗夢語〔M〕，蕭國亮點校，上海：上海古籍出版社，1986，第 123 頁。

生，皆成夢幻。〔註2〕

　　在張翰的觀察中，明代早期制定的男女服飾等級制度已經名存實亡，衣著的樣式和材料的「尊崇富侈」成了社會的主流風氣，士人階層也不能例外，他們不僅不再遵從尚沒有正式廢除的服飾等級制度，而且喜好華貴舒適的服飾，在修飾身體的層面展示了「欲望化身體」的面向。再看明末清初的史學家張岱對年少往事的回憶，他對於自己作為「紈絝子弟」所言所行的描述是「欲望化身體」在行動方面的直接的表現，儘管他出身官宦家庭，卻沒有延續傳統士人階層對身體的嚴格自我規訓，而是在屋舍、情愛、服飾、飲食、戲曲等各個方面滿足自身的欲望訴求，不僅表達了對居住條件、各式玩物、文物古董的佔有欲望，而且在生活方面追求飲食、戲曲、品茶等各種活動帶來的感官欲望的滿足，同時沉迷和婢女甚至兒童之間的情慾體驗。

　　張翰和張岱的描述在晚明士人群體中具有普遍性，陳寶良概述明代秀才的社會生活時候講到，「一是生員不再拘囿於朝廷的禮制、法律規定，而是完全按照自己個人的財產與興趣生活；二是生員不再局限於學校這一小天地，而是走向社會。這樣，生員生活不再是簡單的士人生活的一部分，而是受到社會生活的種種影響。換言之，生員中唱曲、賭博、狎妓之風的盛行，無不說明生員的社會生活層面日趨擴大。」〔註3〕綜合張翰和張岱的論述，陳寶良所描述的秀才的社會生活，同樣是整個士人階層生活的寫照。晚明士人階層將身體欲望的滿足作為追求，不再致力於通過規訓身體提升自身的道德和智識，因此，身體得以在倫理政治空間之外獲得存在的價值和意義，欲望化身體得以產生的時刻，就是個體和倫理政治空間相脫離的時刻。

　　晚明士人對身體欲望的解放，和魏晉士人以身體抵抗禮教的思潮又具有區別，以阮籍、嵇康為代表的魏晉名士將身體視為抵抗名教的場所，然而他們的身體抵抗行動的主要目的是反對綱常倫理體系，他們通過具體行動將自己置於綱常倫理體系的對立面，但是這種反向思維模式依然將自身局限在倫理政治空間的既有命題和模式之中，並沒有實現對倫理政治空間的逾越。與之不同，晚明士人對「欲望化身體」的構建儘管包含對倫理政治空間的不滿，但是這種不滿更主要是一種失望的情緒，在現實中則表現為對綱常倫理體系和「得

〔註2〕張岱，自為墓誌銘〔M〕// 琅嬛文集，沈復燦鈔本，路偉、馬濤點校，杭州：浙江古籍出版社，2016，第369頁。
〔註3〕陳寶良，明代秀才的生活世界〔M〕，北京：北京師範大學出版社，2020，第391頁。

君行道」的政治信仰的擱置，轉而聚焦於日常生活的細緻經營。在張翰的描述中，高貴、奢華的服飾成為晚明社會的時尚，展現了士人階層對身體外觀的精心打造，他們選擇和自己的社會地位和官階不相符合的高貴、華麗的服飾，不僅為了在文人交際或士商來往中提升外在形象，而且以絲綢作為服飾面料有利於提升身體的舒適感，這是服務於日常生活的社交需要和滿足自身的身體感覺，而非遵循等級森嚴的綱常倫理體系和例行節儉的王朝國策。張岱對身體欲望的極致滿足體現了相同的邏輯，他在衣食住行的各個方面均試圖滿足感官欲望，不僅在居室布置、休閒娛樂和佔有玩物等方面最大限度地滿足自身的欲求，而且通過佔有婢女和兒童的方式不加節制地追求情慾，簡言之，張岱在脫離了綱常倫理體系的基礎上經營自身的日常生活，並不考慮縱慾的行為會降低自身的德行聲望並進而因此損害政治前途。簡言之，士人階層所致力經營的日常生活是以欲望邏輯取代了倫理政治空間的綱常倫理體系，因而他們的日常生活是一個區別於倫理政治空間的全新獨立的空間，這個脫離於倫理政治空間的日常化空間，這正是晚明士人的「欲望化身體」生成的場所。

再回顧日常化空間的起源，晚明時代社會空間不再是單一的倫理政治空間，而是分化出包含了欲望邏輯的日常化空間，空間日常化的轉向和身體欲望化的新變具有相近的社會背景。

在經濟—社會範疇，參考王鴻泰關於商業發展和欲望訴求之間關係的闡述，「明中期以後，部分城市在商業力量的帶動下，個人感官欲望的追求，成了社會文化創造的動力。這個文化的創造過程簡單地講就是：商業機能將個人的感官欲望具體化為市場中的商品，市場中的商品又與社會成員的個人生活領域相交接，由此促動個人生活表現與市場商品樣式的相互決定。」〔註4〕具體到士人群體的日常生活，商品交易的規模不斷擴大，以名家書畫、珍版典籍為代表的文化類事物，以及名家雕刻、瓷器、酒具等日用或觀賞的器物，均成為自由參與市場競價交易的無差別商品。不僅為士人階層在日常生活上養成以物作為賞玩、品鑒對象的癖好創造了物質條件，同時由於商人階層為了提升自身的文化聲望購買名畫、古董等文化物品，士人階層為了回應商人階層對自身一直掌握的文化話語權的挑戰，也參與到文化物品的競爭，並將購買或收藏得來的各類具有歷史意義的古物、製作技藝精湛的時玩以及各類藝術品用於

〔註4〕王鴻泰，明清感官世界的開發與欲望的商品化〔J〕，明代研究，2012（1）：105～143。

布置居住環境，試圖在居室環境和物品收藏的審美趣味和文化品位的競爭中鞏固階層區隔。

在政治—思想範疇，「大禮議」事件之後士人階層迫切需要新的思想資源回應政治地位下降的處境，王學正式確立了天理觀的向內轉向，參見他在絕筆中關於將「良知」運用於倫理政治空間的實踐中的論述，「蓋良知只是一個天理，自然明覺發見處，只是一個真誠惻怛，便是他本體。故致此良知之真誠惻怛以事親，便是孝；致此之真誠惻怛以從兄，便是弟；致此良知之真誠惻怛以事君，便是忠。只是一個良知，一個真誠惻怛。」〔註5〕在王陽明的心學體系中，本心、良知、天理均為一體，良知即個體的本心，只需要在處理綱常倫理關係時候做到遵循本心，這即是遵循天理達到孝、悌、忠的境界，個體的實踐依據來源於本心，這意味個體的內在尺度成為了衡量判斷實踐是否正當的標準。將個體的內在尺度視為判斷標準的思想轉向，在王陽明的後繼者中得到進一步的強調和闡發，為士人階層可以順應自我的內在尺度處理日常生活提供了思想論證。在對陽明心學的具體理解和踐行的過程中，士人階層立足於內在尺度，一方面順應自身的本性，不再將外在於自身的綱常倫理體系視為唯一的規範性法則和實踐方向，促成了社會空間的分化，在綱常倫理體系之外經營日常生活，因而一個和倫理政治空間相疏離的日常化空間得以產生；另一方面，因為個體的內在尺度被賦予判斷正當性與否的功能，身體欲望因為可以被視為天性的一部分，得以被賦予一定程度的合理性，「欲望化的身體」和倫理政治空間對身體的規訓法則相對立，因而「欲望化身體」往往被安置於日常化空間中。

同時有必要意識到，日常化空間並不等同於欲望化空間。參見前文對王陽明的引述，「致良知」意圖塑造的理想人格目標就是孝、悌、忠，儘管陽明心學在經過泰州學派的進一步闡發之後，日常生活的重要性以及欲望的合理性日益得到認可，這並不意味士人階層理應追求毫無節制的縱慾生活。王汎森認為，明末清初的知識界存在「自然人性論與道德嚴格主義並存的現象」〔註6〕，並進一步指出，「自然人性論」源於將欲望視為人的自然人性的一部分，對欲望解放起到推動作用，而「道德嚴格主義」則包含了針對容納了欲望的自然人

〔註5〕王守仁，答聶文蔚書（其二）〔M〕// 陽明先生集要（全二冊），施邦曜輯評，北京：中華書局，2008，第293頁。

〔註6〕王汎森，晚明清初思想十論〔M〕，北京：北京師範大學出版社，2020，第87頁。

性的自我道德反思。「道德嚴格主義」作為一種思想話語，在日常化空間的審美思潮中則以推崇雅致的審美趣味的形式存在，身體的欲望往往隱含在實用、自然或雅致的審美趣味的構建中。

例如，高濂描繪了自身崇尚的體現文人品位的閑暇生活——

　　他如焚香鼓琴，栽花種竹，靡不援正方家，考成老圃，備註條
　　列，用助清歡。時乎坐陳鍾鼎，几列琴書，帖拓松窗之下，圖展蘭
　　室之中，簾櫳香靄，欄檻花妍，雖嘯水餐雲，亦足以忘饑永日，冰
　　玉吾齋，一洗人間氛垢矣。清心樂志，孰過於此？〔註7〕

高濂將日常生活視為「冰玉吾齋」，建立在清除「人間氛垢」的基礎上，這正是士人階層的日常化空間和倫理政治空間之間的區別，他將「清歡」視為日常化空間的追求，將清雅和歡樂相結合，將對欲望享受的追求隱藏於清雅的生活趣味之中。詳解高濂關於日常生活的安排和居室的布置，在陳列鍾鼎、書籍、字帖、畫作以及培植花卉綠竹的居室環境，進行焚香、彈琴、閱讀、賞景等多種彰顯雅致品位的文人活動，將佔有文化藝術類作品和器具的欲望在居室的雅致氛圍的營造中得到滿足，將提升感官需求和身心體驗的訴求在居室的人工自然環境的設計和改造中得到實現。換言之，通過將欲望置於日常化空間的審美意境的構建中，為欲望的存在賦予了一定程度的合理性。與此同時，過於直白的欲望追求則往往被視為庸俗的審美趣味予以批判，例如文震亨針對交床的外部裝飾寫到，「金漆折疊者，俗不堪用。」〔註8〕商人階層將金飾用於屋舍布置和物品外觀裝飾的設計風格，被士人階層貶斥為庸俗的品味，相類似受到貶低的設計風格還包括以數量眾多、外形奇詭或整齊排列為特徵的堆砌風格，因為上述風格是對佔有欲望和感官欲望訴求的直接表達，逾出審美風格的限度。簡而言之，日常化空間作為欲望化身體得以合理存在的場所，將欲望訴求納入審美趣味的建構中，從而不僅為欲望賦予得以合理存在的外觀，同時也在一定程度避免陷入欲望泛濫的程度，這正是晚明士人階層對欲望的處理區別於權貴和商人階層的特徵。

總而言之，在晚明階層構建的日常化空間的內部，倫理政治空間植根於綱常倫理體系對身體予以規訓的邏輯失去了約束力，在日益重視個體的本然內

〔註7〕高濂，遵生八箋〔M〕// 高濂集（第三冊），王大淳整理，杭州：浙江古籍出版社，2015，第583頁。

〔註8〕文震亨，長物志校注〔M〕，陳植校注，南京：江蘇科學技術出版社，1984，第237頁。

心的總體思想狀況中，欲望的合理性得到一定程度的認可，欲望化的身體被日常化空間所接納，並且內在於日常化空間的審美品位的塑造過程。同時，日常化空間作為社會空間所分化的場域，處於場域之中的士人階層在實踐過程中又推動身體和空間之間的互動，欲望化身體和日常化空間之間處於不斷變化的張力關係。有必要進一步思考，審美思潮中身體欲望如何推動日常化空間的拓展，而日常化空間又如何在雙重場域法則的運作中對欲望化身體予以轉換。

第二節　欲望化身體：日常化空間的拓展動力

晚明士人階層的身體觀念發生了從「規訓的身體」向「欲望化身體」的轉向，而「日常化空間」作為容納「欲望化身體」的首要場所，「欲望化身體」是如何作用於「日常化空間」？

首先，立足於日常化空間得以形成的內在邏輯，發生於儒家思想史內部的天理觀念的內轉，正是促成日常化空間得以產生的思想基礎，士人階層訴諸內在尺度作為打造日常化空間的重要依據，倫理政治空間的場域法則在日常化空間中失效。以宋代文人的日常生活做對比，趙希鵠《洞天清祿集》寫到，「殊不知吾輩自有樂地，悅目初不在色，盈耳初不在聲。」〔註9〕引用吳洋洋從生活美學的研究視角出發對以趙希鵠為代表的宋人審美生活的解讀，「宋代文士追求的不是物質方面的奢華，也非感官欲望的滿足，更看重的是生活的審美品質。」〔註10〕綜合趙希鵠在日常審美方面的論述，個體的感官欲望的合理性並沒有得到名正言順的承認，儘管他們對整體的生活環境已經不再滿足於簡陋單調的設計風格，但是他們在創構雅致審美意境的過程中依然需要援引外在於個體和物性的形而上的概念予以解釋。再參考南宋袁燮對園林生活的描述，「吾聞有世俗之樂，有君子之樂。耳目所接，一時欣然，無復餘味者，世俗之樂也。內省不疚，油然而生，日新無窮者，此君子之樂也。世俗以外物為樂，君子以吾心為樂。樂在吾心，清明四達，無適而非道，則亦無適而非樂。」〔註11〕儘管宋代士人階層在日常生活中也可以享受到感官欲望的滿足，然而他們

〔註9〕趙希鵠，洞天清祿集〔M〕，北京：中華書局，1985，第1頁。
〔註10〕吳洋洋，知識、審美與生活──宋代花卉譜錄新論〔J〕，中國美學研究（第九輯），2017（1）：69～78。
〔註11〕袁燮，是亦園記〔M〕//全宋文（第二八一冊），曾棗莊，劉琳主編，上海：上海辭書出版社，合肥：安徽教育出版社，2006，第242頁。

時刻保留對「世俗之樂」的反思和警醒，推崇「樂在吾心」的君子之樂，表明他們在世俗生活中依然保有道德反思的意識。簡而言之，正如葛兆光將宋代社會的總體結構概述為「倫理道德同一性」〔註12〕，儘管宋代的市民社會已經取得了長足的發展，然而士人階層的日常生活依然附屬於倫理政治空間，在很大程度上繼續遵循倫理政治空間的場域法則，將如何提升個體的道德品行和精神境界視為日常生活的重要追求。晚明士人階層的日常生活的合理性則訴諸個體的內在尺度，當然這並不意味著晚明士人對合法性源於上天的理、道的背叛，而是在王學及其後繼者確立的天理的內在化轉向中，個體的本心被視為和理、道相同一，由此個體的內在尺度成為士人階層構建日常化空間的重要依據。晚明士人所構建的日常化空間植根於個體的內在尺度，不再將倫理政治空間的場域法則用於對日常生活進行規範，因此日常化空間更多地展現出與倫理政治空間相疏離的特徵，被視為一個和世俗事務和官場名利爭鬥相隔絕的空間，而且個體的感官欲望和物性成為構建日常化空間的重要依據。如第四章所論述，閒適和欲望二重性成為日常化空間的基本特徵。

　　欲望的合理性之所以在晚明士人階層的群體中得到有限度承認，同樣來源於個體的內在尺度成為了士人階層生活方式和行動抉擇的依據。晚明士人階層普遍將適當的欲望當作本性的一部分，欲望因而被賦予了有限的合理性，然而多大範圍、何種形式的欲望屬於適當的範圍，又往往由個體的內在尺度自行決定，由此導致了欲望在日常化空間以多樣的形態存在。常見的情況包括士人群體不僅表現為對身體欲望的追求超出了個體本性的限度，以及他們通過新的思想闡釋將欲望訴求轉化為審美法則的一部分。以《長物志》對實用、自然、雅致的審美法則的貫徹為例，文震亨試圖通過對各類「長物」的品鑒，構建以實用、自然、雅致為審美特徵的生活場景，並且將商人階層的審美品位貶低為庸俗趣味，進而將雅俗的對立確立了士商階層之間的區隔標準，捍衛士人階層的文化話語權。然而，透過晚明社會普遍發生的從「規訓的身體」向「欲望化身體」的過渡，欲望的訴求已經滲透在《長物志》對物的審美品鑒和場景的審美構想之中。首先，適度的身體欲望被視為本性的構成部分，被合理引入到對物的鑒賞和徵用，同時由於決定何種程度的欲望屬於本性的標準來源於個體自身的內在尺度，因而對身體欲望的追求和滿足往往溢出基本生活需要，

〔註12〕葛兆光，中國思想史第二卷：七世紀至十九世紀中國的知識、思想與信仰〔M〕，
　　　　上海：復旦大學出版社，2011，第247頁。

接近奢華的程度。其次,士人階層依然渴望維繫自身相對於商人階層的道德優越感,因而他們在布置生活居室的具體舉措上,通常將逾出合理程度的身體欲望轉化為審美品位或文化知識的構成部分,為身體欲望的訴求提供恰如其當的理由。具體來說,如第三章所論述,對器物的外形和使用效果的精益求精的追求是身體欲望的一種直接表現,這種欲望訴求被轉換為實用性的需要置入器物鑒賞和居室布置的審美規劃,成為實用性審美原則的一部分;聚焦於自然物的品種並講究環境中的感受效果也是身體欲望的一種表現方式,在自然性審美原則的闡述之下被轉換為構建自然意境的舉措,實際上這是一種缺乏精神提升的物慾追求;雅致性審美法則建立在一套以雅俗為判別標準的等級排序體系的基礎之上,對居住環境的奢華布置是身體欲望的一種面向,在被置入制式化的審美標準中而獲得了合理性。簡而言之,在文震亨《長物志》的設想中,涵蓋視覺、聽覺、味覺等多個維度的身體欲望的滿足,往往通過被置入審美構想中而獲得正當性。事實上這種審美構想的正當性同樣來源於個體的內在尺度,士人階層專注於從自身文化素養和身體感受出發提升日常生活的審美品位,而不再嚴格遵循綱常倫理體系對生活習性和精神思考的規訓,通過雅致趣味和欲望本性的結合,將閑暇生活構建為和倫理政治空間相區別的日常化空間。正因為同樣植根於個體的內在尺度,日常化空間和欲望化身體具有同構性,身體欲望被置入構建日常化空間的審美法則之中,其影響不僅體現在身體欲望憑藉提升審美趣味的名義在日常化空間中獲得名正言順的合法性,而且身體欲望的合理性限度持續擴張,以及享樂形式的不斷更新,並體現在審美法則對日常化空間的構建過程中,因而也推動了日常化空間的不斷擴張。

　　既然身體欲望主要以滲透在審美趣味的方式參與到日常化空間的建構過程,這說明欲望通常以間接的方式推動日常化空間的擴張。繼續以作為士人階層的居住和玩樂場所的園林為例,參見王鴻泰對明代中期開始士人階層熱衷於修建園林的社會狀況的描寫,「與前述政權控制下最素樸的住宅相比,園林修建蔚然成風反映出個人生活空間觀念的拓展。他們已不再將『住宅』界定為只是日常食宿的場所,而想要進一步延伸『住宅』的意涵,將休閒性質納入房屋的領域內。」〔註13〕和明代初年由朱元璋倡導並躬行的簡樸節約的生活模式

〔註13〕王鴻泰,美感空間的經營——明清間的城市園林與文人文化〔M〕// 常建華編,中國日常生活史讀本,北京:北京大學出版社,2017,第 181 頁。

相異，到了明代中後期，簡樸實用型住宅已經不再能滿足士人群體的需要，然而他們為了顯示自身和缺乏文化底蘊的富豪商賈不一樣，以提升閑暇生活的審美品位的名義花費鉅資興建園林。正如前文對《園冶》的闡述，計成的造園理論是為了滿足晚明士人階層構建日常化空間的需要，士人階層對日常化空間的構建包含地形條件的改造和日常生活的規劃這兩個主要範疇，有必要探討欲望化身體如何體現在造園的基本方法中，並進而影響到士人階層對園林地理條件的改造和生活方式的選擇。

參考計成關於如何「相地」的論述——

> 園基不拘方向，地勢自有高低，涉門成趣，得景隨形，或傍山林，欲通河沼。探奇近郭，遠來往之通衢；選勝落存，藉參差之深樹。村莊眺野，城市便家。新築易乎開基，祇可栽楊移竹；舊園妙於翻造，自然古木繁花。如方如圓，似偏似曲；如長彎而環璧，似偏闊以鋪云。高方欲就亭臺，低凹可開池沼；卜築貴從水面，立基先究源頭，疏源之去由，察水之來歷。臨溪越地，虛閣堪支；夾巷借天，浮廊可度。倘嵌他人之勝，有一線相通，非為間絕，借景偏宜；若對鄰氏之花，才幾分消息，可以招呼，收春無盡。駕橋通隔水，別館堪圖；聚石疊圍牆，居山可擬。多年樹木，礙築簷垣；讓一步可以立根，斫數椏不妨對頂。斯謂雕棟飛楹構易，陰槐挺玉成難。相地合宜，構園得體。〔註14〕

「相地合宜，構園得體」正是計成造園所追求的目標，具體而言，就是要選取適宜改造建造園林的地理位置，並因應地形條件進行得體和合適的園林構造設計，「相地」和「構園」的相互結合體現了計成的造園理念——「因」。根據計成的解釋，「『因』者：隨基勢之高下，體形之端正，礙木刪椏，泉流石注，互相借資；宜亭斯亭，宜榭斯榭，不妨偏徑，頓置婉轉，斯謂『精而合宜』者也。」〔註15〕「因」作為計成造園的重要方法理念，首先展現了建築學的理念，在建造園林改造自然地形的過程中，要根據實際的地形情況，改造和修整由林木、泉水、石頭等大自然之物共同構成的園林環境，在相應的適宜的位置修建亭臺、屋舍、小路；此外同樣展現了對理想的日常生活方式的構想，亭、

〔註14〕計成，園冶注釋〔M〕，陳植注釋，北京：中國建築工業出版社，1988，第56頁。

〔註15〕計成，園冶注釋〔M〕，陳植注釋，北京：中國建築工業出版社，1988，第47頁。

榭是士人階層進行飲宴、賞月、煮茶、論詩等特定休閒文化活動的主要場所，而林木、泉水、石頭等自然事物則構成了觀賞、品味、移情的外部景致，自然景致和屋舍布局共同構成了園林的審美意境。綜合上述兩個方面，計成將「因」作為方法具體運用在園林建設中，不僅關涉自然環境的布置以及屋舍建造的改造工程，而且也是關於士人的日常生活規劃如何在設想中的園林中展開的規劃。那麼，計成又是如何根據「因」的原則進行具體「相地」和「構園」的實踐？在地形條件的改造方面，新園的建設需要栽種楊樹和竹子，而舊園的翻新工程則需要維持樹木的古老和花卉的繁多等特性，園林的整體結構需要和現實的具體地形相結合，因應不同的地形條件對園林的總體形狀進行合適的設計。例如，如果地形既狹長又曲折，則適宜將園林建造為環壁的形狀。在園林屋舍的設計和建造方面，亭臺、池塘、屋舍、閣樓、橋樑等園林內部的各種建築均需要在選址和風格設計上因應特定的地形條件。例如，在地勢較高的地方修建亭臺，而臨近溪水修建的屋舍需要主動考慮泉水的源頭和流向等因素，盡可能利用溪水的地形構築虛閣、浮廊等特定建築，為雅致活動的開展創造條件。簡而言之，計成以「因」作為建造園林的重要方法論，無論是改造自然地形的結構狀況，又或是修建屋舍類型的選擇，均以實際的地形條件作為依據，以因應具體情況為原則，再考慮到「涉門成趣」的審美追求，因而這是一種以審美實用主義為主旨的造園方法。

計成造園方法所包含的實用性取向可以從以下三個遞進的層次出發予以理解。

其一，這是一種圍繞物性為中心進行造園規劃的審美原則。計成將園林定位為擺脫了世俗名利爭奪和繁瑣事務的場所，因而有必要在建園的過程中凸顯大自然的環境特徵以及呈現對自然審美趣味的推崇。在地形條件的改造方面，園林的自然環境布置根據特定的地形條件以及園林新建或改建的不同情況，涵蓋了「參差之深樹」、「栽楊移竹」、「古木繁華」等多種建造目標，園林的自然景致的構建主要通過培植樹木、竹林、花卉予以實現，而且注重強調樹木需要具有高低相間的排列方式而且有古老的樹齡，花卉需要具有繁茂的外觀。這意味構建園林的自然意境著重落實在對樹木、竹林和花卉等自然事物的引入和布置的工程，並通過對自然事物的排列特徵或外觀形狀等物性的挑選和調試予以展現審美趣味。同時需要意識到的情況是，計成對於園林的自然意境的規劃是通過自然事物及事物的排列或外觀的特徵予以構建，

並沒有將物性引申到道德規訓、精神反思或事功追求等範疇，和倫理政治空間保持間距。簡而言之，園林作為士人階層的日常化空間的意境創構正是通過物的布置和物性的凸顯予以實現。另外，計成對日常化空間所依據的物性，並不僅僅局限於具體的自然事物的性質，而且還將對物性的重視和考究融入園林的總體布局和屋舍建造過程中。園林的總體結構形狀究竟是選擇方、圓、偏、曲或幾種形狀的結合，需要和地形特點相契合，園林內部亭榭和屋舍的修建位置和風格選擇同樣需要和具體的地形條件相協調。這種相互配合的規則圍繞物性而展開，以地形條件的性質為依據，將促使園林的總體布局、內部建築的特性和地形條件相因應作為園林的設計目標。此外，與自然環境的規劃立足於物性而沒有引申到綱常倫理體系相類似，計成針對園林的總體布局和內部建築的設計同樣沒有逾越物性的範疇。總體而言，作為計成的造園方法論的「因」，在具體運用過程中不僅以物性作為依據原則，而且也將物性確立為規劃的唯一指向，園林的設計所展現的正是一種以物性為基礎的雅致意境。

其二，既然物性成為造園方法的依據和唯一指向，嘗試將置身於以物性為基礎的審美意境的居住者的預期感受也納入思考範圍，計成的造園方法試圖確立何種類型的審美接受的體驗？首先，關注物性原則和晚明士人階層的總體思想狀況之間的關係。參考計成關於如何因應地形條件設計園林總體結構形狀的論述，「如方如圓，似偏似曲；如長彎而環璧，似偏闊以鋪云。」園林的物性和地形的物性之間的契合關係以順應作為前提，因而作為造園方法的「因」所展示的不僅是一種以物性為中心的方法邏輯，並且建基於對物性的順應。對於以士人階層為主體的園林居住者來說，計成又是如何在依據「因」的方法進行設計和建造的園林意境中預先考慮他們的接受體驗？從思想史的視野出發，建立在順應物性基礎上的審美意境，和晚明士人所普遍接受的天理觀念的內轉具有同構性。王陽明及其後繼者將天理確立為和個體的本然心體相同一的概念，並以此作為個體進行思考和社會實踐的最終依據，個體的行動只需要遵循自身的內心，就是循理和達道的正確所為，無需在個體本心之外尋求行為規範或道德準則，也無需對身體欲望進行嚴格的規訓。計成的造園方法以順應物性作為基礎，追求園林的總體狀況以及內部各部分的布局均和地形條件相契合，追求在實用層面的物性之間的相互契合，並不尋求將指向歷史或道德層面的精神反思以任何形式比附於物性。通過對比可

以出，計成以順應物性為中心的園林設計方法展現的邏輯實際上和晚明思想史所發生的天理觀念的內轉相似，均不向倫理政治空間尋求確立自身合理性的依據。從二者之間的同構性出發做進一步思考，以計成所主張的具體造園設計為例，在地勢較高並具有方正特徵的地形適宜修築亭臺，在溪水上方適宜修建凌空的閣樓，展現了追求建築和地形各自物性相互順應的設計理念，而亭臺和閣樓正是園林居住者日常生活的構成部分，合適的地形和所修建的建築相契合所構成的審美意境，為居住者提供了涵蓋視覺、聽覺相合一的環境體驗，有助於增進居住者的感覺體驗和生活情趣，滿足了居住者對感官欲望和享受欲望的訴求。同時，從思維習慣而言，物性之間相互順應所構成的審美意境將有助於維繫居住者感覺經驗和欲望滿足的持續性，避免以物性之間的衝突所形成的特定情境激發居住者對自身際遇的思考或道德反思，保持日常化空間和倫理政治空間之間的分離。總而言之，這種審美實用主義的園林設計規劃展現了身體欲望的主導作用，在造園方法上實現物性的順應和欲望的順應之間的結合。

其三，由身體欲望所主導的造園方法所建構的園林意境，並不僅僅是居住者所觀賞的景色，計成根據順應物性的邏輯構建的園林同時也是晚明士人階層的居住場所，他構建的園林意境和晚明士人階層的日常生活密切關聯。從計成的造園規劃可以看到，根據「因」的造園方法，根據地勢的高低分別修築亭臺或者開掘池塘，結合水流的特徵修建凌空的閣樓、搭建橋樑以及新修館舍，充分利用屋舍之間的結構特徵建造凌空的長廊，園林的建築布局和園林內外的自然景致一起構成了士人階層日常生活的一部分。計成所描繪的晚明士人階層的一系列雅致活動，例如邀請摯友或愛侶相伴，進行登高眺望長嘯、創作並吟誦詩詞和歌賦、飲酒賞月或品茶賞景等各類日常活動，均是在遵循順應物性的基礎上建造的場所中發生，因此內在於園林的建造方法的身體欲望深刻影響到士人階層對日常化空間的構建。日常化空間區別於倫理政治空間的特徵在於，個體遵循自我內在尺度組織日常生活，不再將外部的綱常倫理體系視為自身必須遵循的行動法則。計成的造園方法以順應物性為重要原則，將地形改造和屋舍設計相互結合，致力於改善居住者的感官體驗，為士人階層提升日常化空間的審美品位創造了條件。參見計成對坐落於郊野地的園林的日常生活的描述，「兩三間曲盡春藏，一二處堪為暑避，隔林鳩喚雨，斷岸馬嘶風；花落呼童，竹深留客；任看主人何必問，還要姓字不須題。

需陳風月清音，休犯山林罪過。韻人安藝，俗筆偏塗。」〔註16〕居住在園林中的晚明士人，在屋舍中不僅可以欣賞曲折呈現的景致，而且可以享受避開酷暑的涼爽體驗，在屋舍之外可以在欣賞山林景致的同時聆聽鳥鳴、馬嘶這兩種分別具有雅致和豪邁的多重聲音，並且邀請享有相似雅致趣味的客人共同賞景和切磋交流，這些展現了清雅脫俗特徵的多種日常活動，正是晚明士人階層建構日常化空間的實踐。士人階層的日常生活之所以展現清雅脫俗作為主體的特徵，得益於以順應物性為根基的造園方法，涵蓋視覺、聽覺、感覺等多個維度的身體欲望訴求以追求物性相互契合的名義，被納入並隱含在自然地形的改造和屋舍的建造設計之中。運用順應物性的邏輯構建的園林意境，在建築物和大自然景致之間存在相互配合、相互增益的審美效果，作為士人階層在個人日常生活和同道交往中進行欣賞和品味的對象，園林意境的特質「風月清音」受到士人階層在審美趣味和文化認同範疇的普遍推崇，能否享有融合自然和雅致趣味的閒適生活成為士人群體內部品評文化聲望的重要尺度，一定程度上將部分士人群體在倫理政治空間對名位利益的爭奪轉移為日常化空間的審美經營，推動了日常化空間的邊界擴容和審美品位的不斷深化。

　　嘗試以宋代園林美學作為對照，在總體特徵上，潘立勇寫到，「宋代士人園林突出地體現了宋人追求的『天人之境』及由此顯現的打通天人，穿透形上行下、融合宇宙人生意識的休閒意境。」〔註17〕宋人的園林美學和形而上的理學思考緊密相關聯，而理學思考往往又通向現實中的倫理問題，並對個體的日常生活進行道德規範。參考個案，歐陽修《海陵許氏南園記》寫到，「凡海陵之人過其園者，望其竹樹，登其臺榭，思其宗族，少長相從，愉愉而樂於此也。」〔註18〕歐陽修將園林的景致和家族世代相互扶持、相互禮讓的倫理美德相關聯，進而思考宗族美德的教化如何從家族內部延擴展至至天下。也就是說，歐陽修推崇南園的著眼點是所有者家族的德行和功勳，並且延伸至對天下教化問題的思考。沈括《夢溪自記》寫到，「居在城邑而荒蕪，古木與鹿豕雜處，

〔註16〕計成，園冶注釋〔M〕，陳植注釋，北京：中國建築工業出版社，1988，第64頁。

〔註17〕潘立勇、陸慶祥等，中國美學通史：宋金元卷〔M〕，南京：江蘇人民出版社，2014，第352頁。

〔註18〕歐陽修，海陵許氏南園記〔M〕// 陳從周、蔣啟霆編，園綜（上冊），上海：同濟大學出版社，2011，第70頁。

客有至者，皆頻額而去，而翁獨樂焉。」〔註19〕沈括雖然置身於修葺簡陋的園林，但是他卻能夠忽略旁人的不解，滿足於內外景致組成的自然環境，傾慕陶淵明和白居易等先賢的品行和情懷。也就說，沈括並不在意園林的布置是否奢華或舒適，而是通過體驗粗疏的自然景致從而培育德行。歐陽修和沈括的陳述展現了宋代園林美學的特性，士大夫在園林的遊玩或居住中普遍秉持淡然的心境和幽雅的情致。

通過對比，《園冶》造園方法論的時代獨特性得到進一步凸顯，欲望化身體以改變感受體驗的方式深入介入士人階層的日常生活，推動日常化空間的不斷擴張，這正是欲望化身體作用於日常化空間的方式。這種方式不僅體現在計成的造園構思和園林生活的想像中，而且普遍存在於晚明士人階層的各種文化實踐活動。

再以董其昌關於如何日常化空間中賞玩古董的論述為例——

> 玩骨董有卻病延年之助。骨董非草草可玩也，先治幽軒邃室，雖在城市，有山林之致，於風月晴和之際，埽地焚香，烹泉速客，與達人端士談藝論道，於花月竹柏間盤桓久之，飯餘晏坐，別設淨几，鋪以丹罽，襲以文錦，次第出其所藏，列而玩之，若與古人相接欣賞。可以舒鬱結之氣，可以斂放縱之習。故玩骨董有助於卻病延年也。〔註20〕

在中國古代，玩物一直是士人階層彰顯自身文化品位和精神覺悟的活動之一，參見貢華南以宋儒作為主要例子對「玩」的分析，「在這個意義上，『玩』既是一種修養身心的方式，也是一種通達物理的認知方法。」〔註21〕貢華南認為，在儒家視野下作為「玩」的對象範圍從實物拓寬到精神範疇，「玩」的重點立足於以精神世界為基礎的身心修行以及對於理的認知，然而從他所評述的材料範圍可以看到，研究結論的有效性無法延伸到晚明時代。

賞玩古董之所以被視為晚明賞物文化盛行的直觀表現，原因是董其昌等主要參與者在玩物實踐中日益偏離了精神修行和道德反思的玩物要旨，將關注點集中於物性本身，和貢華南所揭示的宋代及之前的儒家玩物文化相異。董

〔註19〕沈括，夢溪自記 // 載陳從周、蔣啟霆編，園綜（上冊），上海：同濟大學出版社，2011，第 32 頁。

〔註20〕董其昌，骨董十三說〔M〕，嚴文儒校點 // 董其昌全集（第三冊），嚴文儒、尹軍編，上海：上海書店出版社，2013，第 195 頁。

〔註21〕貢華南，說「玩」——從儒家的視角看〔J〕，哲學動態，2018（6）：38～43。

其昌熱衷參與古董之物的品鑒，他的古董鑒賞觀念在晚明士人階層的玩物文化中具有代表性。一方面，董其昌辯證地看待古董被視為「無用之物」的界定，古董的鑒賞品位並不會轉化為有助於士人階層介入倫理政治空間的德行聲望，並且作為廣泛受到負面評價的愛好妨礙士人階層專注於各類社會事務的處理，董其昌卻認為不能因為其無助於社會事業的進取而予以排斥，反而主張對古董的賞玩是一種有助於賢者自我提升的閑暇活動；另一方面，董其昌並不認同將古董完全當作「貨殖之物」並竭力謀取交易利潤的商業觀念，更看重古董所包含的工藝價值及歷史傳承的文化價值。綜合來看，董其昌將古董的賞玩視為一種和倫理政治空間無涉的閑暇活動，並且認為對古董物性的品鑒有益於提升自我的雅致品位。換言之，古董的賞玩是一種發生在日常化空間的實踐活動。

再結合古董賞玩的情境構建和相關活動的安排，董其昌認為古董賞玩不能草率而行，而需要打造具有「山林之致」風格的居室，和計成的造園方法論相類似，居室的雅致品位同樣建立在物的展示和物性之間相互順應的基礎之上，而非一種建立在陋室基礎上的精神品位。具體來說，居室幽靜深邃的雅致風格建基於物的展示，樹林和竹林的種植構成居室的自然景致，「丹闕」、「文錦」等特別種類的紡織品在桌子的鋪陳則是居室的人工布置，必備的特定品類的物的展示正是董其昌構建居室品位的前提條件。用於展示的諸物之間的關係建立在物性相互順應的基礎上，並且和清潔居室、焚香、蒸煮泉水等日常活動相互契合，營造了清雅潔淨的居室氛圍。與此同時，個體的視覺、味覺、感覺等多個維度的身體體驗得到提升，個體的欲望訴求在雅致環境的構建過程之中得到實現。換句話說，董其昌推崇的居室布置風格和計成的造園方法類似，以順應物性的方法構建雅致的居室品位，實際上正是將身體欲望引入並作用於日常化空間的構建。董其昌認為在清雅潔淨的居室環境中賞玩古董將有助於「談藝論道」，這意味身體感官經驗在居室環境中的提升和改善將有助於對古董所包含的歷史文化內涵的體悟，並轉化為增益的「道」，但是這種通過探究古董的歷史源頭而品味的「道」，並沒有從歷史視野指向倫理政治秩序的思考，而是繼續復返個體自身起到「舒鬱結之氣」以及「放縱之習」的作用。這是從個體的內在尺度對「道」的闡釋，這表明董其昌對古董的賞玩並沒有逾越日常化空間的邊界，而是在日常化空間內部的實踐中深化對自身情感體驗的認知，返諸自身、重視自身內在尺度的判別能力正是日常化空間區別於倫理

政治空間的重要思想模式，自我認知的增進將進一步吸引晚明士人階層將經營倫理政治空間的精力轉向日常化空間中對自我體驗的關注和思考。簡而言之，欲望化身體通過對居室環境的審美建構而推動日常化空間的不斷擴展。

　　總而言之，通過考察計成以「因」為主題的造園方法論以及董其昌對賞玩古董的居室情境的設想，可以看出欲望化身體往往內在於晚明士人階層以立足於順應物性的邏輯構建清雅特質的日常化空間的過程中，身體欲望正是日常化空間的不斷擴展的動力。晚明士人多個維度的感官欲望在自然、雅致風格的居室布置中得到滿足，從而專注於從個體的內在尺度出發拓寬日常生活的內容和思考深度，並以此積累自身的文化資本並提升社會聲望，這正是倫理政治空間中「得君行道」理想的部分轉移，晚明士人階層在倫理政治之外發展出一種新的生活方式。

第三節　日常化空間：欲望化身體的擴張／轉換的場所

　　晚明士人階層的身體觀念發生了欲望化轉向，士人階層注重在日常生活中提升身體的感官經驗，培育德行不再被視為身體的單一社會功能，身體觀念的轉變同樣作用於日常化空間，主要表現在士人階層對日常化空間進行審美建構的過程中遵循順應物性的理念，促進日常化空間的審美意境的創構以及審美品位的提升。在中國古代思想傳統中，身體和社會空間這兩個觀念之間處於相互建構的關係，不僅表現為欲望化身體推動日常化空間的擴展，而且日常化空間作為容納欲望化身體的主要場所，日常化空間對綱常倫理體系的疏離為身體觀念從「規訓的身體」向「欲望化的身體」的轉向創造了良好條件，那麼日常化空間又是如何作用於欲望化身體的生成和發展？

　　首先，從日常化空間和倫理政治空間的區別談起。回顧前文關於倫理政治空間內部關係及其場域法則的闡述，在明代的「大禮議」事件之前，中國歷代的士人階層的社會空間是單一的倫理政治空間，倫理政治空間建基綱常倫理體系，不僅身體的形體修飾、情感表達、感官訴求等各個相關方面均被納入綱常倫理體系，而且個人的起居生活、家庭關係以及政治實踐均共同遵循具有啟示性和規範性功能的天道的指引，個體的身體和他們介入社會空間的政治實踐密切相關。主流士人群體普遍遵循得體、節制和誠心的準則管控自我的身

體，一方面通過對規訓身體的展示向統治者表現自身修習德行的成果，另一方面通過對身體經驗的再思考以體悟天道的內涵，從而提升自身介入社會事務的智性能力，即從德行和智性兩個層面為士人階層在社會空間中踐行「得君行道」的政治抱負構築基礎。正因如此，社會空間是單一的倫理政治空間，在儒家學說中身體欲望往往僅僅在滿足生存需要的層次或者作為天性的構成部分獲得最低限度的認可，超出生存需求的欲望通常不僅會被認為是德行不端的行為表現，並且被認為有損人們處理社會事務的能力。參見《禮記》關於欲望和天理觀念的觀點，「人生而靜，天之性也。感於物而動，性之欲也。物至知知，然後好惡形焉。好惡無節於內，知誘於外，不能反躬，天理滅矣。夫物之感人無窮，而人之好惡無節，則是物至而人化物也。人化物也者，滅天理而窮人欲者也。」〔註 22〕人的本性慾求的表現形式之一是沉溺於外物的觸動和誘惑，況且人們由外物所激發的欲望具有無窮無盡的特徵，假設人們沒有辦法節制自身對外物的情感表達，進而沒法在「靜」中復返本心自我錘鍊，個體將喪失自我反思的能力，進而因此任由情感和行動為外物所引導。在這種沉溺於欲望而缺乏自我規訓的狀況下，個體將失去對天理的體悟和踐行的能力，產生「悖逆詐偽之心」以及「淫泆作亂之事」，陷入「大亂之道」的狀況，這是儒家立足於王道政治視野下規訓身體的訴求。

先秦和秦漢時代關於欲望和道關係的思考，繼續延伸至後世，如何通過有效節制外物對身體欲望的誘惑，從而更有效地介入倫理政治空間，也是二程、朱熹的理學思考的重要命題。例如宋代金石學流行，士大夫熱衷於收集古代器物和碑碣，並予以品賞和研究，這種收藏、品鑒古器物的愛好之所以沒有受到玩物喪志的廣泛指責，緣於宋代士大夫對古器物的品玩偏重於探究古器物包含的歷史，貢華南指出，「『會玩』的儒者通過『玩』而展示出精神生活之豐富與思想世界之深沉」〔註 23〕。以宋代趙明誠有關金石收藏和鑒賞的論述為例，「上自三代，下訖隋、唐、五季；內自京師，達於四方遐邦、絕域夷狄，所傳倉史以來古文奇字、大小二篆、分隸行草之書，鍾鼎、簠簋、尊敦、甗鬲、盤杆之銘，詞人墨客詩歌、賦頌、碑志、敘記之文章，名卿賢士之功烈行治，至於浮屠、老子之說，凡古物奇器、豐碑巨刻所載，與夫殘章斷畫、磨滅而僅存

〔註 22〕孫希旦，禮記集解（下）〔M〕，沈嘯寰、王星賢點校，北京：中華書局，2020，第 984 頁。
〔註 23〕貢華南，說「玩」——從儒家的視角看〔J〕，哲學動態，2018（6）：38～43。

者，略無遺矣。」〔註24〕趙明誠的收藏心得展現了宋代金石學的總體狀況，儘管宋代士大夫對古器物的品鑒包含了審美鑒賞以及休閒生活的維度，然而宋代的古器物鑒賞的主流依然立足於倫理政治空間對個體的規訓，對古器物的收藏和品鑒需要和個體對天理的認知結合在一起。這種結合主要體現在對古器物所包含的歷史文化進行反思，例如通過對「上自三代」的古物的品鑒而追溯「三代之治」所被寄寓的美好政治的想像，結合社會歷史的背景對銘刻在各式器物之上的文字進行再思考。簡言之，參考梁海的歸納，「在宋代士人的生活世界裏，對文玩之物欣賞的目的不在器物本身的形式美，而是著重把握文玩的歷史文化韻味，並寓情於物，體味詩意的人生」〔註25〕。宋代士人階層對金石學的熱衷的主要目的，其一是收集、保存歷史上的珍貴器具以及相關文獻敘述，其二更主要的是在品鑒器物或銘刻的時候結合相關聯的歷史人物和社會結構的變遷，進行返諸自身的道德思考和精神自省，即將個人對器物的佔有欲望置於倫理政治空間的綱常倫理體系之中，將器物品鑒和自我修身以及對天道的領悟相關聯，進而表達對倫理政治秩序及其主導者皇權的基本認同，而非著重關注器物的外在物性所帶來的感官愉悅。

社會空間在以「大禮議」事件為開啟標誌的晚明時代開始分化，陳寶良通過考察明代士風流變指出，「從士風變遷，確乎不難看出明代士大夫精神的墮落之勢」〔註26〕。具體案例參見在天啟朝出任首輔的朱國禎的觀察，「夫公之德福不必言，然當時閣臣子弟，至附舟潛行，通判舟狹，縣丞舟雖大，亦得幾何？蓋國初規制如此，即大臣不過分，何況子弟。余入京見閣臣子弟駕驛舟極宏麗，氣勢煊赫，所司趨奉不暇，鄉里親戚，皆緣為市。其風大約起於嚴氏父子，後遂不能禁，且尤而傚之也。」〔註27〕相比於永樂朝首輔楊榮的家族謹守朝廷的等級規制，嘉靖朝之後士大夫的日常生活則表現了對奢華的極致追求。如果擱置「得君行道」的儒家傳統入世模式的視角，晚明士風的「墮落之勢」正是士人群體對日常生活的經營和政治參與做出新的抉擇。和倫理政治空間的場域法則相疏離的日常化空間產生，處於日常化空間中的士人階層

〔註24〕趙明誠，金石錄校證〔M〕，金文明校證，北京：中華書局，2019，第 1 頁。

〔註25〕梁海、陳政，物慾的批判與超越──生活美學視域下的宋代士人鑒藏審美觀念與實踐〔J〕，江海學刊，2017（1）：215～222。

〔註26〕陳寶良，狂歡時代：生活在明朝〔M〕，北京：人民出版社，2020，第 270 頁。

〔註27〕朱國禎，湧幢小品〔M〕，王根林校點，上海：上海古籍出版社，2012，第 157 頁。

不再將貫通個體、家庭和政治的綱常倫理體系及其所支撐的「得君行道」政治理想，視為自身唯一的實踐目的和價值取向，為欲望化身體的產生創造了空間條件。

　　簡要回顧前文所述日常化空間產生的社會背景，「大禮議」事件之後君權在明初廢除宰相的基礎上進一步明示自身的權威，士人階層自我篤信作為皇帝的合作者甚至指導者的幻想在政治現實中破滅，因而繼續遵循綱常倫理體系對身體進行嚴格自我規訓在一定程度上失去了政治信仰的支撐。相應地隨著商品經濟的持續發展以及士商互動的不斷擴大，商人階層的生活方式和價值觀念深刻影響到士人階層的日常生活，同時儒學在經歷了王陽明及泰州學派對天理的闡釋之後確立了天理觀念的內轉，個體的內在尺度成為了士人階層做出實踐抉擇和安排日常生活的重要依據，在提升士人階層的人格尊嚴的同時，也為他們在倫理政治空間之外規劃日常生活以及重新劃定欲望的界限提供了思想基礎。倫理政治空間建立在嚴格道德自律和追求政治功名的基礎上，唐宋士大夫將器物品鑒、遊山玩水、居室布置等日常休閒生活視為倫理政治空間的從屬部分，繼續秉持品評歷史興衰的政治視野和返諸自身的道德反思意識，而晚明士人階層則試圖將日常化空間構建為具有閒適和欲望的二重性特徵的社會空間，將對功名利祿的功利性追求以及規訓身體的道德自律意識置於日常化空間之外。正因如此，日常化空間的場域法則不同於倫理政治空間，晚明士人群體在組織閒暇生活和居室布置的過程中遵循天理觀念內轉的思想轉向，將個體自身的內在尺度作為制定日常化空間的場域法則的重要依據，將對自然、雅致的審美風格的推崇以及對欲望滿足的追求分別確立為場域的顯性和隱性法則，構建雅致式的奢華生活，和商人階層追求不加節制的奢靡享受而缺乏審美品位的生活不同，也和一直以來建基於綱常倫理體系的倫理政治空間對個體的欲望訴求和情感表達等身體範疇加以嚴加規範和節制相異。簡而言之，倫理政治空間和日常化空間兩者社會空間構型的差異，表現為遵循綱常倫理體系和順應個體內在尺度之間的區別，和倫理政治空間相關聯的身體觀念是「規訓的身體」，士人階層將身體視為表徵自身德行和智性的主要場所，而和日常化空間相適應的身體觀念則是順應個體內在尺度的「欲望化身體」，日常化空間在綱常倫理體系之外確立了新的場域法則，為身體欲望的解放創造了契機。

　　那麼如何進一步理解日常化空間對於欲望化身體的作用機制？有必要將

「欲望化身體」置於日常化空間的場域法則的運作過程中予以理解。相比較於日常化空間場域的外部法則展現了士人階層試圖遵循自然、雅致的審美趣味打造日常生活，場域的內部法則對奢侈生活和享樂欲望的追求顯然易見地與「欲望化身體」更具有親和性。晚明士人階層往往將個體的內在尺度作為判別實踐是否具有合理性的依據，無論是明朝前期官方政權所頒布和推行的一系列致力于維護社會等級制度的道德戒律，又或是兩宋理學的經典典籍關於節制欲望的訓示，對士人階層的約束力均日益下降。

　　正如錢謙益對晚明時代的回憶：

　　　　世之盛也，天下物力盛，文網疎，風俗美。士大夫閒居無事，相與輕衣緩帶，留連文酒。而其子弟之佳者，往往蔭藉高華，寄託曠達。居處則園林池館，泉石花藥；鑒賞則法書名畫，鍾鼎彝器。又以其間徵歌選伎，博簺蹴鞠，無朝非花，靡夕不月。〔註28〕

　　晚明士人階層的閑暇生活的圖景圍繞著「天下物力盛」的時代主題，士大夫沉溺於飲酒、賞物、遊戲、情色等各類活動，他們在日常生活中關注的唯一主題是如何在日常生活中滿足身體欲望的需要，對於外物的關注重點是如何將物性和身體欲望結合起來，而非繼續像宋代士大夫一樣在品鑒古器物及其銘文的過程中秉持歷史反思和道德自省的倫理政治視野。通過對比士人階層在晚明和宋代的日常生活的行為模式和價值觀念，可以看出晚明士人階層的身體觀念在日常化空間發生了欲望化轉向，士大夫不再將綱常倫理體系視為日常化空間需要遵循的唯一規範，因此也就不再將身體功能局限在倫理範疇，他們轉而立足於物性思維認識外物並據此組織閑暇生活，在生活處所的選址和布置、娛樂活動的安排、文人的社交來往等不同領域注重滿足自身的享樂欲望，在日常化空間進一步賦予欲望化身體得以確立的合法性並促進其不斷擴展。

　　同時，需要意識到的是，儘管從日常化空間的內在性法則對享樂和奢侈的追求出發，可以顯然易見地洞察晚明士人階層的身體觀念發生了欲望化轉向，然而，我們並不能僅僅把晚明文人的日常生活簡單地解讀為一種欲望至上的奢靡生活方式。正如第四章透過對以《長物志》《園冶》為例的闡釋得出的觀點，晚明士人階層的日常化空間具有閒適和欲望的二重性特徵，晚明士人試圖

〔註28〕錢謙益，瞿少潛哀辭〔M〕// 錢牧齋全集，錢曾箋注，錢仲聯標注，上海：上海古籍出版社，2009，第1690頁。

以構建自然、雅致的審美趣味的方式營造以閒適為特徵的日常生活，對享樂欲望的追求往往並非他們布置居住場所或組織社交活動的直接意圖，而是內在於他們試圖提升日常化空間的審美品位的過程中。因此，對於日常化空間如何在場域法則的運作過程中作用於欲望化身體的考察，不能割裂日常化空間的外在和內在兩種場域法則之間的相互關係，對身體觀念轉變的考察需要結合晚明士人群體遵循自然、雅致的審美趣味對日常化空間的建構。

再次審視錢謙益回憶晚明生活的論述，相比於明亡之後部分士大夫將王朝滅亡的責任部分歸咎於士人沉迷享樂和空談而缺乏經世致用的責任意識和處事能力，錢謙益卻相反用「世之盛也」的修辭形容晚明時代，不僅抒發對早年更為自由和富足的生活狀況的懷戀，而且暗含為包含自己在內的士人階層辯護的考慮，辯護策略就是將享樂生活置於雅致趣味的構建之中。儘管錢謙益描述了晚明士人在日常生活中玩樂縱慾的諸多事情，包括喜好飲酒、延請歌姬迷戀聲色之樂、熱衷參與棋類以及球類遊戲、建造奢華的園林宅院等等，然而錢謙益並沒有直接從身體解放角度出發賦予這一系列享樂生活以社會合法性，而是歸類為「閒居」的生活，正是對日常化空間的閒適特徵的展現。透過錢謙益的敘述，士大夫的「閒居」生活表達了對審美品位的追求，在日常生活的組織安排方面，士人群體往往將飲酒作樂和詩文的創作、吟誦聯繫在一起，將對聲色享受和遊戲玩樂的欲望追求和觀花、賞月的環境相結合，藉以展現自身的才華以及無意於爭奪功名利祿的曠達情懷；在居室的選擇和改造方面，士人群體儘管修建了豪華布置的園林館舍，然而卻著重強調泉水、奇石、花卉等構成的審美意境；在物的收藏方面，士人群體往往將對書畫和器物的佔有和文化品鑒相結合。換言之，在錢謙益的闡述中，士人階層在日常生活中對享樂和奢華的追求和對自然、雅致的審美趣味的構造相關聯。再聚焦於身體範疇，晚明士人群體在日常化空間中無需遵循綱常倫理體系對身體進行嚴格的規訓，身體不再作為表徵道德意識的場所，因而身體的感官欲望在日常化空間中得到釋放，但是同時這種對欲望的訴求並非直接作為士人群體安排閒暇生活的意圖，而是和他們試圖提升社交活動和居住場所的審美品位的過程結合在一起。

將身體欲望視為審美趣味的構成部分，這種處理身體欲望的方式在晚明士人群體中普遍存在。例如，袁宏道為自身沉溺於花卉的喜好而自我辯解時寫到，「余觀世上語言無味面目可憎之人，皆無癖之人耳。若真有所癖，將沈湎

酣溺,性命生死以之,何暇及錢奴宦賈之事?」〔註29〕祁彪佳則沉迷於築園的癖好,「祁寒盛暑,體粟汗浹,不以為苦。雖遇大風雨,舟未嘗一日不出。摸索牀頭金盡,略有懊喪意。及於抵山盤旋,則購石庀材,猶怪其少。以故兩年以來,囊中如洗。予亦病而愈,愈而復病。此開園之癡癖也。」〔註30〕漢學家柯律格對癖好現象的點評非常精闢,「在精英階層眼裏,文人雅士的『癖』自然與市井俗眾的遊樂和嬉戲全然不同,不過,大量對俗眾玩樂的嚴屬禁文卻偏偏是在告訴我們,這些玩樂是何等的為人所癡迷。」〔註31〕晚明士人往往喜歡以癖好為理由解釋自身對享樂和奢靡生活的沉溺,晚明士人的癖好涵蓋閑暇生活的方方面面,不僅包括對各種類別的器物或自然之物的賞玩,而且涵蓋對女色甚至幼童的情慾沉溺,士大夫並不以各種癖好為恥,而是將擁有癖好視為一種在日常生活中展現的審美趣味,正如袁宏道、祁彪佳的做法,對癖好的沉溺意味著對世俗功名利祿的拒絕,反而有助於通過癖好展現自我的審美品位和生活情趣,從而提升自己在知識人群體中的聲望。換言之,袁宏道、祁彪佳和錢謙益均採取相類似的方式為享樂和奢靡生活做辯護,將其論述為一種審美趣味的體現,從而賦予身體欲望以合理性。

究其原因,日常化空間和倫理政治空間遵循不一樣的場域法則,晚明士人階層無需效法唐宋士大夫將日常生活和綱常倫理體系緊密結合在一起,這意味各種閑暇活動無需繼續置於道德自律的意識和精神反思的視野之下,擱置對政治領域的功名追求被視為曠達和高尚情懷的表現。因此,晚明士人在日常化空間中無需為了獲得倫理政治秩序的接納而對身體的情感表達和欲望滿足嚴加規訓,由此在日常化空間中產生了豐富多樣的身體欲望的表達面向。例如,他們在屋舍建造和意境的構建過程中追求感官欲望的滿足,而無需考慮對佔地面積和景致布置規模進行必要的節制;在賞玩各類器物的過程中得以將技藝水平、外觀設計的諸種物性要素納入品鑒過程,並不需要從器物關聯的時代或人物出發進行反觀自我精神境界的道德思考;他們在組織各類娛樂活動或文人社交往來的時候,滿足自己和同道對酗酒、聲樂、情慾等諸多方面的欲

〔註29〕 袁宏道,瓶史〔M〕// 袁宏道集箋校(二)〔M〕,錢伯城箋校,上海:上海古籍出版社,2018,第893頁。

〔註30〕 祁彪佳,寓山注〔M〕// 祁彪佳集,中華書局上海編輯所編輯,北京:中華書局,1960,第150~151頁。

〔註31〕 柯律格,大明:明代中國的視覺文化與物質文化〔M〕,黃小峰譯,北京:生活.讀書.新知三聯書店,2021,第184頁。

望訴求。與此同時，儘管從王陽明開始將個體的內在尺度確立為判斷實踐是否具備正當性的標準，由此為個體訴求對身體欲望的追求拓展了渠道，然而正如王陽明指出，「喜怒哀懼愛惡欲，謂之七情。七者俱是人心合有的，但要認得良知明白。……七情順其自然之流行，皆是良知之用，不可分別善惡。但不可有所著；七情有著，俱謂之欲，俱為良知之蔽，然才有著時，良知亦自會覺，覺即蔽去，復其體矣！」〔註32〕儘管陽明心學通過將個體本心的自然呈現等同致良知的實踐，在確立天理觀念內轉的同時賦予個體的內在尺度在劃定私欲的範圍和種類的自主話語權，從而在現實生活中拓寬了人們對欲望的認可和接受的範圍和程度，但是在思想闡述上王陽明依然將私欲視為遮蔽良知、妨礙本心流動的負面存在事物。再看王學的後繼者的進一步闡發，即便是對欲望持更開放態度的泰州學派的何心隱也認為，「凡欲所欲而若有所發，發以中也，自不偏乎欲於欲之多也，非寡欲乎？寡欲，以盡性也。……凡欲所欲而若有所節，節而和也。自不戾乎欲於欲之多也，非寡欲乎？寡欲，以至命也。」〔註33〕何心隱將合乎個體內在尺度認可的欲望視為人們理應追求滿足的欲望，認為這符合「寡欲」的道德要求，但同時也需要對過度的欲望進行必要的節制，才能達到「和」的境界，避免在縱慾中偏離本性。儘管王學及其後繼者確立了天理觀念的內轉，將判別是否屬於私欲的標準賦予個體的內在尺度，由此拓寬了欲望獲得承認的限度，但這並代表晚明的儒家學說完全認可欲望的必要性和正當性，更不表示晚明士人階層對身體欲望的放縱獲得了儒學思想的絕對支持。

正如王夫之對欲望合理性的有限承認，「飲食男女之欲，人之大共也。共而別者，別之以度乎！君子舒焉，小人劬焉，禽狄驅焉；君子寧焉，小人營焉，禽狄奔焉。」〔註34〕參見王汎森對王夫之理欲觀念的解讀，「他強調人應該有欲，但並不是要導民於淫，而是要鼓吹合於天理的欲。」〔註35〕王夫之一方面承認了人們所共同擁有的身體欲望的合理性，同時又在「君子」和「小人」之

〔註32〕王守仁，語錄〔M〕// 陽明先生集要（全二冊），施邦曜輯評，北京：中華書局，2008，第 120～121 頁。

〔註33〕何心隱，何心隱集〔M〕，容肇祖整理，北京：中華書局，1960，第 40 頁。

〔註34〕王夫之，詩廣傳〔M〕// 船山全書（第三冊），船山全書編輯委員會編校，長沙：嶽麓書社，1996，第 375～376 頁。

〔註35〕王汎森，晚明清初思想十論〔M〕，北京：北京師範大學出版社，2020，第 94頁。

間做出區別，即在另一方面認為要引導人們成為對欲望進行有效合理引導的君子，而非沉溺於欲望而成為和禽獸或蠻夷沒有區別的「小人」。王夫之對欲望的有限度承認的立場以及關於「君子」和「小人」之間的區隔對進一步理解晚明士人階層為自我欲望的辯護具有啟發性。日常化空間對倫理政治秩序的擱置，促成晚明士人階層的身體觀念得以從嚴格的道德戒律中獲得解放，導致從「規訓化身體」到「欲望化身體」轉向的發生，但欲望的正當性在儒學思想和社會輿論中依然僅僅獲得有限度的承認，因此士人階層經常將構建自然、雅致的審美趣味確立為日常化空間的外在性法則，將審美趣味視作自身作為「君子」的獨特身份認同，將欲望滿足置於審美趣味的名義之下。因此，對審美趣味的追求作為主導日常化空間的場域法則，一方面為身體欲望的表達提供了合理性論證，以提升審美品位的名義，為士人階層在諸多日常活動中追求身體欲望的滿足提供了合適的理由；另一方面在身體欲望被轉化為審美趣味的構成部分的過程中，也在一定程度上將身體欲望限制在審美趣味可以容納的範圍，避免了士人階層對享樂和奢侈生活的無節制追求。

在理清日常化空間的外在場域法則和欲望化身體之間的關係的基礎上，有必要進一步在場域法則的運作指向中理解晚明士人階層的身體觀念的轉變，構成身體的欲望化轉向的基礎正是身體屬性的根本改變。參見第四章對日常化空間的內外場域法則各自的運作及相互影響所進行的闡發，日常化空間的外在場域法則表現為對自然、雅致的審美趣味的崇尚，在運作過程中通過審美趣味的雅俗區分實現階級區隔，繼續維繫士人階層在士商互動日益加劇的社會結構變化中保有文化話語權；日常化空間的內在場域法則表現為對奢侈生活和欲望的訴求，在運作過程中滿足士人階層圍繞物性為主題的感官欲望和佔有欲望的追求；內外場域法則的共同運作使日常化空間表現出雅致式奢華的特徵，這正是晚明士人階層對於自身階層特徵的確立。那麼，日常化空間的內外場域法則的運作指向又是如何作用於欲望化的身體？以《長物志》對於書畫的審美鑒賞為例──

> 況書畫在宇宙，歲月既久，名人藝士，不能復生，可不珍秘寶愛？一入俗子之手，動見勞辱，卷舒失所，操揉燥裂，真書畫之厄也。故有收藏而未能識鑒，識鑒而不善閱玩，閱玩而不能裝褫，裝褫而不能銓次，皆非能真蓄書畫者。又蓄聚既多，妍媸混雜，甲乙次第，毫不可訛。若使真贋並陳，新舊錯出，如入賈胡肆中，有

何趣味！〔註36〕

前代文人對書畫的鑒賞更注重從作品關聯的人物或歷史出發進行返諸自身的精神思考，而文震亨關於書畫品鑒的論述則立足於物性和場所兩個角度，以作品的內容形象和年代為基礎討論其價格和收藏價值的高低，這是純粹以物性為基礎的審美尺度和經濟觀念，較少關涉作品關聯的道德倫理維度，並且將書畫鑒賞視為閑暇時候的自娛活動或者文人的社交活動，由此將書畫鑒賞確立為日常化空間中的行動。就物性而言，文震亨重視如何順應書畫的材質特徵予以妥善保存，對書畫的欣賞頻率、存放形態、裝裱樣式、等級分類等均有講究；就場所而言，文震亨重視品鑒書畫過程中的身心體驗，構建適宜觀賞書畫的雅致式的場所環境，並且根據書畫的等級和次序合理擺放，避免居室表現出以堆砌擺放為特徵的集市風格。通過這兩個方面可以看出，日常化空間的內外在場域法則分別對審美品位和欲望的追求均得到體現。同時，文震亨設定了一個區隔對象，他們熱衷於收集書畫作品，但是不僅缺乏基本的文化知識以致不能鑒別作品的真偽，而且缺乏雅致的審美品位以致不懂得賞玩和收藏。顯然易見，這個反面對象正是商人階層，為了回應商人階層憑藉雄厚的經濟實力對文化話語權的爭奪，文震亨則將商人階層的審美趣味貶低為庸俗，通過審美趣味的區隔以確立士人階層在文化領域的話語權，這正是日常化空間的場域法則的運作指向。

日常化空間的場域法則對審美品位的聚焦為身體觀念的欲望化轉向起到推動和轉換作用，場域法則在運作過程中對於階層區隔的指向，則確立了身體屬性的根本改變，這構成了欲望化身體在日常化空間得以擴張和轉換的內在機制。具體來說，在晚明之前，士人階層普遍將身體視為培育德行和智性的場所，將身體置於綱常倫理秩序對個體的規訓之中，為介入社會空間踐行「得君行道」的政治信仰作鋪墊，身體的屬性歸屬於倫理政治的維度。而在晚明的日常化空間中，身體欲望被轉換為不包含道德反思內涵的審美趣味，而在場域法則的運作指向中，審美趣味的高雅／庸俗的區隔被建構為士人階層和商人階層之間的階級區隔，士人階層通過將自身的審美品位確立為日常化空間的標準，以此回應商人階層對文化話語權的爭奪，身體的屬性歸屬於階層認同的維度。正是因為日常化空間的場域法則的運作指嚮導致了身體屬性的改變，士人

〔註36〕文震亨，長物志校注〔M〕，陳植校注，南京：江蘇科學技術出版社，1984，第135頁。

階層將身體從服務於倫理政治空間的一系列道德規範和精神指引中解放出來，因此身體欲望在日常生活中得到釋放，在前述文震亨關於書畫鑑賞的論述這個例子中，他試圖提升對物進行品鑒過程中的賞玩體驗以及所處場所中的感官體驗，而非聚焦書畫的道德意義或精神內涵。為了達到階級區隔的意圖，士人群體試圖凸顯自身和那些購入大量書畫作品的商人之間的區別，文震亨將日常化空間中的身體欲望賦予審美意義，將其確立為「俗子」、「賈胡肆」趣味的對立面，不僅以審美的名義為身體欲望賦予合法性並由此推動了身體欲望的擴張，而且試圖避免擴張的身體欲望過度溢出審美範圍的界限，進而以審美趣味為基礎確立士人階層和商人階層之間的區隔，維護士人群體在文化領域的話語權。身體屬性從倫理政治的維度向階層認同的維度的轉換，構成了日常化空間作用於欲望化身體的深層機制。

總結來看，晚明時代社會空間不再是單一的倫理政治空間，士人階層將遠離政治名位的爭奪視為一種更高的人生境界，遵循個體的內在尺度構建了獨立於倫理政治空間的日常化空間，因而他們無需繼續遵循綱常倫理體系對身體的情感表達和欲望訴求進行嚴格規訓，為身體的欲望化轉向創造了現實可能性。日常化空間將對審美品位的塑造和享樂生活的追求分別確立為外在和內在的場域法則，在士人階層塑造日常化空間的審美品位的過程中，身體欲望被轉化為審美趣味的構成部分，身體欲望得到認可的內容範圍以及獲得接納的深入程度不斷擴大。另一方面，士人階層將欲望置於審美趣味的生活美學模式也在一定程度上抑制了身體欲望的無限擴張。主導日常化空間的場域法則最終指向以商人階層作為他者對象的階級區隔，這意味著身體屬性從倫理維度向階層認同維度的轉向，在深層社會機制上為身體欲望的發展和轉換奠定基礎。

第四節 餘論：「生活美學」的政治

在晚明士人階層主導並參與的審美思潮的新變中，在身體觀念發生了從「規訓的身體」向「欲望化身體」的轉向，而社會空間則不再是單一的倫理政治空間，分化出和倫理政治空間相獨立的日常化空間，「欲望化身體」和「日常化空間」的相互作用促成晚明時代「身體─空間」觀念的嬗變，和晚明之前以綱常倫理體系為核心的「身體─空間」觀念具有根本性差異。

在晚明之前的中國思想傳統中，士人階層所秉持並踐行的「身體─空間」

觀念並非一個局限於私人維度的個體修養問題，身體和社會空間之間的相互建構展現了居於社會空間最高層次的皇權和個體之間的互動。天道作為普遍性真理，貫穿於自然空間和社會空間，並且通過自然空間的變化予以展現，對個體的自我修身和社會空間運作起到啟示性和規範性作用。同時，天道又並非恒定不變，而是和時勢結合在一起，士人階層遵循得體、節制、誠心的原則對身體進行規訓，這不僅是遵循天道培育自身德行的過程，同時又是一個增進對天道的領悟並由此提升智識的過程。個體的修身最終目的是服務於社會空間的需要，通過身體展現自身的德行和智識，進而介入社會空間並以「得君行道」的方式貫徹自身的政治信念。士人階層的身體表現為「規訓的身體」，而社會空間則是單一的倫理政治空間，身體完全從屬於倫理政治維度。即使是在日常生活時段，士人也時刻遵循綱常倫理體系，參見宋代袁燮對於園林布置以及日常生活的講述，《秀野園記》中寫到，「又思先君無恙時，空乏甚矣，而舍旁猶有三畝之園，植花及竹，日與其子若孫周旋其間，考德問業，忘其為貧。」〔註37〕宋代士大夫儘管有經營休閒生活的閑暇時間，然而他們依然在日常生活中謹記德行的培育以及關心政治功業的前景，而非重視居室的感官體驗或過度關注自身的財政狀況。再參見蘇舜欽《浩然堂記》，「曹君將之杭官，旅於蘇，嘗登於滄浪之亭，覽景四顧，慨然有棄紱冕相從之意，予始未以其言為信也。君遂周訪城中物境之嘉者，又得閩南之圃焉。罄囊中所有，日夜自營緝，築堂其間，取孟子養浩然之氣以命名。」〔註38〕宋代士人儘管也喜好欣賞園林的「物境之嘉」，然而他們時刻注重在品味物境的基礎上培育自身的精神品行，蘇舜欽構築亭臺後以孟子養氣論予以自勉。晚明計成的造園理論則相反，《園冶》的造園設計專注於如何在順應物性的基礎上改善居住者的身心體驗，並打造一種兼顧雅致和奢華的審美意境，然而卻缺乏從倫理政治維度出發進行道德反思的意識，即晚明文人朱察卿所言，「暇則與鄰叟窮弈旨之趣，共啜露芽，嚼米汁，不知世有陸沉之苦矣。」〔註39〕。

計成的造園設想和袁燮、蘇舜欽對於園林生活的描述之間的差異，正是晚

〔註37〕袁燮，秀野園記〔M〕// 全宋文（第二八一冊），曾棗莊，劉琳主編，上海：上海辭書出版社，合肥：安徽教育出版社，2006，第243頁。

〔註38〕蘇舜欽，蘇舜欽集編年校注〔M〕，傅平驤、胡問濤校注，成都：巴蜀書社，1990，第654頁。

〔註39〕朱察卿，露香園記〔M〕// 陳從周、蔣啟霆編，園綜（下冊），趙厚均注釋，上海：同濟大學出版社，2011，第4頁。

明前後「身體─空間」觀念發生了根本性變動的呈現。明代「大禮議」事件之後，士大夫的政治境遇日益惡化，作為皇帝的合作者和引導者的政治理想變得不再可能，王夫之關於明代政治的論述展現了皇權對士人階層的強勢壓制，「身為士大大，俄加諸膝，俄墜諸淵，習於訶斥，歷於桎梏，褫衣以受隸校之凌踐，既使之隱忍而幸於得生，則清議之譏，在後世而非即唾其面，詛呪之作，在窮簷而不敢至乎其前，又奚不可之有哉？」〔註40〕明代士大夫不再享有唐宋時期的尊貴地位，在皇權的威權和暴力手段面前失去了繼續追求「得君行道」理想的動力和現實可行性。隨著晚明的社會向著商業社會的模式不斷推進，士人階層將關注點轉向日常生活的審美品位的構建以及身體體驗的改善，晚明的審美思潮日益重視身體欲望，並構建了獨立於倫理政治空間的日常化空間。正如陳寶良結合晚明社會結構變動對思想變遷的考察，「伴隨著明代中期以後商業化的浪潮，首當其衝者就是商業化對禮教的衝擊，以及由此而來的人們對禮的重新體認，甚至可以說是一種對禮的反思。其結果卻是得出了適應新的社會現實並切合時代的新的禮觀念。換言之，在晚明很多學者的眼裏，所謂的『禮』，卻實在難以離開那些吃飯穿衣的人倫物理，這樣一來，也就使生活更加世俗化。」〔註41〕隨著商業化的浪潮，在政治上失去尊嚴的士大夫將更多精力轉向「吃飯穿衣的人倫物理」，在倫理政治空間之外構築一種建基於自我內在尺度的世俗生活。那麼如何從文化社會學的視角理解欲望化身體和日常化空間二者之間的相互關係？從既有研究出發，針對晚明審美思潮的深刻變動，趙強在「生活美學」的理論視野下做出判斷，「基於此種旨趣，明清文人不憚譏議，縱身躍入『物』的汪洋，涵泳沉潛，從『物』所帶來的物質體驗、感官滿足和身體快適出發，進而尋求聲色之外的情感愉悅、精神自由。其審美鑒賞力、藝術創造力便從文學、藝術等傳統領域逸出，流注到世俗人生、日常生活中。」〔註42〕趙強在生活美學的視域下指出，晚明士人階層將審美鑒賞的視野延伸到日常的世俗生活當中，圍繞著對情性和雅致的打造進行器物鑒賞和環境布置，追求逾出既有限度的物質追求和欲望滿足，包含了對情感體驗和精神

〔註40〕 王夫之，讀通鑒論〔M〕// 船山全書（第十冊），船山全書編輯委員會編校，長沙：嶽麓書社，1996，第 106 頁。

〔註41〕 陳寶良，明代社會生活史〔M〕，北京：中國社會科學出版社，2004，第 646 頁。

〔註42〕 趙強，作為尺度的「物」：明清文人生活美學的內在邏輯〔J〕，江蘇行政學院學報，2018（4）：38～44。

自由的追求。

正如李春青對中國古代的藝術形式和政治之間關係的闡述，「任何一種審美形式背後都與特定階層的身份及政治訴求有著千絲萬縷的聯繫，形式中隱含著政治性。」〔註43〕晚明審美範式的轉向不能僅僅理解為審美趣味的變動，而是隱含了審美—政治的指向。不僅如此，生活美學的研究基礎之上審美政治的研究方向並不能僅僅止步於美國漢學家喬迅所闡述的「品位的政治」——「新興的富人們因為急需鞏固他們的社會地位，開始攫取裝飾的文化資本，而處於轉型之中的社會精英們則借助於時尚和品位的機制來打造自身獨一無二的地位：他們對玩好之物的癖好（從客觀的角度來說就是裝飾的情感的維度），成為決定其鞏固所有者地位能力的關鍵」〔註44〕。通過儒家思想作為連通審美和社會政治的中介，從審美介入的文化政治視角對晚明審美思潮的生活範式轉向的研究做進一步推進。發生在晚明士人群體中的身體的欲望化轉向和日常化空間的構建，和儒家思想史的天理觀念的內轉密切關聯，王陽明及其後繼者泰州學派將個體的內在尺度確立為評判實踐是否具有正當性的重要尺度，為新的「身體—空間」觀念的形成創造了契機，而發生在欲望化身體和日常化空間之間的相互作用，在貫徹天理觀念的內轉的同時，也通過現實的審美實踐對道的內涵和側重點進行了重新闡釋。晚明士人階層儘管對現實政治失去了嚮往，但並沒有從根本上放棄儒家一直以來對道統的構建和思考，以此維繫對「三代之治」的政治烏托邦想像。因此，有必要將生活美學的視野拓展到審美政治的角度，思考晚明審美思潮是否在背離了倫理政治空間的同時，在追求精神自由的過程中以某種方式激發新的政治潛能。

〔註43〕李春青，在文本與歷史之間：中國古代詩學意義生成模式探微〔M〕，北京：人民出版社，2019，第 205 頁。

〔註44〕喬迅，魅感的表面：明清的玩好之物〔M〕，劉芝華、方慧譯，北京：中央編譯出版社，2017，第 21 頁。

第六章　晚明審美政治的生成與介入機制

　　正如朱忠元對晚明士人群體的審美心態變遷的概述,「由於朝政腐敗,皇帝怠政,內擅權,黨爭不斷,國事日非,內憂外患,危機四伏,政治情勢的嚴酷成為文人調整心態的主要原因;社會觀念的變化也使得文人在政治生活和日常生活方面都受到嚴重擠壓,社會生態、價值觀念的變化,加之對性靈等的提倡,促使明代士人積極調整自己的心態,積極調整自己的人生理想和生活方式,開始尋找新的人生寄託。」〔註1〕對於生活在晚明時代的士人群體而言,他們置身於一個社會結構發生急劇變化的時代,他們需要面對不平等程度日益加深的君臣關係以及朝著集權的方向不斷推進的政治體系,「得君行道」的政治信仰以及以天下為己任的政治主體意識在皇權不斷強化的集權體制下變得不合時宜,而經濟場域的新變化則為士人階層開拓了新的發展空間,商業規模的擴大和運營模式的不斷創新,為處身動盪和危機的士人群體在閑暇生活的安排和功業方向的選擇等方面提供了新的可能性。晚明士人群體跳出單一的倫理政治空間的束縛,在一體化的綱常倫理體系之外營造豐富多樣的物慾生活,在園林設計、花卉鑒賞、器物收藏等多個領域的審美鑒賞取得了飛躍性的發展成果。欲望化身體和日常化空間二者之間的相互作用,區別於規訓的身體和倫理政治空間之間的相互關係,為個人和社會之間的雙向互動創造了新的模式。

〔註1〕朱忠元等,中國審美意識通史:明代卷〔M〕,北京:人民出版社,2017,第360〜361頁。

參見李春青關於中國士人群體的身份二重性的精闢論述，「『文人』是『士大夫』的補充身份，永遠不能取而代之，而且永遠處於『附屬地位』」〔註2〕。晚明審美思潮的嬗變並不僅僅是一個美學範疇的事件，士人階層的「身體—空間」觀念的嬗變同時在一定程度上對政治產生重要影響。晚明士人階層在思想和生活層面的諸多新變，例如沉溺於各類以滿足欲望享受為特徵的癖好，不再將貫徹「得君行道」的政治信仰視為人生的唯一選擇，不再時刻將道德自律意識貫穿於日常生活的行動抉擇，等等，在明清易代之後就在遺民中的知識群體中引發深刻的反思。尤其以黃宗羲、顧炎武、王夫之為代表，他們試圖分析和闡述晚明的政治制度和社會結構的流弊，立足於文化和思想的維度對王朝滅亡的原因進行深刻的檢討。針對晚明的歷史反思從清初開始，一直延續到今天，有必要進一步思考，對於晚明審美思潮中「身體—空間」觀念的嬗變所包含的政治意義，如何在王朝更替的反思視角或者現代性的重估視角這兩種思路之外，立足中國思想史的基本脈絡，從文化社會學的視角探索審美政治的生成和介入機制。

第一節　晚明審美政治的生成

一、晚明文化研究的兩種思路

晚明時代是一個處於不斷變革過程中的歷史時期，經濟領域的突出表現在於商業貿易的不斷發展，更多種類的「物」被納入買賣交易市場，導致士人階層發展了眾多以不同類型的「物」為主題的癖好並沉溺其中，社會的奢侈風氣在士人階層中不斷擴張；政治領域的重要特徵是君權的不斷膨脹，以及黨爭的殘酷性日益加劇，導致士人階層寄寓於仕途的理想趨向破滅，他們將更多精力轉向於日常生活的經營。陳寶良精闢地使用「服妖」、「物妖」和「妖人」概述晚明時代的一系列異動，人們的行為模式、思想表達、日常癖好、服飾打扮均發生了諸多奇異的變化，和一直以來的社會風尚和文化習性產生巨大的差別。〔註3〕晚明的審美思潮深刻展現了晚明時代的諸多異動，在器物鑒賞、文藝創作、園林布局等多個領域均出現新的觀點論述，和整個社會的變動遙相呼應。

〔註2〕李春青，中國詩學：從古典到現代〔M〕，合肥：黃山書社，2019，第12頁。
〔註3〕參見陳寶良，狂歡時代：生活在明朝〔M〕，北京：人民出版社，2020，第451～486頁。

　　對於晚明審美和思想文化領域的變動，學術界立足不同的問題意識出發進行了多樣化解讀，存在兩種不同的立場。常見的解讀路徑從晚明文化思潮對自然情性的重視出發，突顯晚明和此前儒家審美傳統的差異性和斷裂性。參見葉朗在《中國美學史大綱》中對晚明美學的評述，「李贄的童心說，湯顯祖的唯情說，公安派的性靈說，它們所包含的個性解放的傾向，對於儒家傳統的『溫柔敦厚』美學思想是嚴重的衝擊。」〔註4〕葉朗以李贄、湯顯祖和以三袁為代表的公安派推崇本真情性的美學觀點和創作實踐為例，認為晚明美學思想的新變是一種以「個性解放」為特徵的新思潮，和儒家思想一直以來對中和的崇尚相對立，這是一種立足於現代性視角的思維範式，從正面意義上肯定重視情感表達、追求欲望滿足、反對復古的文化轉向。李澤厚則突出以「性靈說」、「童心說」主導的晚明美學和儒家傳統的區別，「回到實在的個體血肉，回到感性世俗的男女性愛，在這基礎上，來生發出個性的獨立、性情的張揚，即由身體的自由和解放到心靈的自由和解放，而日益越出、疏遠、背離甚至違反『以樂節樂』的禮樂傳統和『發乎情止乎禮義』的儒家美學，這便是傳統美學走向自崩毀的近代之路。」〔註5〕妥建清同樣指出，「較之宋代的平民政治，晚明此種社會政治意義上作為感性身體的民眾的覺醒運動則更具近代徵兆。……中國早期現代性發生在晚明之際已彰明昭著。」〔註6〕另一種解讀路徑則試圖將晚明的思想異動納入儒家傳統的發展脈絡中，強調二者之間的延續性。參考龔鵬程從另一個角度對晚明思潮的闡釋，強調晚明思潮和重視道德教化和效忠君王的儒家傳統之間的連續性，「強調禮，並以心即禮的方式講克己復禮，焦竑與李贄雖然論點未盡一致，但大體是相同的。」〔註7〕焦竑、李贄和袁宗道等晚明思想家以主張自然情性、反對復古而聞名，龔鵬程則試圖通過重新闡釋他們的禮教思想，主要以晚明思想家關於禮與社會教化的相關著述為例，強調焦竑、李贄等人並沒有背離一直以來儒家所秉持的以節制欲望、忠於君主為訴求的道德教化傳統，晚明思想家的觀點的獨特之處在於將此前以外在的道德戒律形式而存在的「禮」予以內在化，通過本心的自我澄明的方式完成道德教化，在個人範疇節制自身的欲望，在社會範疇則忠於君王和社稷。相似的研究結論見諸王汎森對明末清初思想

〔註4〕葉朗，中國美學史大綱〔M〕，上海：上海人民出版社，2014，第352頁。
〔註5〕李澤厚，華夏美學〔M〕，武漢：長江文藝出版社，2021，第304頁。
〔註6〕妥建清，晚明戲仿審美風格論〔J〕，文藝理論研究，2019（5）：11～21。
〔註7〕龔鵬程，晚明思潮〔M〕，北京：商務印書館，2005，第26頁。

界狀況的「自然人性論與道德嚴格主義並存」的闡述，對於劉宗周有關如何在日常生活中處理「義理之性」和「氣質之性」的觀點，王汎森認為，「人們必須要極度戒慎小心，才能從日用流行，也就是最世俗的生活實踐中，表現出道德的境界來。」〔註 8〕晚明士人在意識到自己無法置身於日常世俗生活之外，因此必須在思想上回應世俗生活的諸多問題，在承認私心和欲望作為本性的一部分的情況下，在世俗生活中信守更加嚴格的道德自律觀念。

　　就第一種研究視角而言，立足於某種現代視角的理論反觀晚明社會，揭示審美和思想的新趨向，當然具有合理性和必要性，但是有必要進一步思考，發生在晚明時期對欲望的承認和接受以及對物性的崇尚這兩種社會文化現象，是否可以重新置於儒家的思想文化傳統中做出解釋？因為奠定了晚明審美文化嬗變的思想基礎正是王陽明的心學及其後繼者泰州學派，王陽明和王門後學均試圖在儒學思想傳統中重新構建天理和個人之間的關係。同時，正如龔鵬程和王汎森在第二種研究晚明的視角下做出的文獻解讀，儘管焦竑、李贄、袁宗道、劉宗周等晚明思想家往往被視為對情性、欲望持相對開明的態度，然而他們在眾多思想論述中卻又秉持道德嚴格主義的價值取向，他們的思想創見僅僅體現在改變培育道德的手段，從遵循外在的道德戒律轉向推崇復返心性的自省。但是，第二種研究思路存在一個重要問題，龔鵬程和王汎森的解讀完全依賴思想典籍的闡釋，他們忽視了思想著述和生活實踐之間不可避免地存在差別。事實上，晚明士大夫普遍追求奢靡縱慾的生活場景經常見載於明人著作，並為時人所震驚。例如，何良俊寫到，「余小時見人家請客，只是菓五色肴五品而已。惟大賓或新親過門，則添蝦蟹蜆蛤三四物，亦歲中不一二次也。今尋常燕會，動輒必用十肴，且水陸畢陳，或覓遠方珍品，求以相勝。……雖仲尼復生，亦未如之何也已。」〔註 9〕呂坤寫到，「士鮮衣美食，浮談怪說，玩日愒時，而以農工為村鄙；女傅粉簪花，冶容學態，袖手樂遊，而以勤儉為羞辱；官盛從豐供，繁文縟節，奔逐世態，而以教養為迂腐，世道可為傷心矣。」〔註 10〕因此，第二種研究思路拘泥於思想典籍而忽視士大夫日常生活中發生的巨大變化，缺乏對晚明時期社會和思想的變動做進一步深入考察。

　　晚明社會的思想和文化新變可以通過和宋代的對比得以展現，參考葛兆

〔註 8〕王汎森，晚明清初思想十論〔M〕，北京：北京師範大學出版社，2020，第 88 頁。
〔註 9〕何良俊，四友齋叢說〔M〕，北京：中華書局，1959，第 314 頁。
〔註 10〕呂坤，呻吟語〔M〕// 呂坤全集（中），王國軒、王秀梅整理，北京：中華書局，2008，第 775 頁。

光從文化—社會視角出發對宋代的考察：

> 似乎生活在中國的人們，都已經自覺不自覺地認同了這種以家
> 庭、宗族關係為中心的，理智、克制、和睦的生活規則和社會秩序，
> 以及維護這種規則和秩序的倫理道德觀念，於是，以漢族為主的中
> 國文明的同一性，這才真的被建構起來。〔註11〕

　　葛兆光認為，在宋代在國家權力和士人階層的共同推動下，儒家的天理原
則所涵蓋的等級倫理和道德準則貫穿個人、宗族和朝堂，這是一種以「倫理道
德同一性」為基礎的一體化秩序，個人的日常生活同樣遵循儒家的倫理道德觀
念，並在規則和秩序所容許的範圍內行動，這意味宋代的社會空間依然是單一
的倫理政治空間，士人的世俗生活附屬於倫理政治空間。這種在宋代獲得普遍
認同和接受的思想狀況，即家國觀念、宗族倫理和日常生活具有內在同一性，
和晚明社會士人階層的總體思想狀況具有顯著的差異。儘管晚明研究的第二
種思路試圖將王陽明及其後繼者的思考和實踐合併進入儒學在晚明之前一貫
倡導的道德教化和忠君行道的思想傳統和政治模式，但是晚明審美思潮的重
心從倫理道德轉向物性和欲望已經成為一種顯然易見的趨勢，欲望和道德在
社會思想文化中此消彼長的變化趨勢無法僅僅歸因於培育道德的方式的變
化，晚明的總體思想狀況和葛兆光所描述的宋代倫理、道德和政治相同一的社
會狀況明顯相異。例如龔鵬程評述袁宗道寫到，「他不是肯定人慾，而是要祛
除人慾；但又非存天理以去人慾，乃是以心即禮的方式，克己復禮地祛除私
欲。」〔註12〕他主張袁宗道的觀點核心在於以「復禮」的方式恢復本性所包含
的仁義道德內涵，在承認欲望存在的同時強調通過錘鍊本心以祛除欲望。再參
照同屬公安派的袁宏道在《瓶史》序言中開篇的論述，「夫幽人韻士，屏絕聲
色，其嗜好不得不鍾於山水花竹。……惟夫山水花竹，欲以讓人，而人未必樂
受，故居之也安，而踞之也無禍。」〔註13〕袁宏道在文藝主張上和袁宗道相
近，主張士大夫需要培育雅致的癖好，棄絕聲色慾望和名利爭奪，然而《瓶史》
作為一本以鑒賞花卉為主題的著作，對於不同種類的花卉的鑒賞卻是植根於
特定品種的大小、顏色、形態等物性要素，而花卉的置放和培育也是以物性為

〔註11〕葛兆光，中國思想史第二卷：七世紀至十九世紀中國的知識、思想與信仰〔M〕，
　　　　上海：復旦大學出版社，2011，第 248 頁。
〔註12〕龔鵬程，晚明思潮〔M〕，北京：商務印書館，2005，第 26～27 頁。
〔註13〕袁宏道，瓶史〔M〕// 袁宏道集箋校（二）〔M〕，錢伯城箋校，上海：上海古
　　　　籍出版社，2018，第 883 頁。

依據，實際上這是一種從感官欲望出發進行的花卉賞玩，而傳統文化寄寓於花卉的精神品格在賞花中則居於次要的位置。因此，儘管袁宏道將賞花視為雅致趣味的展現，但是對欲望的訴求通過被轉換為構造審美品位的手段而獲得了合法性，而貫穿於宋代日常生活中的道德倫理和精神自省在袁宏道對癖好的極致追求的過程中大幅弱化。簡而言之，晚明研究的第二種思路的學術貢獻在於通過文獻闡釋將晚明社會文化思潮重新置入儒家傳統中，為立足於中國語境重新理解晚明的社會變動提供了新方向，但是另一方面則忽視了士大夫的言和行之間的差異，由此缺乏了對晚明審美思潮的社會影響和政治潛能做進一步探討。

在反思目前晚明研究的兩種主要思考路徑的基礎上，有必要在綜合既有研究成果的基礎下對晚明審美思潮對社會歷史的影響做進一步拓展性思考。上述兩個角度對晚明審美和文化的研究，似乎得出了兩種相反的結論，在另外一種視角而言，這種兩極的結論恰恰展示了晚明士人階層在欲望和道德之間的搖擺。正如前文的闡釋，儘管文震亨《長物志》試圖確立一種承續士大夫傳統並區別於商人階層崇尚雅致和古樸的審美趣味，然而在具體的器物鑒賞和居室布置等方面的闡述中卻深刻鮮明地展現了士人階層的身體觀念的轉向，身體觀念的欲望化轉向是通過審美趣味的構建予以間接地表現，身體欲望被轉換為以實用、自然、雅致為追求的審美品位而獲得合法性。同樣的情況體現在計成《園冶》對日常化空間場域的內部法則的構建，晚明士人試圖將園林構建為一種和倫理政治空間相疏離的場所，在園林布置和宴飲活動中追求享樂欲望的滿足，然而士人階層對欲望的追求同樣需要通過轉換為「閒適」的生活風格和自然、雅致的審美品位而獲得正當性。簡而言之，晚明審美思潮的身體的欲望化轉向以及日常化空間的生成的進程中，一方面表現為士人階層遵循順應物性的邏輯品鑒各類事物以及改造居室環境，並且不再將身體的屬性和功能局限於綱常倫理體系；但另一方面，晚明審美觀念的轉向需要深入器物鑒賞的案例以及審美意境的構建規劃等具體美學實踐的內在邏輯中才能得以展現，在諸多美學著述中士人階層依然將自身的審美品位描述為推崇淡泊雅致並且反對奢靡。晚明審美思潮展現的理念和實踐之間的差異，在一定程度上分別印證了兩種晚明研究思路得出的兩種相反結論，然而這並不意味著這兩個角度的研究失去闡釋效力。以龔鵬程、王汎森為代表的第二種研究路徑側重於將晚明思潮的變動重新接續於儒家傳統，事實上晚明社會和文化的變動可以

在思想史維度上溯王陽明及其後繼者泰州學派在儒學思想體系的內部對天理觀念的重新闡釋，而且作為文化主導者的士人階層其知識背景也是以儒學為根基，龔鵬程、王汎森的晚明研究路徑有助於明確指出晚明審美文化的思想根基在儒學傳統的內部。以葉朗、李澤厚、妥建清為代表的第一種研究路徑揭示了晚明審美思潮的物慾膨脹和個性解放的狀況，但是這種建基於現代性的理論話語在一定程度上缺乏了在中國思想傳統的內部進一步有效探討生活美學取向所包含的政治潛能。

　　正因如此，如果要在生活美學的理論視野基礎上，進一步拓展對晚明「身體—空間」觀念嬗變所具備的政治潛能的思考，有必要將兩種處於相反立場的研究路徑予以相互結合，在儒家傳統發生變動的總體思想狀況中，進一步思考晚明審美思潮所具有的文化政治的意義。

二、審美政治的生成條件

　　在中國思想傳統中，「身體—空間」觀念展現了個體和社會權力之間的相互作用，在晚明之前，士人階層的身體表現為「規訓的身體」，而社會空間則是「單一的倫理政治空間」，「規訓的身體」和「倫理政治空間」二者的相互作用體現為士大夫在社會空間中踐行「得君行道」的政治理想。而到了晚明，在審美思潮中展現了「身體—空間」觀念的嬗變，欲望化身體的生成以及獨立於倫理政治空間的日常化空間的產生，意味個體和社會權力之間發生了新的互動，士人階層不再將「得君行道」作為唯一的人生追求。晚明時期審美思潮「身體—空間」觀念發生嬗變的思想背景正是王陽明的學說對天理觀念的重新解釋，陽明心學將對天理的體悟和欲望的界定等重要問題的話語決定權從經典典籍或道德戒律等外在領域轉移到個體的內在尺度，他的後繼者尤其以泰州學派為代表，更徹底地推進天理觀念的內在轉向，進一步崇尚本真情性而忽略外在的道德準則。考慮到王陽明及其思想繼承者也被接納為儒學的思想譜系中，一方面明清的儒學史學均將陽明心學納入譜系，例如黃宗羲《明儒學案》在《師說》部分論述王陽明的思想，並在卷三十二至卷三十六收錄了泰州學派諸儒；另一方面，晚明士人群體普遍推崇陽明心學並認同其價值和地位，例如袁宏道認為，「故僕謂當代可掩前古者，惟陽明一派良知學問而已。」〔註14〕

〔註14〕袁宏道，答梅客生〔M〕// 袁宏道集箋校（二）〔M〕，錢伯城箋校，上海：上海古籍出版社，2018，第 797 頁。

因此，考慮到既有的晚明研究兩種主要視角之間的對立和互補，有必要在儒學的思想傳統的變動中探索晚明審美思潮中「身體─空間」觀念的嬗變所具有的政治潛能。在討論晚明「身體─空間」觀念的嬗變以何種方式對社會政治發生影響之前，有必要思考晚明的「身體─空間」觀念是否具備生成一種獨特的審美政治範式的可能性。

　　首先需要思考的問題是，晚明的「身體─空間」觀念的嬗變，能否在審美政治的視野之下作用於社會秩序？具體而言，即身體的欲望化轉向，日常化空間的產生，以及二者之間的相互作用，是否具備某種作用於社會結構的政治潛能？對於如何理解美學的「政治」問題，可以通過時代和語境的錯位對比，法國當代理論家雅克·朗西埃針對美學的政治潛能的研究具有借鑒意義。他構築了「治安」和「政治」兩個概念的區分，參見他對「治安」概念的論述，「治安因此首先是一種身體的秩序，這種身體秩序規定了行為方式、存在方式和言說方式的分配額度，並確保那些身體根據其名稱被指定到特定的位置和被指派特定的任務。這是一種可見和可言說的秩序，其確保特定的實踐是可見的，而另一種實踐則不可見；確保某種言說被理解為話語，而另一種言說則被理解為噪音。」〔註15〕簡明扼要地理解，「治安」就是一種維繫既有的權力運行和利益分配的體制持續運行的行政制度，將身體的行動指向、存在狀態、情感表達都限制在既定規範和預設模式，並進行嚴格的監督和管制。而「政治」的概念則與「治安」維持既有體制的邏輯相反，「我現在建議保留政治這個術語作為與治安相對抗的極其堅決的活動，即假設中存在的無分之分的群體打破感性配置的任何行動，感性配置是一個劃分組成部分和持份者、無分者的配置，無分之分的群體根據定義則是一個在配置中沒有任何份額的群體。對感性配置的打破表現在重構劃分組成部分、持份者或者無分者的時間和空間的一系列行動。政治活動是任何改變分配給身體的場所轉移或者改變該場所的目標的活動。」〔註16〕朗西埃論述的「政治」是一種植根於平等主義的抵抗活動，通過重構身體感知慣習的方式打破「治安」秩序所維持的既有感知分配體系，從而對抗既有的社會秩序。也就是說，朗西埃認為，「政治」要通過感性的重新分配的方式擾亂現存社會秩序確立的任何共識，審美的政治對於現存的社

〔註15〕Jacques Rancière. *Disagreement: Politics and Philosophy* [M]. Julie Rose Trans. Minneapolis and London: University of Minnesota Press, 1999, p.29.

〔註16〕Jacques Rancière. *Disagreement: Politics and Philosophy* [M]. Julie Rose Trans. Minneapolis and London: University of Minnesota Press, 1999, pp.29~30.

會體制而言具有顛覆性和斷裂性的特徵。在當代西方左翼理論的視野下，審美政治的範式生成建立在和既有社會制度相斷裂、相對抗的基礎上，將抵抗等同於徹底的斷裂這一話語模式植根於西方當代理論語境，理論家試圖構建針對當代資本主義制度的激進性批判話語，斷裂性的文化政治意義得到突出的強調。儘管這是一種時代和語境的錯位，但是依然可以為再審視晚明「身體—空間」觀念的嬗變的政治潛能提供參照，儘管西方當代理論所推崇的斷裂性並不能直接挪用到對中國古代社會文化的研究，但是斷裂性包含的變動和差異，正是建構一種全新的政治視角所必須考慮的要素。「身體—空間」觀念的嬗變能否生成一種新的審美政治範式，其中的一個關鍵因素在於晚明士人的審美實踐能否產生一種不再以「得君行道」為核心的社會行動模式。

　　儘管朗西埃對審美政治的界定有助於思考如何判定晚明審美思潮是否具備政治潛能，但是在時代和語境的錯位比較中，有必要在中國的思想傳統中確立審美政治得以生成的條件。援引法國漢學家弗朗索瓦·朱利安在跨文化視角下的相關觀點，他在論述中國思想中的功效問題時候指出，「後果因而不只是較可能的，像是手段—目的間被建構出來的關係，而是自然而然發展而成，並且會不可避免地產生。」〔註17〕根據朱利安的論述，西方思維崇尚「手段—目的」的思維範式，預設了一個理想性的結果並通過實踐試圖達致設想中的目標，由於效率問題的存在以及實現的條件面臨風險狀況的可能性，因此在理想情境和實際現實之間往往存在斷裂，從這個角度可以理解朗西埃判定審美政治的功效為何以斷裂性作為前提，因為美學所表徵的異托邦境況往往表現為對實際現狀的激進否定。而中國的思維傳統則將目的內在於情境的發展進程中，當情境中的有利潛能累積到一定程度，形成了導向「自然而然」的結果的「勢」，則需要順應時勢而行動，得到將必然是預先朝向的理想結果。對朱利安的觀點做進一步的延伸，中國傳統的功效思維方式區別於西方的獨特之處在於，構成促發行動發生的時勢建基於情境，也就是說實踐行動指向的結果一方面既包含順應時勢而促成的新變化，另一方面又建立在利用情境所包含的要素的基礎之上，總的來說中國的功效思維是一種變與不變相結合的思維模式。再參見杜維明對儒學的論述，「如同所有的軸心時代的文明傳統，它有以理想轉化現實的超越的嚮往；不同的是它是入世的，它

〔註17〕朱利安，功效：在中國與西方思維之間〔M〕，林誌明譯，北京：北京大學出版社，2013，第55頁。

不是另構一個世界，而是就在這個現實的世界中進行徹底的轉化，這就是它的終極關懷。」〔註18〕儒學和西方思想傳統的區別體現為「轉化」和「另構」的差別，儒家思考如何介入現實世界並試圖將現實向理想世界逐步轉化，而非構建一個和現實完全斷裂的新世界，因此儒學傳統對政治的思考並非建基於斷裂性，而是在承繼和變動的結合過程中探索理想的天下秩序。將朱利安和杜維明的研究創見挪用到晚明審美政治的研究，判別晚明的「身體—空間」觀念的嬗變是否生成一種新的審美政治範式，一方面需要思考晚明審美思潮是否具有生成改變其時社會結構的政治潛能，另一方面則無需在審美思潮和此前的儒家思想脈絡或既有的社會結構之間確立絕對的斷裂性，而是探索審美思潮如何對原有的儒家理念進行新的闡發。

　　繼續探討晚明「身體—空間」觀念的嬗變是否具備生成審美政治的可行性。從思想史的背景看，晚明審美思潮的轉變來源於陽明心學以及以泰州學派為代表的王門後學對天理的重新闡釋。身體的欲望化轉向以及日常化空間的生成，「身體—空間」觀念的嬗變意味著士人階層不再將身體和實踐局限在單一的倫理政治空間，這種轉向受到儒學的心學轉向的啟發和引導。具體而言，王陽明通過「致良知」的學說確立了本心和天理相同一，由此奠定了天理觀念向內轉向，個體無需嚴謹地學習並遵循一系列道德戒律和行為規範，只需要通過自省的方式錘鍊內心，從而促使本心得以澄明，就可以做到「致良知」，也即達到體悟天理的境界，個體的內在尺度取代了已經制定的戒律和準則成為了判別思想和行動的合理性的重要判別標準。

　　陽明心學的後繼者從不同角度出發對王陽明所確立的「本心即天理」的命題進行闡發，而作為「王學左派」的泰州學派則在簡化錘鍊本心的工夫這個方向上對該命題作進一步演繹，例如羅汝芳主張，「此身渾是赤子，赤子渾解知能，知能本非學慮，至是精神自是體貼，方寸頓覺虛明，天心道脈，信為潔淨精微也已。」〔註19〕他認為「大道只在此身」，倡導個體只需要順應天生具備的「赤子之心」即是對天理的領悟和踐行，再無需進行繁瑣的學理辯駁或修身儀式，否則反而在向外索求的過程中加速身心之間的分離，愈加難以達到體悟理、道的境界。王襞主張，「吾人至靈之性，乃天之明命於穆不已之體也。故

〔註18〕曾明珠整理，儒家與自由主義——和杜維明教授的對話〔M〕// 哈佛燕京學社、三聯書店主編，儒家與自由主義，2001，北京：生活・讀書・新知三聯書店，第 55 頁。

〔註19〕黃宗羲，明儒學案〔M〕，沈芝盈點校，北京：中華書局，2008，第 764 頁。

曰：天命之謂性。是性也剛健中正，純粹至精者也。率由是性而自然流行之妙，萬感萬應，適當夫中節之神。故曰：率性之謂道。此聖人與百姓日用同然之體，而聖人者永不違其真焉者耳。」〔註20〕王襞主張「率性之謂道」，倡導個體只需要順應本性而行動，即可以達到聖人體悟天道的境界。通過羅汝芳、王襞的闡述可以看出，泰州學派的解釋方向愈加強調個體自身的內在尺度在衡量個體行動的規範性方面的重要性。但是，這並不意味著士人階層完全認可欲望的合理性，王陽明依然將私欲視為遮蔽本心的負面存在，然而在士人階層的日常生活當中，由於個體的內在尺度取代了明晰和全面的道德戒律成為判別標準，由此導致了欲望的範圍界定和可接受程度的判斷出現了新變化，構成了士人階層「身體—空間」觀念發生嬗變的思想基礎。在晚明士人的日常生活中，他們往往以順應本心的名義，通過將身體的欲望訴求轉化為審美趣味的方式，賦予欲望以合理性，不再將對道德的反思和精神境界的追求貫穿於日常生活。由此，在崇拜物性的社會變動中加速了身體的欲望化轉向，並且推進日常化空間和倫理政治空間的分離。

　　尤其需要注意的問題是，王陽明和泰州學派對天理問題的思考，不管是他們的自我認定，又或是後世的評論，心學開創的思考路徑依然屬於儒家傳統的思想視野，不僅因為他們思想主要來源於對程朱理學的辨析和批評，而且參考約翰·伯思朗關於王門後學對情感的正面闡釋的路徑的闡述，「事實上，他們主張正是由於對人們情感甚至激情的恰當和正面的闡述，將儒學與道教和佛教區分開來。」〔註21〕因此，從思想的淵源以及確立思想的正統性的角度看，陽明心學屬於儒學的「道統」之內。參考葛兆光對儒家的「道統」做出的解釋，「而『道統』，則是指思想史中承擔著真理傳續的聖賢的連續性系統，被列入這一系譜就意味著思想的合理性，凸顯了這一系譜，也就暗示了由這一系譜敘述的道理優先於其他的道理，即應當尊崇的普遍真理，而凸顯了這一歷史系統的敘述者，也就在終點擁有了真理的獨佔權力。」〔註22〕王陽明對程朱理學的批判建基於古本《尚書》，他試圖跳出由於被朝廷收編而走向僵化的程朱理學

〔註20〕 王襞，明儒王東厓先生遺集〔M〕// 王艮，王心齋全集，陳祝生等校點，南京：江蘇教育出版社，2001，第 216 頁。

〔註21〕 John Berthrong. Transmitting the Dao: Chinese Confucianism [M] // Wonsuk Chang and Leah Kalmanson eds. *Confucianism in Context: Classic Philosophy and Contemporary Issues, East Asia and Beyond.* New York: SUNY Press, 2010, p.28.

〔註22〕 葛兆光，中國思想史第二卷：七世紀至十九世紀中國的知識、思想與信仰〔M〕，上海：復旦大學出版社，2011，第 201 頁。

所確立的解釋路徑，通過溯源先秦儒學典籍的方式重新解釋「格物」，進而對道的內涵和理解方式進行闡發，這正是一種植根儒學系譜並對寓意普遍真理的「道」進行重新釋義的路徑，所以陽明心學屬於道統的構成部分。在中國古代的社會思想傳統中，自三代之治後「道統」和皇權承繼的「治統」長期分離，「道統」包含了限制和引導「治統」的政治內涵。正如余英時對陽明心學和政治之間的關係的闡釋，「而良知則是人人都具有的。這樣一來，他便把決定是非之權暗中從朝廷奪還給每一個人了。從這一點來說，致良知教又涵又深刻的抵抗專制的意義。這是陽明學說能夠流行天下的一個重要的外緣。」〔註23〕王陽明確立了天理和本心相同一的關係，由此將判別思想和行動的話語權轉移到個體自身，開啟儒學將重心轉向庶民社會的趨勢，並且以新的模式呈現「道統」對「治統」的限制和挑戰。那麼，既然構成晚明「身體─空間」觀念嬗變的思想基礎屬於儒學的「道統」，一方面承繼先秦儒學傳統，另一方面在關於「道」這一根本問題上做出區別於程朱理學的新解釋，而程朱理學在當時擁有由皇權所賦予並確立的正統思想地位，由此陽明心學及其後繼者和「治統」發生了新的對話和互動，以陽明心學為思想根基的晚明審美思潮又是以何種方式參與到「道統」和「治統」之間的張力性互動，對這種方式的揭示將可以理解晚明的審美政治如何生成的機制。

其次，在明確了晚明審美思潮具備生成審美政治的潛能之後，有必要思考由士人階層主導和推進的「身體─空間」觀念的變動，是否僅僅局限在士人群體，又或是具備延伸的公共影響力？晚明士人群體組織的審美活動通常局限在秉持相同的癖好和趣味的小範圍群體之中，一方面因為他們自我確立的癖好種類廣闊，各種類別的器物幾乎都被納入鑒賞的範圍，例如祭器、瓶器、墨硯、酒具等等，不僅延續了前朝士大夫熱衷收集年代久遠的古董的愛好，並且將製作技藝精巧的時玩也被納入賞玩的範圍，其餘的賞玩癖好還包含經典典籍版本的收藏，各種類別的花卉、林木等植物的欣賞，等等。士大夫通常耗費大量的時間和精力投入到自身的審美癖好的培養和鑽研，結合自己對於相關的歷史知識和物性的深入瞭解，並將鑒別的知識轉換為一種審美品位，因此他們更願意只在興致愛好相近的群體中交流賞玩的經驗。另一方面，晚明士人階層的審美實踐包含階級區隔的意圖，在士商互動日益加深的社會變動中，商人

〔註23〕余英時，現代儒學的回顧與展望〔M〕，北京：生活・讀書・新知三聯書店，2012，第 144 頁。

階層利用雄厚的經濟資本在器物收藏、雅致居室的修建等領域和士人階層展開競爭，導致了士人階層的文化話語權在歷史上首次受到實質衝擊。作為回應，士人階層將商人階層注重數量和排列、喜好鮮豔的色彩、熱衷使用金飾等主要審美趣味界定為庸俗，並在審美活動中通過凸顯知識優勢將癖好確立為雅致趣味的典範標準，因此，士人階層往往不願意在文化交往中邀請商人階層參與。綜合兩個方面，如果僅僅從社會交往的觀察看，晚明士人階層的審美趣味沒有得到大規模推廣，晚明士人階層更願意將自身審美體驗的分享和交流局限在士人階層內部志同道合的圈子。

　　然而，也是因為上述兩個方面的緣故，由於士人階層在沉溺於各種癖好的過程中積累了豐富的相關知識和賞玩體驗，他們普遍熱衷於以著述的方式總結審美經驗，並立足於自身的審美趣味，不僅制定涵蓋不同門類的事物審美鑒賞的標準，而且確立了在不同情境中如何進行布置和行動才能凸顯審美品位的準則，以此維護士人階層在審美維度的文化話語權。參照吳功正對晚明審美著作撰寫情況的歸納，「以廣泛存在的賞玩物質器物為基礎，明代便出現了大量的賞玩文化、美學著說，具代表性的有：屠隆《考槃餘事》、高濂《遵生八箋》、張應文《清秘藏》、文震亨《長物志》、董其昌《骨董十三說》、陳繼儒《泥古錄》、谷應泰《博物要覽》、周高起《陽羨名壺錄》等（明人眾多筆記中談論賞玩的，亦歸入其中，如謝肇淛的《五雜俎》），還有具備集成性的沈津所輯60卷《重訂欣賞篇》，極一時之盛。」〔註24〕可以看出，士人階層對於如何賞玩器物、營造居室的意境和調試自身的心態等方面進行了細緻的探索，並將審美活動過程中的知識積澱、品鑒經驗和具體案例等以著作的形式予以總結並發行，為審美思潮的廣泛傳播創造了條件。士人階層在撰寫這類著作的時候，為了有助於讀者明白著作的主要內容和寫作意圖，他們通常會在序言部分對著述的宗旨和內容進行簡要的概述，例如，陳繼儒在《妮古錄》的序言寫到，「予寡嗜，顧性獨嗜法書名畫，及三代秦漢彝器瑗璧之屬，以為極樂國在是。然得之於目而貯之心，每或廢寢食不去思，則又翻成清淨苦海矣。」〔註25〕陳繼儒結合自身的經驗陳述自己沉溺於鑒賞字帖、名畫、古器等的快樂與苦惱的心

〔註24〕吳功正，明代賞玩及其文化、美學批判〔J〕，南京大學學報（哲學・人文科學・社會科學），2008（3）：114～122。

〔註25〕陳繼儒，妮古錄〔M〕，印曉峰點校，上海：華東師範大學出版社，2011，第1頁。

境，以此說明著作的主題涉及的範圍，並藉此展示自身豐富的鑒賞經驗，以收藏家和賞鑒家的角色撰寫此書。另一種方式則是邀請知名人士撰寫具有推薦性質的序言，例如，萬曆年代的文學作家屠隆為高濂《遵生八箋》作序寫到，「乃念幻泡之無常，傷蜉蝣之知昏，悟攝生之有道，知人命之可長，剖晰玄機，提拈要訣，著為《遵生八箋》。」〔註26〕屠隆從自己對人生無常的感慨出發，結合高濂的養生歷程、家學背景，闡明閱讀《遵生八箋》的必要性和用處。

著述的廣泛傳播主要得益於晚明社會的商業化進程，書坊謀求更多的經營利潤，不再將主要營業範圍局限在刊刻儒家的經典典籍，而是將市民階層的生活和享樂的需要納入出版規劃的考慮。參看吳晗的批評，「到正德以後，隨吏治風氣之日壞而刻書日益增多，刻工印刷日益壞，所刻書日益濫，內容無漏，災梨禍棗。」〔註27〕擱置研究者的道德批判立場，從另一個角度看，明朝中後期的出版市場走向繁榮興旺，經典典籍之外的實用類或賞玩類著作日益成為出版業的主流。

事實上，晚明士大夫業已深入參與到文化出版市場，正如李玉芝對文學出版狀況的歸納，「明代中晚期發達的文學消費市場推動了休閒文學的發展，大量文人加入文學的商品化中，一方面提升了通俗文學的品質；另一方面在文學變成商品的同時，為了追求市場，文人對其娛樂性和大眾性十分注意。」〔註28〕參見張獻忠對晚明出版業的大眾屬性不斷強化的考察，「明代出版的日用類書很多書名中都有『四民便覽』、『士民便用』、『雅俗通用』等類似的字眼，這說明他們開始把受眾定位於包括市民階層在內的四民大眾」〔註29〕。根據張獻忠對文獻的梳理和解讀，市民階層熱衷於購買歷史小說、世情小說、時事小說、戲曲等通俗類文學作品，以及為日常生活的娛樂遊玩和奢侈享受提供方法指引的實用類書籍，出版商的意向讀者的範圍從以士大夫為主體的精英階層擴大到涵蓋工農士商四業的成員，出版著作的內容也以兼具雅俗趣味為賣點。再

〔註26〕高濂，遵生八箋〔M〕// 高濂集（第一冊），王大淳整理，杭州：浙江古籍出版社，2015，第 60 頁。

〔註27〕吳晗，明代的新仕宦階級，社會的政治的文化的關係及其生活〔J〕，明史研究論叢（第五輯），1991（2）：1～68。

〔註28〕李玉芝，明代中晚期的休閒美學思想〔M〕，北京：中國社會科學出版社，2021，第 139 頁。

〔註29〕張獻忠，從精英文化到大眾傳播：明代商業出版研究〔M〕，桂林：廣西師範大學出版社，2015，第 280 頁。

參考約瑟夫‧麥克德莫特關於明代中後期書籍流通機制的總體狀況的陳述，
「明代前期皇室和朝廷對於出版業的贊助在明朝中期已經減少，占支配地位
的不僅僅有商業印刷，而且包括受到由文人和藏書家組成的上層階級的惠
顧。」〔註30〕通過麥克德莫特的案例闡釋可以看到，士人階層並沒有在商業出
版的發展趨勢中完全喪失自身在書籍流通機制中的話語權和影響力，而且士
人階層的社會地位儘管受到皇權打壓和商人挑戰的雙重衝擊，但是士人階層
在總體上依然在四民中維持最優越的地位。因此，儘管可以預見，晚明士人階
層崇尚自然、雅致風格的清賞類美學著作的銷售量和閱讀量不僅低於通俗類
文學作品，而且也會在流通性方面弱於在內容選擇上更為通俗以及在欲望表
達方面更為直白的生活指導類書籍，但是由於市民階層的閑暇時間增多和社
會的時尚化趨勢，另外這些美學著作以清賞和賞玩為主題，道德教化意味大幅
減弱，因此其在民間的銷售和收藏的數量依然可觀。正如王鴻泰的闡述，「如
此，玩物市場的發達乃與賞玩書籍的風行互為因果。」〔註31〕相比於明代中前
期及更早的時代，出版業的商業化發展進程依然極大促進了士人階層的審美
趣味的傳播，一方面玩物文化風行不同階層，促使書商出版或偽造相關賞玩書
籍以牟取利益，而另一方面，賞玩書籍的流行則推動了原本在士人階層小範圍
群體傳播的審美價值觀念擴大到其餘群體。

　　市民階層對士大夫著述的美學類著作的青睞，主要原因是實用性需求。具
體而言，通過張獻忠的研究可以看出，市民階層除了喜好閱讀通俗類文學進行
閑暇消遣之外，也願意購買實用類書籍，內容涵蓋琴棋書畫、品酒閒談、居室
布置等日常生活的各個方面，他們期待獲取相關方面的知識指引，而士人階層
的美學著作正好滿足了這類實用性需要。例如，《長物志》的十二卷內容包含
居室的建造和布置、花卉樹木的培植和鑒賞、石頭的賞玩和品鑒、家具的挑選
和鑒別等衣食住行各個方面的內容，為人們組織日常活動、改造居室的布置風
格、培育清賞癖好提供了直接詳盡的知識指南，有助於缺乏文化資本積累的市
民階層，通過遵循士人階層相關經驗的歸納和總結從而迅速提升自身的審美
品位。儘管市民階層閱讀這些美學著述的主要意圖是獲得日常生活的實用性

〔註30〕 Joseph P. McDermott. *A Social History of the Chinese Book: Books and Literati
Culture in Late Imperial China* [M]. Hong Kong: Hong Kong University Press,
2006, p.113.

〔註31〕 王鴻泰，雅俗的辯證——明代賞玩文化的流行與士商關係的交錯〔J〕，新史學，
2006（4）：73～143。

指南，和士人階層設想通過審美對象的等級劃分以及鑒賞案例的評析的方式確立社會的總體審美規範的寫作意圖存在誤差，然而恰恰因為市民階層的閱讀經驗往往立足於世俗生活，反而有助於洞悉這些著作在闡釋閒適和雅致的主題的過程中所包含的「身體—空間」觀念的嬗變。

在考慮到商業出版有利於促進士人階層的審美觀念傳播的同時，值得注意的是，晚明士人階層從事社會文化活動另外一個獨特之處在於，他們往往熱愛參與到跨階層的對話和交流中。根據商傳對史料的考辨，「明代的書院講學之盛，始於成（化）、弘（治）間陳獻章（白沙）。正（德）、嘉（靖）後，王陽明則更逾之，其後泰山學派，講學之風波及上下，終遭當政所忌。」〔註32〕王陽明及其思想後繼者均熱衷參與講學活動，尤其以泰州學派為最，並產生受到朝堂關注的重大影響力。

以《明儒學案》關於明末講學場景的描述為例，「久之，覺得學有所得，遂以化俗為任，隨機指點農工商賈，從之遊者千餘。秋成農隙，則聚徒講學，一村既畢，又之一村，前歌後答，絃誦之聲，洋洋然也。縣令聞而嘉之，遺米二石，金一鍰。」〔註33〕韓貞受到泰州學派王艮的教化後主持講學活動，陽明心學經過泰州學派的演繹，立場愈加趨向平等化和世俗化，他們將關於天理的思考融入於日常世俗事務，提出每個人不論出身和才學均有成為聖人的可能。根據記載，由出身陶匠的韓貞主持的這次講學活動選擇在秋收後農閒時段，方便農民參與聽講和討論，表明王門的思想者願意和農工商賈等庶民階層進行文化交流，分享他們對於如何在日常世俗生活中體悟天理的見解，蔣國保據此評論，「泰州學派之儒學民間化活動，將儒學由『士學』真正變成了『民學』」〔註34〕。和泰州學派一起被稱為「王門左派」的龍溪先生王畿進一步從思想上論證了士農工商的平等地位，「是故處則有學業，出則有職業，農則有農業，工商有工商之業，卿相則有卿相之業。業者，隨吾日用之常以盡其當為之事，所謂素位而行，不願乎外者也。」〔註35〕王畿主張四民「異業而同道」，通過

〔註32〕商傳，明代文化史〔M〕，合肥：安徽文藝出版社，2019，第48頁。
〔註33〕黃宗羲，明儒學案〔M〕，沈芝盈點校，北京：中華書局，2008，第720頁。
〔註34〕蔣國保，儒學的民間化與世俗化：論泰州學派對「陽明學」的超越〔M〕// 許蘇民、申屠爐明編，明清思想文化變遷〔M〕，南京大學出版社，2009，第91頁。
〔註35〕王畿，書太平九龍會籍〔M〕// 王畿集，吳震編校，南京：鳳凰出版社，2007，第173頁。

「學業」和「職業」的區分，強調四民均可以通過學業而成為聖人，而職業的不同只是處理不同的日常事務的區別，並不在追求道成聖的過程中構成差別。島田虔次為此高度評價陽明心學對庶民力量的吸納所具有的深刻影響，「明學吸收了新興社會的熱量，作為被極大地擴張了其視野的近代中國精神的一個最高潮，它可以被作為近代中國精神的極限來理解。」〔註36〕島田虔次指出，庶民階層被吸納進入此前一直由士人階層主導和參與的思想交流活動，產生廣泛的社會影響力。換言之，儘管關於審美品位的交流並非講學活動的重點，但是可以預見，主持或參與講學活動的士人階層有機會將他們的審美觀念在如何組織日常生活以及如何打造居室環境等話題中予以闡述，並內在於講學活動對晚明社會的多維度的影響中。

總之，晚明審美思潮的「身體─空間」觀念的嬗變是否具備生成審美政治的條件，需要從思想史和社會狀況兩個方面進行考察。在思想史的角度看，構成晚明審美思潮新變的思想資源正是王陽明及其後繼者在儒學內部對天理觀念的重新闡釋，陽明心學及其思想後繼者關於理的內在轉向的闡發同時也是對道統的承續，而在中國古代的思想史和政治史，道統和治統之間相互作用正是知識信仰和皇權之間的角力，「身體─空間」觀念的嬗變如何內在於道統和治統之間的互動，正是對審美政治介入機制的揭示。在社會狀況的角度看，晚明社會的商業化程度逐步加深，跨階層的文化對話和交流日益擴大，士人階層關於審美經驗的著述在商業出版的背景下在涵蓋四民的市民階層中廣泛傳播，審美觀念變動的影響力不僅僅局限於以士大夫為主體的精英階層的內部，而是具有跨階層的公共影響力。

第二節　審美政治的介入機制：思想史的視角

晚明時期士人階層的審美思潮所展現「身體─空間」觀念的嬗變，並不僅僅是士大夫群體的自娛或縱慾，作為其思想基礎的陽明心學深入參與到道統內部的承續和更新，並借助社會商業化的趨向在全社會具備重要影響力，由此構成了生成審美政治的潛能。需要繼續思考欲望化身體的產生以及日常化空間的分化，如何進一步延伸到現實世界並和代表政權合法性的「治統」發生互

〔註36〕島田虔次，中國近代思維的挫折〔M〕，甘萬萍譯，南京：江蘇人民出版社，2018，第 152 頁。

動？需要從思想史這個角度闡明審美政治的介入機制。

一、晚明審美思潮與士人階層生存狀態的改變

李惠儀評述晚明物態審美思潮時候指出，「晚明時期關於物的著作經常聲稱歸隱的意圖，因為對於沒有明顯的社會—政治含義的物體的投入表明從公共領域退出。然而，如前所述，關於物和所有權的討論也是關於文化精英在趣味和感性範疇上具有一致性的不言而喻的聲明，其部分地與具有經濟和政治權力的群體重疊。」〔註37〕也就說，發生在晚明士人階層的審美思潮中的「身體—空間」觀念的嬗變，並不僅僅是一個審美趣味發生變動的美學事件，審美觀念通過對士大夫日常生活的滲透，深刻地改變了士大夫理解外部世界的思考視角，而且並非如作者自我所宣稱那樣導向歸隱，而是在重新確立趣味和感性的社會標準的同時，和社會空間的經濟和政治保持關聯，這意味著士人階層以新的實踐方式介入社會空間。

詳細而言，參見朱忠元的論述，「在閒適心態和玩賞心態之下，一切『非時之遊宴』、『無益之玩好』、好貨好色之癖好甚至玩弄婦女的戀妓、變童活動都成為具有審美意義的審美活動，至少在時人看來是一種風雅姿態和名士風度。」〔註38〕士人階層將身體欲望的追求移置到審美品位的構建過程中，為滿足身體欲望的訴求創造了合理的外在條件，避開了源於自身教育和社會規範關於節制欲望的道德戒律。對身體欲望的重視導致了士人階層在日常生活中，無論是器物的鑒別和賞玩，又或是庭園的總體設計和居室內部的布置，均遵循順應物性的邏輯，試圖使個體不同範疇的感官欲望和環境的總體風格、具體事物的純粹物性三者之間相互契合，器物或情境相關聯的歷史內容或道德內涵所受到的關注度明顯下降，因此士人階層的日常化空間在一定程度上是獨立於綱常倫理體系的場所。與此同時，士人階層試圖將世俗事務和官場的名利得失隔絕於日常化空間之外，直接現實的原因在於「大禮議」事件之後朝堂政治變得日益動盪和險惡。參考親歷明清易代的文人的反思，黃宗羲收錄了劉宗周對晚明政局的分析，「上積疑其臣而蓄以奴隸，下積畏其君而視同秦越，則君臣之情離矣，此『否』之象也；卿大夫不謀於士庶而獨

〔註37〕Wai-yee Li. The Collector, the Connoisseur, and Late-Ming Sensibility [J]. *T'oung Pao*, 1995(4/5): 269~302.
〔註38〕朱忠元等，中國審美意識通史：明代卷〔M〕，北京：人民出版社，2017，第365頁。

斷獨行，士庶不謀於卿大夫而人趨人諾，則寮采之情離矣，此『睽』之象也。」〔註 39〕再參照萬斯同描述嘉靖朝局的詞作，「撰得青詞文句工，富貴即時超儕輩。君不見，夏相當年棄西市，頗由青詞失帝旨。又不見，嚴相當年擅國權，實由青詞邀帝歡。」〔註 40〕皇權不斷膨脹，士大夫被視為需要嚴加控制的「奴隸」，士大夫如果在與皇帝或其代言人的政爭中失敗，不僅可能遭受貶斥、杖責，甚至面臨像嘉靖朝首輔夏言那樣被殺害的命運，君臣之間的交往不再以合作者或師生關係為基礎，而是嚴格的上下等級臣屬關係，士大夫如果要繼續追求仕途的名位，只能像嚴嵩那樣以撰寫青詞的方式滿足嘉靖皇帝的喜好。再參見趙園對晚明士人精神世界的觀察，「而在其時士人的有關修辭中，卻正習於以妾婦自比。」〔註 41〕士人群體以「妾婦」自喻，表明兩宋時期士大夫的政治主體精神在晚明已經失落。由此，一直以來士人群體所期待並在實踐中貫徹的「得君行道」的政治理想變得遙不可及，士人階層如果不能趨炎附勢甘為「妾婦」，並且結成黨羽陷身黨爭，不僅無望獲得晉升甚至有禍及身家性命的危險。因此，士人階層嘗試將日常化空間構建為兼具閒適和享樂特質的場所，一方面將政治場域的焦慮和失落轉移到身體欲望的享受，另一方面以提升自身審美品位的方式確立自己在社會中的文化聲望。簡而言之，審美思潮中「身體─空間」觀念的嬗變深刻改造了士人階層的思維方式和行動指向，遵循以物性為中心的邏輯認知外部事物和所處的情境，並追求身體感受和物性相互契合的效果，在倫理政治空間的道德價值邏輯之外塑造新的價值觀體系，弱化了綱常倫理體系對個體的思想和行動的約束力和引導作用，因而這並不僅僅是美學層面的事件，而且展現了晚明士人階層的生存狀態的根本改變。

那麼如何理解晚明士人群體由審美思潮引發的生存狀態的變化？參見趙園對晚明士人階層的精神世界的考察，「不妨認為，明代的政治暴虐，非但培養了士人的堅忍，而且培養了他們對殘酷的欣賞態度，助成了他們極端的道德主義，鼓勵了他們以『酷』（包括自虐）為道德的自我完成──畸形政治下的

〔註 39〕黃宗羲，子劉子學言卷一〔M〕// 黃宗羲全集（第一冊），吳光編，杭州：浙江古籍出版社，2012，第 277 頁。

〔註 40〕萬斯同，新樂府詞〔M〕// 萬斯同全集（第八冊），寧波：寧波出版社，2013，第 431 頁。

〔註 41〕趙園，制度‧言論‧心態：《明清之際士大夫研究》續編〔M〕，北京：北京大學出版社，2006，第 275 頁。

病態激情。」〔註42〕趙園指出，明代的朝堂政治自洪武年代開始就出現暴虐的
傾向，導致士人群體的精神狀況充滿了「戾氣」，以宗教式的嚴苛自律態度對
待自我的身體，這種觀察更貼近於士人群體處身於政治場域中的狀態。回到政
治場域之外的日常化空間，士人階層往往將政治場域中的焦慮轉化為日常生
活中的欲望表達，從而削弱了士人群體對於政治的理想寄託。參見趙強立足於
生活美學理論視野的反思，「日常生活、審美，尤其是以物質和感官經驗、快
適為旨趣的『生活美學』，若並非文明自然生長、積澱的結果，若無相應的文
化、觀念、思想和制度的制衡，其本身雖然有合乎人性自然欲求的合理性、合
法性，卻依然無法避免走向『大壞極蔽』的風險。」〔註43〕趙強認為，晚明士
人階層的日常生活圍繞著「物化」的發生和反思導致的欲望和審美相互滲透現
象，正是當時社會商業化和世俗化趨勢引發的負面文化景觀，最終導致王朝和
個人命運遭受悲劇性結局。趙強關於晚明士人階層的世俗生活陷入「極蔽」的
結局的評論，隱含的邏輯是士人階層對欲望的追求以及對政治責任的疏離實
際上背離了一貫以來的儒學傳統，也和當時的社會現狀完全脫離，在這個角度
而言，晚明士人階層的「身體─空間」觀念的嬗變將缺乏現實的有效意義。這
正是本章第一節所闡述的晚明研究的第一種路徑，立足於現代性視野，認為晚
明社會文化的異變和傳統中國的思想傳統相斷裂，從這種視角出發，對於晚明
審美思潮的政治影響很大程度上只能從王朝更替的結果進行溯源，揭示晚明
思想文化的嬗變在具有現代性意義的同時，也將必然導致社會普遍陷入享樂
主義和功利主義，從而加速明王朝的覆滅。吳功正同樣從晚明士人群體對癖好
的沉溺出發，對他們的生存狀態進行了類似的道德批判，「沉湎於賞玩，當然
就沒有了東漢的熱士，丟棄了魏晉的殉道，缺失了季宋的名節。」〔註44〕嘗試
將引文的歷史背景做簡單的梳理，東漢晚年士大夫的突出表現在於和篡權的
外戚或宦官展開鬥爭，魏晉士大夫的殉道則表現在阮籍、嵇康等魏晉士人以反
叛禮教的方式表達對司馬氏掌權和執政的不滿，而南宋士大夫的名節則表現
在王朝更替之際選擇以身殉國，這三個時代的士人階層在思考以及實踐中均
是對倫理政治秩序的思考和回應，東漢和南宋的士大夫在行動中表現對綱常

〔註42〕趙園，明清之際的思想與言說〔M〕，上海：復旦大學出版社，2010，第10頁。
〔註43〕趙強，「物」的崛起：前現代晚期中國審美風尚的變遷〔M〕，北京：商務印書
　　　　館，2016，第277～278頁。
〔註44〕吳功正，明代賞玩及其文化、美學批判〔J〕，南京大學學報（哲學‧人文科學‧
　　　　社會科學），2008（3）：114～122。

倫理體系的遵從，而魏晉士人則通過對反對日益僵化的禮教的方式表達對綱常倫理體系的思考，他們均是在道德理念和實踐上貫徹儒家傳統確立的「得君行道」的政治理念。晚明士人階層之所以受到批判，因為他們對賞玩器物和欲望享受的沉溺，被認為和士大夫的價值傳統相違背，需要為明朝的滅亡承擔責任。吳功正對晚明文化思潮進行反思和批判的角度和結論均與趙強相若，他們兩人都強調晚明審美思潮的嬗變是對儒學傳統的背離，並且間接加速了明王朝的滅亡。

　　趙強和吳功正的研究指出了晚明審美文化和此前朝代儒學傳統之間的差異性，然而正如本章第一節對不同晚明研究思路的反思，考慮到支撐晚明審美思潮的思想資源是王陽明的心學學說和以泰州學派為代表的王門後學，事實上廣義上的陽明心學一直被視為儒學的思想譜系的組成部分。那麼如果僅僅從相異性出發理解晚明社會文化的內涵，而缺失立足儒學內部的變革這一思想背景，將晚明審美社會文化思潮視為中國社會發展進程中的異端，這並非一個完全客觀的評價，同時也喪失了在王朝更替的歷史視野之外進一步闡發晚明審美思潮的政治潛能的角度。前文對晚明審美政治得以生成的可能性進行思考，並且對從審美思潮的思想背景和「道統」之間的關係進行了簡略的探索，那麼下文將從道統的內部變動出發，考察晚明審美思潮中所展現的「身體─空間」觀念的嬗變如何生成審美政治的機制。

二、「道統」的確立和陽明心學的闡發

　　首先需要對儒學的「道統」學說的定義和確立的歷史過程進行回顧，在此分別參考黨聖元和成中英對於道統及其運作機制的闡述：

> 　　要強調的一點是，在中國傳統文化的政體制度中，道統是儒家思想的核心觀念，歷代政權的正統性基礎就建立在道統觀上，即以有道伐無道，方能承緒王祚。然而，隨著政體制度的轉換和思想控制的變化，儒家道統觀的內涵和外延也始終處於一種不斷變化的過程之中。從道統概念的內涵來看，道統並非是一個既定的思想學說，其思想內涵形成於對不同時期的政治籲求、社會觀念和生存困境等問題的價值選擇和倫理規範的回應上。這些不同時代的儒家思想資源共同構成了儒家的道統內涵。從這一意義上來講，所謂「道統」實際上就是追求最大程度的共識與尊崇的一種思想共同體、價值共

同體。其主要功能則重在社會層面的整合與規範，包括規範統治者
自身的思想價值體系和統治行為。〔註45〕

　　作為一個文化所遵循的價值以及對歷史社會發展進行指導的規
範原則，道當然可以具有一種統序，在此意義上，道不僅涉及天道，
也涉及為政之道，而道的表達方式通過諸多文本尤其是經典來顯示
其存在。具體而言，經典從政治上談王道、仁政之道，從做人方面
談中道、正道規範人生，實現人的內在價值。〔註46〕

　　兩位學者對道統的價值理念、基本構成和介入模式進行了簡明扼要的闡
述。在價值理念方面，道統是歷代士大夫對於道的經典性理解的匯聚，涵蓋士
人群體認知自然和社會的智識經驗，以及倫理和德行等方面的規範性共識，這
是士人群體所遵循的「思想共同體」和「價值共同體」。在基本構成方面，道
統由歷史上儒家的經典思想所構成，並且處於多樣化和變動的狀態，不僅獲得
進入道統範疇的歷代思想家和典籍並非始終恒定不變，而且道統始終對將當
代的思想家和典籍的納入持開放性立場。在介入模式方面，道統的最重要目標
是彰顯自身作為「為政之道」，參與到政制正當性和施政合理性的價值論證。
再參考其他學者對道統學說的起源及其相關歷史背景的進一步介紹，道統就
是一直以來儒學均試圖構建一種凸顯聖人相承繼的譜系，道統學說的初步成
形始於唐代，面對儒、道、釋三種思想相互競爭的局面，為了重新確立儒家在
思想領域的領導權並進而成為王朝的統治意識形態，韓愈試圖以「道」為核心
建構儒家的思想譜系。〔註47〕

　　道統的譜系較早見諸韓愈《原道》，「堯以是傳之舜，舜以是傳之禹，禹以
是傳之湯，湯以是傳之文武周公，文武周公傳之孔子，孔子傳之孟軻，軻之死，

〔註45〕黨聖元、湯敬一，論清初「正統」論建構及其影響〔J〕，中國社會科學院研究
　　　　生院學報，2019（3）：99～107。
〔註46〕成中英，朱子論「道統」與「道心」——從道的文化體現至道的道德實踐〔M〕
　　　　//蔡方鹿編，道統思想與中國哲學，北京：人民出版社，2017，第1頁。
〔註47〕參見葛兆光，中國思想史第二卷：七世紀至十九世紀中國的知識、思想與信仰
　　　　〔M〕，上海：復旦大學出版社，2011，第201～202頁；朱漢民，宋儒道統論
　　　　與士大夫的主體意識〔J〕，哲學研究，2018（10）：71～78；蘇費翔、田浩，
　　　　文化權力與政治文化〔M〕，肖永明譯，北京：中華書局，2018，第79～92頁；
　　　　Thomas A. Wilson. Genealogy and History in Neo-Confucian Sectarian Uses of the
　　　　Confucian Past [M] // Xinzhong Yao and Wei-ming Tu eds. *Confucian Studies:*
　　　　Reassessing Confucian Traditions (Volume 1). London and New York: Routledge,
　　　　2011, pp.143~169.

不得其傳焉。荀與揚也，擇焉而不精，語焉而不詳。由周公而上，上而為君，故其事行；由周公而下，下而為臣，故其說長。」〔註48〕在韓愈確立的道統譜系中，道統的神聖起源上溯至堯、舜、禹，並以周公為分界，此前的時代是道統和最高政治權力相合一的時期，而其後孔子、孟子所承繼的道統和最高政治權力相分離。韓愈所建構的道統內容在後世儒家中基本得到延續，均將儒學關於社會改造方案的合法性建基於對堯、舜、禹治理下的三代時期的摹仿，而在思想根基的合法性則回歸到對孔孟思想的再闡釋。值得注意的是，韓愈建構的道統譜系中，孔孟以大臣的地位承繼道統，由此產生道統和寓意最高政治權力的治統之間的張力，這構成儒家政治學的問題意識和核心基礎。正如張載所言，「朝廷以道學政術為二事，此正自古之可憂者。」〔註49〕道統和治統之間的分離，促使儒家思想家為儒學如何發揮政治功能做進一步探索，尤其體現在朱熹通過對儒學經典典籍的注疏完成道統體系的建構。

　　對於韓愈和朱熹的道統思想的差異，陳贇認為，「朱熹對韓愈以仁義為道統內容的觀念進行了修正，重新將中道確立為道統內容，而且將道統的譜系的來源歸之《六經》為了進一步將儒學發展。」〔註50〕根據陳贇的解讀，韓愈的道統論的核心在於仁義，重點在於「成人、成聖之德教」，而朱熹的道統論核心則在確立周敦頤、二程開創的理學獲得正統地位的基礎上，進一步探索「一個超越自身時代朝向更高視域的可能性」，即構建道的共同體，凸顯「道統」面向政治的時刻所具備的作用。參考朱熹在注疏《中庸》時候在序言中的論述，「自是以來，聖聖相承：若成湯、文、武之為君，皋陶、伊、傅、周、召之為臣，既皆以此而接夫道統之傳，若吾夫子，則雖不得其位，而所以繼往聖、開來學，其功反有賢於堯舜者。然當是時，見而知之者，惟顏氏、曾氏之傳得其宗。及曾氏之再傳，而復得夫子之孫子思，則去聖遠而異端起矣。」〔註51〕對於進一步理解朱熹的道統思想和政治之間的關聯，以余英時的解讀為例，「上古聖王所發現和實踐的『道體』，通過宋代道學家（包括朱熹自己在內）的闡釋，已取得與時俱新的意義。在位君主只有掌握了當代『道學』所提

〔註48〕韓愈，原道〔M〕// 韓昌黎文集校注（上），馬其昶校注，上海：上海古籍出版社，2018，第23頁。

〔註49〕張載，答范巽之書〔M〕// 張載集，章錫琛點校，北京：中華書局，1985，第349頁。

〔註50〕陳贇，朱熹與中國思想的道統論問題〔J〕，齊魯學刊，2012（2）：5～13。

〔註51〕朱熹，四書章句集注〔M〕，北京：中華書局，2016，第14～15頁。

供的『治天下』的原則，才能使自己的統治合乎『道』。這是理學家所謂『致
君行道』的主要涵義。」〔註 52〕余英時對朱熹的道統思想解讀的獨特之處在
於，他特別強調在朱熹思想內部存在「道統」和「道學」之間的區分，「道統」
就是「三代之治」時期內聖和外王的合一，即道德聖人也兼具最高統治者的地
位，「道學」即朱熹所確立的理學，是對孔子學說的繼承以及對「道統」的核
心內容「道體」的闡明，對於沒法傳承「道統」的當代統治者而言，要做到有
效治理國家就必須求助於朱熹所確立的道學——程朱理學。簡言之，余英時將
「道統」和「道學」的區分作為闡釋朱熹思想的切入視角，是為了凸顯道學之
於政治的指導地位，通過構築知識分子在知識的權威性和道德的優越性這兩
個方面上的優勢，以獲得君王的器重從而運用政治權力促進「道」在天下的推
行和貫徹。對於朱熹之後的儒學思想家和現代學者而言，「道統」、「道體」和
「道學」均被納入為廣義的道統範疇，將「道統」分為兩個階段，即上古時期
聖賢和聖王之間的同一，這是道統和治統相合一的階段，而孔子之後則是道統
和治統分離的時代，儒學思想家所依憑的道統則表現為以道為根基的崇高道
德境界以及出眾的智知水平，並進而試圖作為合作者和引導者的角色獲得治
統的接納，這正是晚明之前士人階層所普遍信奉的以「得君行道」最終目標的
政治理念和實踐方向。

　　陳逢源寫到，「筆者從北宋以來諸儒思考角度切入，得見朱熹承繼線索，
『道統』並不是新異詞彙所產生的新奇觀點，也不是諸多概念混合的結果，而
是累聚數代儒者追尋聖人蹤跡，以及投身於儒學實踐當中的心得與情懷。」
〔註53〕換言之，經過朱熹的系統性闡發而最終確立的道統譜系，並非一種斷裂
性的跳躍，而是建基於一直以來士人階層的道德培育和政治實踐進行闡發，
唐、宋思想家意圖在思想和政治的雙重層面確立儒學的唯一正統的地位。士人
階層一直以來秉承內聖外王的傳統，在道統和治統相分離之後的時代，士人階
層一方面在追求內聖的過程中遵循道的啟示性意義培育個體德行和智性，另
一方面則將向內的自我修身所得轉向外部的政治實踐，以秉持道統的道德和
知識權威，對治統進行限制和引導，這正是儒家知識分子理想中的介入政治的
方式。

〔註52〕余英時，朱熹的歷史世界：宋代士大夫政治文化的研究（上）〔M〕，北京：生
　　　活・讀書・新知三聯書店，2004，第 25 頁。
〔註53〕陳逢源，「鎔鑄」與「進程」：朱熹《四書章句集注》之歷史思維〔M〕，臺北：
　　　政大出版社，2013，第 103 頁。

土田健次郎論述朱熹如何通過構建道統連通「平天下」的政治理想：

> 這意味著，「道統」從政治權力中解放出來。聖人純粹成為心境的問題：聖王之間相傳的道統，其核心也是堯舜禹相授受的「人心惟危，道心惟微，惟精惟一，允執厥中」（《書經·大禹謨》）這個道德性的傳授。換句話說，「道統」論的本旨在於，上古聖神相傳而來的道就是一個心的問題。〔註54〕

張卉闡述朱熹如果通過思想秩序的重建通向社會和政治秩序的建構：

> 應該說，朱熹至少從理論上出色地完成了時代交給他的任務——秩序的重建。他主要以《中庸》為其論證「道統」的主要文獻，通過《中庸章句》及《序》，從理論上證明了「道統」重建之可能性。「道統」之重建還映像出經學體系之重建、政治秩序之重建、社會秩序之重建。朱熹等文人士大夫們寄希望思想（經學體系）之重建，引導政治、社會的走向和未來，修復和重塑失落的權威。他們的主要路徑就是通過回溯歷史、重新挖掘經典文本的深意，以系譜的方式、訴諸於「道」和排斥「異端」來重建合理性、合法性。我們也看到，士大夫們對國家、社會深切的憂患意識使他們有強烈的責任感去呼喚秩序的問題。實際上，思想、政治、社會之重建往往是一致的。〔註55〕

正如土田健次郎、張卉對朱熹道統思想的解讀，道統的傳續是「道心」為依據，只要承繼「道心」才能做到「中道」，構成了朱熹道統思想的核心，這種闡釋路徑建基《尚書》關於聖王相傳位的經典論述——「人心惟危，道心惟微，惟精惟一，允執厥中。」〔註56〕自孔子開始了道統和治統相互分離的時期，聖人的相傳就完全變成了「道心」承繼的問題。士人階層將內聖範疇的心境問題作為實現承續道統的重要依據，需要通過展現自己在內聖範疇取得成就以獲得皇帝的賞識和器重，從而將自身傳承的道統思想沿用於社會和政治

〔註54〕土田健次郎，朱熹的帝王學〔J〕，復旦學報（社會科學版），2019（1）：23～30。

〔註55〕張卉，《中庸》與朱熹「道統」論之構建〔J〕，哲學與文化，2018（12）：131～143。

〔註56〕李學勤編，十三經注疏·尚書正義〔M〕，北京：北京大學出版社，1999，第93頁。朱熹在《中庸章句序》中寫到，「其見於經，則『允執厥中』者，堯之所以授舜也；『人心惟危，道心惟微，惟精惟一，允執厥中』者，舜之所以授禹也。」朱熹，四書章句集注〔M〕，北京：中華書局，2016，第14頁。

秩序的構建，以道統對治統進行制約、引導，這是一種植根當下並指向未來的思想—政治規劃。

　　朱熹的道統論對「道心」問題的闡發，啟發了王陽明以心體為基礎完成了儒學的心學轉向，作出本心和道心相同　的判定並進而發展出「致良知」的心學學說。參見《明儒學案》對王陽明學說的總評，「先生承絕學於詞章訓詁之後，一反求諸心，而得其所性之覺，曰『良知』。因示人以求端用力之要，曰『致良知』。」〔註57〕黃宗羲對陽明心學的評價為「承絕學」，表明陽明心學是對儒家先賢的經典學說的繼承，屬於儒學思想譜系之內，並對陽明心學進行了簡明扼要的概述，這是一種以「反求諸心」為方法、以「致良知」為指向的儒家學說。再參見當代思想史研究者葛兆光的判斷，「王陽明相信，他自己比程朱更親切地把摸到了孔子、孟子以來的真理的脈搏，因此也反覆宣稱，自己才繼承了儒家的真傳。」〔註58〕王陽明通過上溯孔子、顏子、孟子的方式確立了自己學說的真理屬性，也就承續了道統。綜合晚明清初的思想家黃宗羲和當代學者葛兆光的判斷，王陽明的心學學說是儒學系譜內部的構成部分，並且通過確立本心和天理是相同一的概念這一命題，為聖賢如何承繼道統以及進一步處理道統和政治之間的關係提出了新的思考路徑，陽明心學同樣屬於儒學道統的組成部分。王陽明的心學學說立足於對「道心」的再闡發，對天理問題進行再定義。他在《答顧東橋書》中寫到，「夫萬事萬物之理，不外於吾心，而必曰窮天下之理，是殆以吾心之良知為未足，而必外求於天下之廣，以裨補增益之，是猶析心與理而為二也。」〔註59〕王陽明在這段論述中闡明了區別於程朱理學的天理觀念，沿著朱熹對《尚書》中「道心」的闡釋開啟儒學的心學轉向，天理作為貫穿萬物和社會的普遍性真理，被認為等同於「純乎天理之心」，即沒有被私欲遮蔽的本心，不存在外在於本心的天理。因而，在陽明心學的體系中，培育對天理的理解和體悟無需朝向外部世界，只需要返回自身，以祛除私欲對內心的遮蔽的方式促使本心的呈現，就達到體悟天理的境界。與之相反，如果個人執著於以向外的方式探求天理則將造成心和理的二分，這正是內

〔註57〕黃宗羲，明儒學案（全二冊）〔M〕，沈芝盈點校，北京：中華書局，2008，第6～7頁。

〔註58〕葛兆光，中國思想史第二卷：七世紀至十九世紀中國的知識、思想與信仰〔M〕，上海：復旦大學出版社，2011，第275頁。

〔註59〕王守仁，答顧東橋書〔M〕// 陽明先生集要（全二冊），施邦曜輯評，北京：中華書局，2008，第210頁。

心受到私欲的遮蔽導致良知不足以充塞流行的現象。

那麼，如何理解陽明心學對道統的改造？回到道統的核心問題「內聖外王」談起。王陽明的學說之所以依然被後世儒學家確認為道統的承繼者，因為王陽明依然將「內聖外王」的儒學追求包含在學說中。在王陽明的論述中，返諸內心祛除私欲對本心的遮蔽，正是內聖的必要階段，而祛除私欲之後的心體即和道心相同一，本然心體的自由流動的過程正是致良知的過程，本心的流動將指向「事親」、「事君」、「仁民愛物」、「視聽言動」這四個範疇，「事君」和「仁民愛物」是儒家帝王學的重要主題，這正是外王的途徑。然而，結合王陽明個人所處的晚明時代的政治局面，再考慮到他本人在中年之後為學和為政方向的變換，陽明心學的內聖外王包含了諸多新變，和程朱理學之間的區別遠遠不止是對天理觀念的認知方式。

在內聖範疇，參照楊國榮的解讀，「王陽明把心體理解為普遍之理與個體之心的統一，而這種道德本體又構成了成聖的內在根據：如果說，理作為心體之中的普遍性規定保證了內聖之境的崇高性，那麼，心與理的融合（理內化於心）則為內聖成為實有諸己的真誠人格提供了擔保，二者從不同方面對內聖何以可能作了理論上的說明。」〔註60〕王陽明將具有普遍性性質的天理和本心相等同，個體的道德培育和精神反思無需遵循外在的道德戒律，只需要通過錘鍊內心的克己工夫，就可以通過「理作為心體之中的普遍性」的依據，祛除遮蔽本心的私欲，從而達到具有崇高性質的成聖境界。值得注意的是，在程朱理學體系中，乃至在儒學道統中，天理被認為是貫穿於萬物以及社會秩序，不僅是萬物化生的規律，同時也是社會秩序順利運行的基礎，具有普遍性和一定程度的客觀性，而王陽明所最終確立的儒學心學轉向後，外在化的天理被轉化等同於個體的本心，並作為個體思考和行動是否具備合理性的最終依據，而無需向既定的道德規範尋求引導。換言之，個體自身的內在尺度成為士人階層在認知和實踐的依據。王陽明所建構的以本心為基礎的內聖觀念，影響了士人階層在外王範疇的實踐。儘管「事君」和「仁民愛物」依然是王陽明的致良知過程需要考慮的主題，但與此同時，王陽明在列舉致良知的例證時候將「視聽言動」確立為和「事君」、「仁民愛物」相併列的重要主題，而「視聽言動」包含了感官和言行，所關涉的範圍已經逾越了「得君行道」的範疇，意味「外王」的範

〔註60〕楊國榮，心學之思：王陽明哲學的闡釋〔M〕，上海：華東師範大學，2022，第 92 頁。

疇將擴大，超越傳統的朝堂政治領域。

參考左東嶺闡述晚明心學對士人從政心態的影響，「因此，從官場中退步抽身，欲保持自我清潔，並轉向自我解脫與自我適意，這乃是此時期心學的大致走向。」〔註61〕究其原因，當個體自身的內在尺度取代了外在的道德規定或經典典籍的學說成為士人階層介入社會空間的依據，引申出一個深層次的轉變，皇權的權威在士人群體中出現下降的趨勢。參見龔鵬程對李贄對於禮教的解讀，「批判那種外在化、形式化、以人為規定的條理規約來規範各個不同的個體生命的做法，而呼籲重建一種合乎禮意、能使民格心歸化，又不往政教方面走的禮。」〔註62〕李贄對待禮教的態度正是對陽明心學的演繹，王陽明及其思想後繼者將個體自身的內在尺度確立為思想和行動的依據，以及判定思想和行動是否具備合理性的標準，這意味「外在化、形式化、以人為規定的條理規約」失去了道德約束力。而這些被放棄的僵化的道德戒律正是皇權以賦予程朱理學的官方意識形態的地位的方式予以制定和確立，因此王陽明以心學的路徑重釋孔孟學說對道統進行改造，隱含了對皇權的失望和疏離，這也是對明代皇權一直以來打壓士人階層地位的思想回應。與此同時，再結合王陽明在對比聖人和庸眾的立場時候的說法，「良知良能，愚夫愚婦與聖人同，但惟聖人能致其良知，而愚夫愚婦不能致。此聖愚之所繇分也。」〔註63〕這是一種平等主義的立場，聖人和一般的民眾之間的區別，不在於他們的學識程度的差異，也不在於某種天賦或血統的差異，而在於他們能否做到祛除私欲以致良知。庶民階層只需要返諸內心做到祛除私欲，就可以成為聖人，他們在日常生活中的知和行就是致良知，正是做到內聖的基礎上對外王的踐行。簡言之，外王範疇不僅僅局限於以「得君行道」為主旨的朝堂政治，而是擴張到「視聽言動」的諸領域，各個維度的感官體驗和日常生活的地位提升，被納入了道統的範疇，道統和治統之間的關係不再完全緊密結合在一起。

陽明心學對道統的改造經由王陽明及其後繼者的思辨和實踐，展現了一種新的介入政治的方式。參見余英時以王陽明、王艮為主要例子對明末清初的士人階層的政治文化考察，「用傳統的語言說，明清有濟世之志的儒家已經放

〔註61〕左東嶺，王學與中晚明士人心態〔M〕，北京：商務印書館，2014，第 407 頁。
〔註62〕龔鵬程，晚明思潮〔M〕，北京：商務印書館，2005，第 25 頁。
〔註63〕王守仁，答顧東橋書〔M〕，《陽明先生集要（全二冊）》，施邦曜輯評，北京：中華書局，2008，第 215 頁。

棄了『得君行道』的上行路線，轉而採取了『移風易俗』的下行路線。唯有如此改變，他們才能繞過專制的鋒芒，從民間社會方面去開闢新天地。」〔註64〕再參考吳震對朱熹和王陽明的道統學說的對比，「在這一點上，陽明、王畿不僅與朱子保持完全一致，更是向前推進了一步，因為心學道統論顯然史強調排除任何威權意識而向所有人開放，並且始終與君統或治統的問題保持一定距離，並不認為道的價值須從帝王政治（王權）那裏獲取保證，而是堅信『道』是儒學價值的最終根源，『行道』實踐的終極目標就在於實現『天下有道』，作為儒學精神史的道統觀念正是為『行道』實踐服務的。」〔註65〕王陽明和以泰州學派為代表的王門後學，在延續朱熹所賦予道統的獨立性和批判性的基礎上，即在治統的權威範圍之外確立道統的正當性並以此規定治統的權力運用的界限，遵循錘鍊內心的方式創造了新的內聖模式。在這種內聖模式之下外王的指向將不再局限於「得君行道」的朝堂政治，而是將由庶民階層廣泛參與的社會日常生活也視為「外王」得以踐行的社會空間，以書院講學等方式進行「移風易俗」的實踐也是推動「天下有道」的途徑，由此促成了道統和治統相互作用關係的弱化，具有生成和儒家傳統既有延續性又相衝突的新型政治構想的潛能。

　　回到文化社會學的視野，結合晚明王學對道統的改造，深受王學影響的士人階層在審美實踐展現的生存狀態的改變，又是如何在道統和治統之間的關係變化中介入政治？

三、審美政治與日常生活的自治

　　晚明審美思潮「身體—空間」觀念的嬗變展現了士人階層的生存狀態的改變，而士人階層的生存狀態涉及思想習慣、實踐動向、生活方式等多個範疇，而儒家的道統不僅是士人階層介入朝堂政治的行動依據，同時也構成他們理解外部世界的思維基礎，深刻影響了他們對於日常生活的總體安排，以及他們對道德準則和價值觀念的確立。也就是說，士人階層的生存狀態和道統所確立的普遍性真理性密切相關。王陽明通過對儒學的心學轉向的確立，動搖了程朱理學的道統地位，引導士人階層遵循個體的內在尺度進行思考和實踐，將朝堂

〔註64〕余英時，現代儒學的回顧與展望〔M〕，北京：生活・讀書・新知三聯書店，2012，第170頁。

〔註65〕吳震，心學道統論——以「顏子沒而聖學亡」為中心〔J〕，浙江大學學報（人文社會科學版），2017（3）：59～71。

政治範圍之外「視聽言動」的範疇也賦予意義和價值，和晚明士人階層植根於「身體─空間」觀念的嬗變而發生的生存狀態的變動密切相關。儘管晚明士人階層普遍受到陽明心學思想的思考範式的深刻影響，但是這並不表示士人階層自覺在審美活動完全遵循道統的真理性指引，士人階層所面對的士商互動以及商業化加速的社會結構變動的狀況，構成了他們理解和再闡發王陽明學說的前理解。陽明心學的要旨是促使本心得以呈現，而實現這個目標的方式正是通過內心自省的路徑以祛除私欲的遮蔽，這是對先秦儒學主題克己復禮的承繼。然而，陽明心學的思想體系包含了重視個體的自然本性，並將個體的內在尺度確立為思考和行動的依據等改造程朱理學的潛在路徑，在士人階層的世俗生活中得到更進一步演繹，由此產生了美學和思想之間的間距，也即審美思潮和道統之間的間距。立足於審美思潮和道統的間距，區分「身體─空間」觀念的嬗變和道統之間的異同，並結合道統和治統之間的相互作用，有助於在思想和政治的互動基礎上透視審美政治的介入機制。需要思考，晚明士人階層通過「身體─空間」觀念的嬗變而展現的生存狀態的改變，和王陽明更新改造之後的道統之間具有何種關聯和差別？

首先，從晚明道統的新變如何影響晚明士人階層的審美活動談起。參照朱熹對道統的建構作為對比，土田健次郎指出，朱熹所建構的道統是一種帝王需要借助以治理天下的學說，「朱熹的思想對於政權持嚴格的道德理想主義態度，而這正是依靠正統與道統的分離而成立的。」〔註66〕以程朱理學為核心的道統譜系中，在一般狀況下道統和治統處於相互分離的狀態，治統的合法性和道德正義沒有必然的關係，因此這種現實的政治現狀決定了道統和治統必須相互倚重。正如溝口雄三對朱子學宗旨的總述，「朱子學是通過對已有的、數量龐大的經典和文物制度進行窮理，並通過主敬靜坐的工夫收斂情的變化，力求使事事物物的理得以充分顯現。朱子的這種修養方法，意圖是要涵養為政者即位於民眾之上的官僚士大夫自身的德性，並依據這種涵養得來之德性採取適宜之政策，實施德政。」〔註67〕對於朱熹時代的士人階層而言，他們一方面將「道德理想主義」作為自我修身的理念，另一方面則在思想輿論上將「道德理想主義」確立為政權施政時候必須依傍的價值理念，從而將個體的生存狀態

〔註66〕土田健次郎，朱熹的帝王學〔J〕，復旦學報（社會科學版），2019（1）：23～30。

〔註67〕溝口雄三，中國思想史：宋代至近代〔M〕，龔穎、趙士林等譯，北京：生活·讀書·新知·三聯書店，2014，第85頁。

和朝堂政治緊密結合，也就是規訓的身體和單一的倫理政治空間之間相互結合。和程朱道統論相切合的審美範式可參見范仲淹所言，「故夫喜焉如春，悲焉如秋，徘徊如雲，崢嶸如山，高乎如日星，遠乎如神仙，森如武庫，鏘如樂府，羽翰乎教化之聲，獻酬乎仁義之醇，上以德於君，下以風於民。不然，何以動天地而感鬼神哉！」〔註68〕士大夫在審美活動中遵循儒家詩教倫理觀念，將個體的修身和輔助君王治理國家統一於審美活動。

王陽明以心學的路徑則重新闡釋了道統，構成了晚明美學發生變化的思想基礎。王陽明一方面認為道和本心相同一，道有且僅以本心的狀態存在，個體對道的體悟則需要通過返回內心做工夫，祛除私欲對本心的遮蔽，從而讓本心得以呈現和流動，也就是達到體悟道的境界，並以知行合一的方式進行致良知的實踐；另一方面，王陽明認為道是每個人所天生具備的，因而判斷個體是否能夠成為聖人的標準只在於他是否做到本心的呈現，而無關個體的血統、學識和名位，由此在賦予了普通民眾也具備成為聖人的條件的同時，引發出另外一個重要延伸，日常閑暇生活中「視聽言動」同樣屬於致良知的範疇。道統象徵了儒學的真理性內容，因而王陽明對程朱理學的改造深刻影響了晚明士人階層的審美觀念和審美活動。具體展開，在陽明心學對道統的重新闡釋的引導下，天理不再是外在於個體而存在，而且在朝堂政治之外的日常閑暇生活也具有存在的合理性。受此啟發，晚明士人階層在審美活動中不再將既有的以道德培育和歷史反思為根基的審美規範視為唯一法則，而是在審美活動中重視身體感受和情感表達。在接觸審美對象的過程中，不管是對於自然景色的欣賞，或者是古今器物的品鑒，士人群體立足於個體的感受經驗，而非試圖將審美客體納入既有的綱常倫理體系的道德規範和歷史視野中予以理解，因此審美對象的顏色、材質、製作技藝等物性要素受到重視，而且他們力圖促使對象的物性和個體自身不同維度的身體經驗達到相互契合的境界。士人階層的審美活動主要發生在閑暇時間段，綱常倫理觀念不再被視為日常生活中需要嚴格遵循的法則，獨立於倫理政治空間的日常生活具有正當性，由此發生「身體—空間」觀念的變動，與宋代將理學所包含的道德意識和歷史視野視為審美活動的重要準則相比，晚明士人階層的生存狀態發生了根本變化。

在明確道統和美學思想之間存在共通性的前提下，需要意識到，晚明士人

〔註68〕范仲淹，唐異詩序〔M〕// 范仲淹全集（一），李勇先、劉琳等點校，北京：中華書局，2020，第156頁。

階層的審美觀念和道統之間並非完全相一致。晚明士人面對著一個商業化持續擴大和士商互動不斷加深的社會狀況，在一定程度上逾越了王陽明設想的理想世界的範圍。再次審視王陽明思想和程朱理學相區別的兩個主要方面。第一，王陽明在本心和天理相同一的總體論斷之下，認為人們無需通過謹守外在的道德戒律或進行修身儀式，只需要返回內心做工夫，個體天然具備的本心就是道心，由此促進個體重視自身的感官體驗和情感表達，不再需要全盤遵行嚴苛繁雜的道德戒律和複雜繁瑣的修身儀式，但這並不意味著陽明心學主張對欲望進行無節制追求。王陽明依然將祛除私欲對本心的遮蔽確立為致良知的必要前提，並且重視錘鍊內心的工夫。正如杜維明對王陽明關於「去人慾」學說的闡釋，「因為從存在意義上說聖性是永遠不能完成的，所以，『格物』事實上是一個永不停止的修身過程。這樣的過程不是人性的分離而是回歸，因為人刈除習氣和自私力量的能力之源存在於他自己的心靈之中。」〔註69〕王學的後繼者在對待錘鍊內心的工夫的重視程度上存在分歧，但是，即使在簡約工夫上走得最極端的代表泰州學派，根據龔鵬程和王汎森的闡釋，他們的思想典籍同樣秉持「道德嚴格主義」的價值觀念。第二，王陽明及其後繼者均強調需要在日用的事情中下工夫，將庶民階層也納入講學論道的範圍，王陽明在朝堂政治的視野之外闡述日常生活所具有的意義和價值，但是這並不意味王陽明放棄了對政治的關注和思考，這正是道統內涵的應有之義。參考余英時對歷代儒家知識分子的判斷，「但是從歷史的觀點看，儒家的最初與最後的嚮往都是在政治社會秩序的重建上面。」〔註70〕信奉儒家的歷代士人階層對理、道的思考以及內聖外王的踐行不僅展現了對理想社會政治秩序的描述，而且還通過落實到不同方式的政治實踐以追求重建政治秩序。和王安石、朱熹、陸九淵等宋代士大夫試圖通過「得君行道」的方式介入政治的抉擇相異，「龍場悟道」之後的王陽明傾向於以講學的方式實施「『移風易俗』的下行路線」，儘管和儒家傳統的參與朝堂政治的模式相異，然而這種以社會作為介入對象、并引入庶民參與講學的形式，依然沒有背離儒家一貫以來對重建理想中的政治社會秩序的訴求。結合這兩個方面，陽明心學儘管展現了關注自身感官體驗和重視日常生

〔註69〕杜維明，仁與修身：儒家思想論集〔M〕，北京：生活・讀書・新知三聯書店，2013，第 180 頁。

〔註70〕余英時，中國知識分子的古代傳統——兼論「俳優」與「修身」〔M〕// 中國知識分子論，鄭州：河南人民出版社，1997，第 14 頁。

活的轉向趨勢，但是依然將節制欲望和重建政治秩序作為內容。

　　然而，參考左東嶺對陽明轉向自我體悟存在的問題，「王陽明將其學說最終收歸為良知的虛與靈二大特性，這固然有利於超越現實的利害得失與自我良知知善知惡的識別功用。但強烈的自我體悟色彩又使其不可能有統一標準，從而缺乏具體的可操作性。」〔註71〕晚明士人的審美活動受到王學改造後的道統的引導，跳出傳統儒家的詩教禮樂傳統，在倫理政治秩序之外建構獨立的日常化空間，在日常生活中日益重視追求感官體驗的滿足，立足於物性邏輯欣賞自然景致或賞玩器物，由此進一步逾越王陽明設想的轉向限度。晚明士人階層的審美活動對道統的逾越，深刻體現在「身體—空間」觀念轉變中。對欲望化身體的追求鮮明展現在審美活動中，而士人階層將主導日常化空間運作的外／內部法則分別確立為推崇雅致趣味和追求享樂欲望，欲望和雅致的相互結合構成了晚明士人階層生存狀態的展現。以《長物志》《園冶》《瓶史》為代表的晚明美學著作，涉及各類器物的賞玩和品評、園林的總體及內部的建造和布置、日常賞玩活動的組織等等各個方面，儘管這些著作往往以推崇雅致作為自我確立的審美標準，然而透過作者從審美的角度對器物和環境特性的描述以及對於審美方法論的設想可以看到，晚明士人階層由於受到道統的啟發和引導，重視身體的感官經驗和審美對象的物性相互契合，在這個過程中構建了雅致式的奢華生活。士人群體以提升審美品位的名義，以順應物性和身體經驗之間的契合作為方法，對作為審美對象的器物進行細緻的挑選和組合，對所處的居室條件和自然環境進行精細的重構和布置，在這個過程中身體不同維度的感官欲望得到相應的改善和滿足。這正是晚明「身體—空間」觀念的嬗變的體現，這種以雅致為名義表達的欲望訴求已經逾越王陽明所主張的範圍和程度，正是晚明美學思想和道統之間的間距。

　　可以從思想史話語和社會結構兩個角度解釋晚明審美思潮對道統的逾越。就前者而言，在思想史話語維度，王陽明的心學思想將天理確立為內在於個體的存在，個體天生具有的本心，其在受到私欲遮蔽之前就是道心，個體體悟天道的關鍵在於能否通過錘鍊本心的工夫促使本心得到呈現和流動，外在的道德戒律或行動指引失去了有效性，由此個體的內在尺度享有判別自身知和行是否具有合理性的話語權，而且個體天然具有的本性也因為等同於道心而被賦予完全的合理性。正因如此，儘管在審美活動中展現的身體欲望已經超

〔註71〕左東嶺，王學與中晚明士人心態〔M〕，北京：商務印書館，2014，第 203 頁。

越了道統所接受的範圍和程度，然而何種範圍和何種程度的欲望屬於遮蔽本心的私欲，由個體自身的內在尺度所決定，這導致了欲望化的身體觀念以審美趣味的名義在士人群體中獲得認可。再就後者而言，在社會結構維度，一方面是晚明社會的商業化不斷拓展，為商人階層的社會地位上升創造了必然條件，商人階層憑藉積累的雄厚經濟資本進入文化市場，在士商互動的過程中，士人群體不僅需要面對商人階層對文化話語權的爭奪和挑戰，而且也深受商人階層的生活方式和審美風格的影響。因而，儘管他們通常將商人群體崇尚龐大的數量、整齊的排列、鮮豔的顏色等以純粹物性作為根基的審美趣味貶斥為庸俗和無知，但是士人群體自身的審美趣味同樣滲透了物性的因素，只是他們通常將這種物慾置於以年份考究或技藝品評的知識性審美趣味之中，由此產生了雅致和奢華兩種特徵在審美活動中相互結合。另一方面則是晚明政局的日益惡化，「大禮議」事件開啟晚明朝堂的激烈黨爭，並持續到崇禎朝和南明偏安時期，無論是否保有朝職，士人階層普遍對政局陷入失望和焦慮，他們將倫理政治空間中的負面情緒轉化為構建日常生活的動力，他們試圖將倫理政治空間中的名位得失置於日常生活之外，以求獲得閒適的心境。士人群體在身體感官欲望的追求以及對器物或環境物性的極致考究過程，不僅通過對身體欲望的追求和對享樂生活的參與，以求獲得「得君行道」的政治理想失落之後的替代性滿足；而且他們也試圖通過在器物鑒賞中展示對器物的年代、品類的精細考究，在園林建造規劃中表現構建審美意境的獨特方式，通過彰顯知識積累的優勢在文化場域制定審美品位高低的評判標準，重新建構士人群體在倫理政治空間中日益失落的階層自我認同感。

簡而言之，晚明士人階層的審美觀念一方面和道統具有共通性，一直以來士人階層的審美活動建基於來自儒家詩教傳統的倫理政治視角，受到王陽明及其後繼者的學說影響，開始轉向關注個體的身體經驗和日常生活；另一方面，晚明審美思潮的嬗變逾越了道統設定的趨向和範圍，在欲望和雅致相結合的極致追求中構建了一種雅致式的奢華生活。既然「身體—空間」觀念的嬗變和道統不僅具有共通性，而且存在逾越性的間距，有必要在道統和治統二者之間相互關係的變動中進一步探索晚明的審美政治是如何介入社會。

首先，繼續以朱熹為例展現宋代道統和治統之間的作用關係，參見余英時關於朱熹賦予道學的政治功能的闡釋，「總之，《中庸序》和《答陳同甫》的共同基調是用『道』來範圍『勢』，包括消極的和積極的兩方面：消極方面是持

『道』批『勢』，積極方面則是引『勢』入『道』。後一方面更是宋代理學家所共同尋求的長程目標。」〔註72〕朱熹在韓愈、周敦頤、二程等儒家思想家的學說和政治實踐的基礎上，完成了道統學說的系統確立，儘管余英時對朱熹思想的「道統」和「道學」做出了區分，他所劃定的道學實際屬於廣義上儒家道統的範疇。道統和治統之間的關係正是「道」和「勢」的關係，儒家學說確立道統和治統之間的分離，主要的用意是確立士人階層在道德和智性層面上具有雙重的優越性，因此而成為皇帝治理天下必須倚重的合作對象。正如余英時的解讀，朱熹所確立的道統，對於治統發揮引導和合作的作用，一方面表現為以批評勸諫的方式限制權勢的惡意運用，另一方面表現在作為皇權的指導者，將權勢引導進入以聖人之道管治天下的模式。簡而言之，在宋代道統和治統屬於相互依賴的關係，道統的主要功能落實在輔助和引導治統，因此士人階層在道統運作中所面對的核心問題是君臣關係。這種理想性的道統和治統之間的作用機制，見諸明儒呂坤的闡述，「公卿爭議於朝，曰天子有命，則屏然不敢屈直矣。師儒相辯於學，曰孔子有言，則寂然不敢異同矣。故天地間，惟理與勢為最尊，雖然，理又尊之尊也。廟堂之上言理，則天子不得以勢相奪，即相奪焉，而理則常伸於天下萬世。故勢者，帝王之權也；理者，聖人之權也。帝王無聖人之理，則其權有時而屈。然則理也者，又勢之所恃以為存亡者也。以莫大之權無僭竊之禁，此儒者之所不辭而敢於任斯道之南面也。」〔註73〕呂坤延續朱熹道統論的闡述，認為道統理應成為治統的合作者和引導者，治統的「勢」理應讓位於道統的「理」。然而，呂坤所期待的這種朝堂局面，在「大禮議」事件之後徹底失去了實現的可能，張履祥對晚明朝局的闡述展現了理想中的道統—治統關係變得遙不可及，「《大誥》雖以君臣同遊為第一條，其實終三百年未之有也。毋論三代君臣腹心手足之義，即漢、唐以來君臣相與之義，難以彷彿。」〔註74〕而陽明心學正是對明代中後期的社會和政治新情勢的回應，而道統的內涵和介入指向由此發生了新變化。

　　王陽明對道統的改造體現在兩個範疇，在個人範疇，將個體天然具有的本

〔註72〕余英時，朱熹的歷史世界：宋代士大夫政治文化的研究（上）〔M〕，北京：生活・讀書・新知三聯書店，2004，第 23 頁。

〔註73〕呂坤，呻吟語〔M〕// 呂坤全集（中），王國軒、王秀梅整理，北京：中華書局，2008，第 645～646 頁。

〔註74〕張履祥，備忘三〔M〕// 楊園先生全集（下），北京：中華書局，陳祖武點校，2002，第 1122 頁。

心確立為和天理相等同的存在，意味著個體的內在尺度將可以發揮判別思想和行動是否具有正當性的作用；而在社會空間範疇，日常生活被賦予了倫理政治的維度之外的存在意義。這兩個範疇的結合拓寬了儒家傳統的內聖外王所涉及的範圍，對於士人階層的實踐而言，他們可以在倫理政治秩序的規範之外組織日常生活，並可以立足內在尺度自我判定是否已經祛除私欲對本心的遮蔽，而無需依賴既有的道德規範作為標準，由此士人階層在日常生活中諸多實踐將被納入道統所涵蓋的實踐類別。這些由於王陽明對道統的改造而被新納入的日常實踐，具有的共同特徵是和朝堂政治沒有直接的關聯，這些實踐活動主要來源於日常生活，將其判定是否符合道的範疇的標準來源於個體自身的內在尺度，這是道統所涵蓋的新的社會場域，這個新產生的社會場域和治統並沒有直接關聯，正是道統和治統之間關係發生新變的體現。

　　晚明士人階層的審美觀念的變化受到王陽明改造後的道統的啟發，士人群體的審美活動重視個體的身體感受經驗和情感表達，將身體經驗和審美對象的物性之間的相互契合作為設想中的審美效果，出現一系列以清賞、崇雅為特徵的器物鑒賞，以及遵循崇尚自然和雅致的審美品位建造的園林場所和組織的社交活動，由於身體欲望的追求被置於審美趣味的名義之下，並且由個體的內在尺度對其合理性進行判斷，這些審美活動屬於晚明的道統所開闢的新領域，可以結合晚明道統和治統之間關係的變動理解審美政治的介入。晚明士人階層通過審美活動將日常化空間塑造為閒適的場所，重視在審美活動中提升身體的感官體驗，並且嘗試將倫理政治空間的名位和利益的爭奪排除在日常生活之外，立足於器物或自然事物的物性建構雅致的審美品位，而非從詩教傳統出發構建以道德培育或歷史反思為根基的審美觀念。士人群體之所以專注於構建新的審美趣味，為了回應商人階層對文化話語權的爭奪，他們直接對話和批評的對象正是商人階層，士人階層通過將自身的知識積累和社會對物性的推崇相互結合，重新明確雅致和庸俗的區隔，維繫自身相對於商人階層的文化優越地位，在這個過程中，無論是對身體感官經驗的重視，又或是日常生活的價值觀念的塑造，均沒有回應皇權自上而下對士人階層進行整合、吸納的規訓訴求。這正是王陽明改造道統後所確立的新社會場域，相比於朱熹將道統的功能局限於承擔輔助和引導治統的責任，晚明的道統在君臣關係之外創造了新的社會場域，這個場域所發生的實踐無需承擔和治統相關聯的政治責任。從這個角度出發，「身體—空間」觀念的嬗變包含了新的社會關係的再生產，

士人階層在審美活動中建構了一個獨立於倫理政治空間的新場域，並且借助道統的思想資源確立了正當性。在這個新的社會場域中，士人階層可以在君臣關係之外進行貫徹天道的實踐，例如通過審美標準的制定重新確立和商人階層的區隔，重新確立該社會場域的社會關係和等級結構，意味皇權的實際權力和權威聲望在這個範圍的社會場域失效。因此，這是一種皇權缺席情況下的社會空間的再生產，由士人階層所遵循的道統主導，因而一個由士人群體自治的社會場域得以形成，展現了晚明審美思潮所包含的政治潛能。

進一步而言，晚明審美思潮的嬗變不僅和王陽明改造之後的道統具有共通性，而且在構建雅致式的奢華生活中逾越道統轉向的限度，沿著這個路徑繼續考察審美活動所構建的由士人階層主導的自治性場域所具有的政治內涵。士人群體將身體欲望的訴求和雅致的趣味在審美活動中結合在一起，不僅以道統為依據建構了士人群體主導的自治性場域，同時又進一步逾越了道統針對欲望的限制。弔詭的是，「身體—空間」觀念的這種逾越又恰恰通過道統的思想資源獲得合法性，通過《長物志》《瓶史》《園冶》等晚明代表性的美學著作可以看到，士人階層通過追求身體經驗和物性相順應的方法，將身體欲望融入審美趣味的構建過程中，並以此作為針對商人階層的階級區隔標準，表明士人階層並不將這種雅致式的奢華風格視為違背自身的道德傳統。究其原因，正如蕭公權對陽明心學的解讀，「良知致人於平等，亦即使之得自由。蓋人求得心，則一切外在之標準悉喪失其威權，而言語行為皆純由個人自決。」〔註75〕陽明心學將判定實踐是否具有合理性的話語權賦予了個體自身的內在尺度，儘管士人階層將推崇金銀飾品、放縱情慾、沉迷酗酒等過度渲染欲望的生活習性予以貶斥，然而在審美活動中，他們將身體欲望的訴求轉換為審美趣味的一部分，並進而立足於內在尺度賦予其正當性。例如，文震亨《長物志》確立了實用、自然、雅致的審美趣味，作為士人階層日常起居、居室布置、家具選購和器物品評等一系列活動的審美標準；計成《園冶》將構建自然和雅致的審美趣味作為園林的自然地形改造和屋舍布置的總體風格。同時，士人階層在塑造審美品位的過程中，或者注重改善個體的感官經驗和情感感受，或者滿足個體玩賞各類對象的癖好，也就是說，欲望因為被轉化為審美趣味的構成部分而獲得士人階層的自我接受，從而賦予其正當性。這既是對道統的逾越，也是立足於日常生活的角度對道的內涵進行新的闡發，並且以轉化為場域法則的形式

〔註75〕蕭公權，中國政治思想史〔M〕，北京：商務印書館，2017，第553頁。

予以確立。正如第四章對日常化空間場域法則的解讀，士人階層在自治性的社會場域分別確立了構建自然、雅致的審美品位的外部法則以及追求欲望滿足的內部法則，內外部法則共同主導了自治性場域的運作，結合陽明心學預設人人均具有成為聖人的可能性，這正是通過制定和確立自治場域的法則的方式對道進行新的闡釋，意味生活美學的視野也被納入道的內涵。儘管這種從生活美學出發對於道的闡釋並沒有進一步被經典化而納入道統，然而這種將欲望和審美趣味相結合的方式業已普遍成為晚明士人階層的精神世界的一部分，從而進一步推動和治統相分離的自治場域的擴大和深化。

士人階層將欲望和審美趣味的結合作為道的一個面向，意味著君主的權威和重要性在士人階層對道的釋義中所佔據的重要性進一步下降。在陽明心學對道統的改造之前，「得君行道」是士人階層對於道的理解和踐行的唯一模式，而經過晚明士人階層在對道統的繼承和逾越的基礎上構建自治場域並制定場域法則之後，道的內涵朝向多義性進一步發展。有必要進一步反思，當變動中的審美思潮成為士人階層對道的某種理解，這種對道的新闡發是否轉化為對作為統治意識形態的皇權的批判和否定？

借鑒現代西方理論對日常生活的多重解讀，法蘭克福學派傾向認為，日常生活中不斷發展的大眾文化實際上是統治意識形態整合大眾的工具，大眾文化所呈現的多樣性和叛逆實際上僅僅為大眾提供了替代性滿足，無助於改變社會的總體權力結構，代表性的觀點見於阿多諾的文化工業理論，「現今，他們寧願為欺騙性質與虛偽的活動分心，以獲得公共制度層次的替代性滿足，而不願意正視這樣的發現：他們幾乎沒有改變現狀的可能性。」〔註76〕伯明翰學派則持相反觀點，英國學者約翰·斯道雷指出，「日常生活是一個結構，既賦予行動者能力，也使行動者受到限制。同時，日常生活作為一個結構不斷再生產，是借助於行動者新的行動與相互合作。」〔註77〕以約翰·斯道雷、斯圖亞特·霍爾、約翰·菲斯克等為代表伯明翰學派的學者普遍認為，大眾作為社會場域中的行動者，並不是一種完全缺乏辨別能力、只能消極接受文化灌輸的絕對弱勢群體，大眾可以通過社會實踐以及庶民群體內部的相互合作，對日常生活中對經由大眾文化廣為傳播的文化符碼進行再解讀，而非全盤接受由操控

〔註76〕Theodor W. Adorno. *The Culture Industry: Selected Essays on Mass Culture* [M]. London and New York: Routledge, 2001, p.194.

〔註77〕John Storey. *From Popular Culture to Everyday Life* [M]. London and New York: Routledge, 2014, p.79.

文化生產話語權的資本集團賦予文化符碼的慣常意義，這是一種具備生成微觀政治契機的實踐方式，有力抵抗統治意識形態對大眾閑暇生活的控制。

　　當然，在這種跨語境和跨時代的對比中，需要充分考慮到中國晚明時期獨特的社會政治結構。當代西方學界對大眾文化和統治意識形態之間關係的思考，建立在大眾的主體和統治者處於階級對立的基礎之上，而在晚明時代，士人階層和皇權儘管存在劇烈的對抗和衝突，道統也在服務治統的功能之外開拓了自治性場域，但是士人階層和皇權依然保留密切的合作。士人階層屬於政權結構的建制部分，作為士人階層的思想基礎的道統儘管發展出由士人階層主導的自治場域，但是道統和治統之間尚沒有演化為兩極對立的關係，依然承擔確立意識形態正當性的功能。具體而言，士人階層對自治場域的構建以及對場域法則的創立，通過欲望和審美的結合拓展道的意義所涵蓋的範圍，「得君行道」不再成為道統的唯一指向，身體欲望和審美趣味成為了士人階層精神世界的組成部分，並且構建了具有自治性質的社會場域。正如趙強從賞鑒家／好事者的區隔做出的闡述，「對於『賞鑒家』而言，這段話非常重要，它表明在政治和道德的評價體系之外，『賞鑒』業已成為相對獨立的文化身份認定尺度，並且，『耳濡目染』而成的鑒賞趣味與審美判斷力，被確立為衡鑒『賞鑒家』的核心尺度。」〔註78〕這是一個建基審美品位區隔的自治性場域，主導其運作的士人群體置身其中獲得了閑適和感性慾求的滿足，而對於修身養性的道德訴求和效忠君王的政治責任則被忽視和擱置。然而需要意識到的狀況是，儘管道所涵蓋的內容出現了政治和生活二者之間的歧義，然而二者之間並沒有轉換為相互否定的關係，而是以相互疏離的方式共存，自治性的社會場域和由皇權主導的倫理政治空間之間沒有產生直接衝突。

　　有必要明確的情況是，審美政治對治統的質疑並不是通過直接揭露皇權的運作機制或者質疑其自然合理性等直接方式予以實現的。儘管同期晚明的社會空間出現了以「非君」為主題的輿論，但是實際上這種輿論依然局限在「明君／昏君」的二元思考模式中，關注點主要集中在皇帝的用人和施政是否合理，以及進行中的戰事進展是否順利等領域，並沒有從根本上對皇權自上而下的權力體制進行切實的揭示和批判。晚明審美思潮所包含的政治潛能並非落實在對治統所主導的倫理政治空間的批判和修止，而是表現在構建治統之外

〔註78〕趙強，當「賞鑒家」遇到「好事者」——明清鑒賞趣味話語建構的歷史邏輯與美學動向〔J〕，文藝研究，2023（1）：35～48。

的自治場域，並對道的內涵進行擴展性解釋，因此，審美政治針對皇權的限制
和批判主要以間接的方式發生。由於在自治性的社會場域的內部，皇帝的權力
行使和文化聲望處於缺位狀態，士人階層憑藉自身的知識積累和文化聲望，制
定作為自治性場域的日常化空間的法則，從而構築了一個自足性的場域，縮小
皇權直接管控的範圍。另一方面，士人階層由於在自治性場域中獲得了自我認
可的尊嚴和聲譽，而且考慮到在朝堂政治領域，從嘉靖皇帝執政直到崇禎皇
帝，在總體趨勢上君權不斷擴大，黨爭、宦黨、權臣成為晚明政治的代表性議
題，儒家士人一直以來對於「得君行道」的美好期待徹底走向幻滅，因此部分
士人階層選擇將精力聚焦於日常化空間，無意於朝堂政治中名位的爭奪，不執
著於將學識乃至生命完全用於為皇帝盡忠，從而弱化了皇權的管治能力和象
徵性權威。正如呂思勉對晚明政治和思想界的論述，「政治思想到明末，卻有
一種特色，那就是君主和國家的區別，漸漸明白。」〔註79〕換個角度來看，晚
明士人群體不再將君主等同於國家，意味同樣不會再將自身的生活和「得君行
道」緊密結合在一起，晚明士人階層的生存狀態可以通過李贄的下述論說中得
到形象展現。李贄寫到，「士貴為己，務自適。如不自適而適人之適，雖伯夷、
叔齊同為淫僻；不知為己，惟務為人，雖堯、舜同為塵垢秕糠。此儒者之用，
所以竟為蒙莊所排，青牛所訶，而以為不如良賈也。」〔註80〕，晚明士人群體
普遍將「自適」確立為理想的生存狀態，之所以選擇伯夷、叔齊、堯、舜作為
對立的例子，為了凸顯「自適」和治統之間的疏離。在中國思想傳統中，伯夷、
叔齊作為忠臣的代表，堯、舜則作為明君的楷模，二者的結合構成了治統和道
統之間緊密的相互關係，而士人群體所要確立的「自適」的生存狀態，建立在
非議伯夷、叔齊、堯、舜的基礎之上，尤其將伯夷、叔齊斥為「淫僻」，認為
他們對前朝治統的忠誠實際上是過度沉溺於追求名節的行為。這表明晚明士
人階層所構築的「自適」的生存狀態建立在和治統相分離的自治場域，士人階
層可以自行確立場域法則滿足自身的感官欲望和情感需求，通過雅致和欲望
的結合達致順應本心的閒適狀態，無需回應和遵循治統的規訓，意味皇權在自
治場域的失效。在士人階層通過審美活動追求「自適」的過程中，通過對倫理
政治空間的疏離間接展現了士人階層對皇權的抗拒和批判，但是這種批判並

〔註79〕呂思勉，中國政治思想史〔M〕，北京：中華書局，2016，第108頁。
〔註80〕李贄，焚書〔M〕//張建業主編，李贄全集注（第一冊），張建業、張岱注，
　　　　北京：社會科學文獻出版社，2010，第214頁。

沒有演化為對皇權的直接否定和進一步的政治行動，這正是晚明審美活動以間接的方式介入政治的表現。

　　總而言之，士人階層通過審美實踐在自治領域構建了一個和治統相併存的獨立話語體系，以間接的方式危及治統的聲望和感召力，這是一種弱勢的文化抵抗思潮。其後的歷史事實可以作為例證，在明朝覆亡之際，儘管《長物志》的作者文震亨選擇為國殉道，但是相比於南宋，士人群體選擇劇烈對抗方式的人數明顯大幅減少，例如錢謙益、阮大鋮等在文化領域富有聲望的士大夫選擇歸順新朝。清朝政權同樣意識到道統通過審美對自治性場域的構建不利於朝堂權力的廣泛行使和君王聲望的確立。參考黨聖元和湯敬一對清初政權構建正統論的闡述，「總之，在清初『正統』觀的影響下，清代統治者在道統方面張揚政統，抑制學統；在文統方面，採取鎮壓（文字獄）和羈縻（如薦博學鴻詞、編纂大型類書）政策，嚴厲鉗制士林的思想，以至於士林爭為『稻粱謀』。這亦導致了清代文統在樸學、桐城文派和今文經學間的轉換。」〔註81〕具體例子見諸康熙皇帝為儒家經典釋義，他將自身與聖賢等同，「上親製《日講四解義序》曰：朕惟天生聖賢，作君作師，萬世道統之傳，即萬世治統之所繫也。……每念厚風俗，必先正人心；正人心，必先明學術。誠因此編之大義，究先聖之微言，則以此為化民成俗之方，用期夫一道同風之治，庶幾近於唐虞三代文明之盛也夫。」〔註82〕康熙以聖賢自詡，所展現的並不單純是當權者的傲慢，主要的目的是將自己同時確立為道統和治統的主宰者，這是重新將道統完全納入為治統提供正當性依據的政治布局，具體的方略則是通過對儒家經典典籍進行釋義以端正人心，並進而改造風俗，將日常化空間重新納入綱常倫理體系，重新將道統完全納入和治統相互作用的軌道。乾隆皇帝主導編選的《四庫全書》對待晚明美學的態度則是另一個例證，參見王汎森的闡述，「《四庫全書總目提要》中，對這個時代中那些我們認為很有創意的、很獨特的東西，每每作負面的批評。很多這方面的書是列入存目或者是禁燬的。那些被保留下來的，有一些是因為作者在明末殉國，乾隆認為殉國的是好人，所以他書的內容雖然是令人討厭的，但允許被留下來。文震亨（1585～1645）的《長物志》之

〔註81〕黨聖元、湯敬一，論清初「正統」論建構及其影響〔J〕，中國社會科學院研究生院學報，2019（3）：99～107。

〔註82〕王煒編校，《清實錄》科舉史料彙編〔M〕，武漢：武漢大學出版社，2015，第75頁。

所以能夠被《四庫全書》留下來，恐怕是因為文震亨後來殉國了，乾隆四十一年編錄《欽定勝朝殉節諸臣錄》，把殉國者的姓名儘量保留下來。乾隆不是不喜歡美，他很喜歡美的東西，但他喜歡的是另一種品味的東西。」〔註83〕通過康熙和乾隆的文化政策可知，清朝皇權意圖通過瓦解晚明士人階層在審美活動中開創的自治性場域，日漸注重對道統的吸納和整合，意圖重新確立治統的合法性和權力的廣泛有效性，取消晚明士人階層對「道」所進行的僭越皇權的解讀，將士人階層介入社會空間的模式恢復為單一路徑──「得君行道」。

〔註83〕王汎森，晚明清初思想十論〔M〕，北京：北京師範大學出版社，2020，第360頁。

結論　晚明審美政治的評判

　　晚明審美思潮中「身體─空間」觀念的嬗變，展現了士人階層生存狀態的深刻改變，表現為欲望化身體和日常化空間之間的相互作用，並且通過對道統的承繼和逾越，構建了一個獨立於皇權之外的自治場域，並將對雅致趣味的塑造和對身體欲望的追求確立為自治場域的外／內部的法則，一方面通過將身體欲望的訴求轉化為審美趣味的一部分，以順應本心的名義確立了追求身體欲望的合理性，另一方面將身體欲望控制在雅致趣味的構建過程中，從而將身體欲望的擴張限制在一定範圍內。這是一個由士人群體主導自治性場域，在不否認皇權在倫理政治空間的合法性的同時，將皇權置於自治場域之外，構成對皇權的弱勢抵抗，那麼如何評價晚明審美思潮產生的政治潛能？

　　對於心學的批評在明清之際流行，東林黨和復社以重振程朱理學為宗旨，復社遺民顧炎武的批評具有代表性，「劉、石亂華，本於清談之流禍，人人知之。孰知今日之清談，有甚於前代者。昔之清談老、莊，今之清談孔、孟，未得其精，而已遺其粗；未究其本，而先辭其末。不習六藝之文，不攷百王之典，不綜當代之務，舉夫子論學論政之大端，一切不問，而曰一貫，曰無信，以明心見性之空言，代脩己治人之實學。股肱惰而萬事荒，爪牙亡而四國亂，神州蕩覆，宗社丘墟。」〔註1〕顧炎武對王學的批評和檢討在清初遺民中具有代表性，他們認為陽明心學以及王門後學流於清談，批評王學止步於談論如何培育心性，將孔孟的王道之學轉化為心性之學。顧炎武對王學的批判主要落實在朝

〔註1〕顧炎武，日知錄（一）〔M〕，嚴文儒、戴揚本校點∥顧炎武全集（第十八卷），
　　　上海：上海古籍出版社，2011，第307～308頁。

政方面，指斥士人階層沒有將足夠的精力投入國事，只專注於從心性出發討論國策而缺失就具體實務建言獻策的能力。顧炎武的批評可以拓展到針對士人階層的精神世界，換言之，對於晚明士人階層在審美活動中對身體欲望的追求以及對倫理政治空間的疏離均適用。考慮到顧炎武所處的歷史時代和政治立場，他在「神州蕩覆，宗社丘墟」的歷史背景中反思士大夫群體的政治責任，他本人則提倡經世致用，關注如何完善賦役和稅金體系、加快水利建設、制定對土地進行合理分配和徵用的制度等實務問題。

再參考同時代和顧炎武思想相近的黃宗羲的論述，他從君王地位、大臣職責和決策機制這三個方面出發對君主制的反思引人發省。在君王地位的範疇，「後之為人君者不然。以為天下利害之權皆出於我，我以天下之利盡歸於己，以天下之害盡歸於人，亦無不可。使天下之人不敢自私，不敢自利，以我之大私為天下之大公。」〔註2〕黃宗羲將天下的地位置於君王之上，強調君王需要為天下萬民的利益服務，而不能將天下視為私人產業，為了滿足自身和後代的利益和欲望，壓榨萬民並壟斷天下的利益，進而將君王的合法性和是否為天下謀利結合在一起。在大臣職責的範疇，「出而仕於君也，不以天下為事，則君之僕妾也；以天下為事，則君之師友也。」〔註3〕黃宗羲將君臣的區別界定為級別不同的職位區別，大臣的職責在於以師友的身份輔助君主為天下社稷謀利，而非以奴才的身份完全聽命於君王，進一步建言重新設置宰相職位，恢復士大夫和皇權共治天下的權位和尊嚴。在變革決策機制的範疇，「蓋使朝廷之上，閭閻之細，漸摩濡染，莫不有詩書寬大之氣，天子之所是未必是，天子之所非未必非，天子亦遂不敢自為非是，而公其非是於學校。」〔註4〕進一步提出將由大儒、致仕官員等主持的「學校」確立為議政場所，學校發揮自身具備的卓越智識和調查民間實情的優勢，制定公議並起到引導、指引君王施政的作用，從而將君權置於由士人階層所主導學校的制衡之下，削弱君王意志的權威性並規範權力行使的邊界。後世對明清之際的批判精神的贊許通常指顧炎武、黃宗羲、王夫之等遺民，他們對實際事務的關注以及從限制君權的角度構想政

〔註2〕黃宗羲，明夷待訪錄〔M〕// 黃宗羲全集（第一冊），吳光編，杭州：浙江古籍出版社，2012，第2頁。

〔註3〕黃宗羲，明夷待訪錄〔M〕// 黃宗羲全集（第一冊），吳光編，杭州：浙江古籍出版社，2012，第5頁。

〔註4〕黃宗羲，明夷待訪錄〔M〕// 黃宗羲全集（第一冊），吳光編，杭州：浙江古籍出版社，2012，第10頁。

治體制，對日益走向集權的君主體制具有強烈批判性。

　　然而，如果試圖將顧炎武和黃宗羲的言論和朱熹相比較，朱熹《延和奏劄二》寫到，「夫天下之治固必出於一人，而天下之事則有非一人所能獨任者。是以人君既正其心、誠其意於堂陛之上、奧奧之中，而必深求天下敦厚誠實、剛明公正之賢以為輔相，使之博選士大夫之聰明達理、直諒敢言、忠信廉節，足以有為有守者，隨其器能，實之列位，使之交修眾職，以上輔君德、下固邦本，而左右私褻使令之賤無得以奸其間者。」〔註5〕儘管顧炎武在推崇實務方面以及黃宗羲在設置學校作為制衡機構方面具有新的創見，然而他們寄望於皇帝重用並依賴於士大夫群體施政，實際上和和朱熹所崇尚的「得君行道」具有相當大的重合。顧炎武、黃宗羲的設想更大程度上是對「得君行道」的傳統儒家理想的延續和推進，他們限制君權的諸多構想並不可能獲得皇帝的接納。從歷史的發展看，清王朝不僅沒有恢復黃宗羲所期待的宰相制度，而且對民間思想的壓制更甚於明朝，因此他們思想的批判性反而因為和現實政治的緊密關係而完全停留在理念階段。清帝甚至力主「治統」和「道統」在帝王身上合一，程朱理學和道統論成為這種新政治學說的注腳，康熙朝推崇程朱理學的文淵閣大學士李光地以謙恭的態度寫到，「臣又觀道統之與治統，古者出於一，後世出於二。孟子序堯、舜以來，至於文王，率五百年而統一續，此道與治之出於一者也。自孔子後五百年，而至建武，建武五百年，而至貞觀，貞觀五百年，而至南渡。夫東漢風俗，一變至道。貞觀治效，幾於成、康。然律以純王，不能無愧。孔子之生東遷，朱子之在南渡，天蓋付以斯道而時不逢。此道與治之出於二者也。自朱子而來，至我皇上，又五百歲，應王者之期，躬聖賢之學。天其殆將復啟堯、舜之運，而道與治之統復合乎？伏惟皇上承天之命，任斯道之統，以升於大猷。」〔註6〕相比於朱熹、呂坤等宋明士大夫關於以天理和道統對「勢」予以引導和制約的論說，李光地主張康熙皇帝由於「躬聖賢之學」而實現道統和治統的合一，這意味著清朝士大夫完全放棄承繼道統的道德意識和社會責任。這正好從另一個角度證明了延續程朱理學的「得君行道」的儒家入世模式已經不再可行，在君權愈加增強的形勢之下，無論是請求帝王將讓

〔註5〕朱熹，晦庵先生朱文公文集（一）〔M〕，劉永翔、朱幼文校點 //《朱子全書》（第二十冊），朱傑人、嚴佐之、劉永翔編，上海：上海古籍出版社，合肥：安徽教育出版社，2010，第640頁。

〔註6〕李光地，進讀書筆錄及論說序記雜文序〔M〕// 榕村全書（第八冊），陳祖武點校，福州：福建人民出版社，2013，第256～257頁。

出部分權力，甚至自居於帝師的位置也不獲允許。

因此，晚明審美思潮所展現的政治潛能有必要得到重新評價，如果跳出明清易代激發的成敗論斷，儘管顧炎武對於陽明心學流於清談的批評的確符合現實，然而這正是陽明心學主導的儒學轉向。正如余英時所論述，「概括言之，明代理學一方面阻於政治生態，『外王』之路已斷，只能在『內聖』領域中愈轉愈深。另一方面，新出現的民間社會則引誘它掉轉方向，在『愚夫愚婦』的『日用常行』中發揮力量。」〔註7〕受到陽明心學及泰州學派深刻影響的士人階層，以清談心性的方式置身朝堂，並不完全是顧炎武所指斥的精神墮落，而是在目睹了明代一直以來君權對士人階層的嚴加管控，意識到宋代士大夫階層所推崇的「得君行道」的外王路徑失去了現實可行性。同期相反的例子是東林黨人，東林黨試圖掌控朝政踐行「得君行道」的儒家傳統政治信仰，不僅沒法挽救明代日益衰落的國勢，而且也沒有辦法在政爭中保存自身。作為對照，晚明士人階層通過審美活動反而在倫理政治空間之外構建了自治場域，並可以借助文化話語權構建主導場域運作的法則，將皇權隔離在自治場域之外，在不反對皇權在倫理政治空間的主導權的狀況下推動了自治場域的持續擴大，這正是余英時所闡述的「化民成俗」的路徑。以此同時，士人階層在審美活動中推動的「身體—空間」觀念的嬗變在很大程度上依然訴諸道而獲得合法性，因此儘管士人階層的審美活動在欲望訴求方面逾越道統的範圍，但逾越的合理性卻恰恰來源於陽明心學將判別尺度賦予個體的內在尺度，在這個悖論的邏輯中展現在審美活動中對身體欲望的重視以及對倫理政治的背離，最終演化為道的構成部分，從而進一步加深了道統在部分功能上和治統相分離。也就說，士人階層無需一定借用君王賦予的權位才能踐行道，即使在日常化空間這一自治性場域也可以體悟並踐行天道，晚明審美政治創造了在皇權的運作範圍之外構建新的社會空間的契機。

總而言之，晚明審美政治對以皇權為中心的政治秩序的批判是間接和隱性的，隱含在審美活動對自治場域的構建予以實現。儘管晚明審美政治對皇權的批判力度弱於顧炎武、黃宗羲等人，然而正是由於審美政治是一種弱勢的批判，反而更有效地通過審美活動實現對自治場域的構建，展現出構建替代性秩序的可能性。

〔註7〕余英時，明代理學與政治文化發微〔M〕// 宋明理學與政治文化，桂林：廣西師範大學出版社，2006，第43頁。

參考文獻

一、中文文獻

（一）中文著作

1. 安樂哲，「生生」的中國哲學——安樂哲學術思想選集〔M〕，田辰山，溫海明譯，北京：人民出版社，2021。

2. 安樂哲，安樂哲比較哲學著作選〔M〕，溫海明編，貴陽：孔學堂書局，2018。

3. 安樂哲，儒家角色倫理學——一套特色倫理學詞彙〔M〕，孟巍隆譯，田辰山等校譯，濟南：山東人民出版社，2017。

4. 布爾迪厄、J.-C.帕斯隆，再生產——一種教育系統理論的要點〔M〕，邢克超譯，北京：商務印書館，2021。

5. 布爾迪厄，區分：判斷力的社會批判〔M〕，劉暉譯，北京：商務印書館，2015。

6. 布爾迪厄，藝術的法則：文學場的生成和結構〔M〕，劉暉譯，北京：中央編譯出版社，2011。

7. 班固，漢書〔M〕，顏師古注，北京：中華書局，1962。

8. 卜正民，掙扎的帝國：元與明〔M〕，潘瑋琳譯，北京：中信出版社，2016。

9. 卜正民，明代的社會與國家〔M〕，陳時龍譯，安徽：黃山書社，2009。

10. 卜正民，縱樂的困惑：明代的商業與文化〔M〕，方駿、王秀麗等譯，北京：生活‧讀書‧新知三聯書店，2004。

11. 蔡方鹿編，道統思想與中國哲學〔M〕，北京：人民出版社，2017。

12. 常建華，日常生活的歷史學：中國社會史研究三探〔M〕，北京：北京師範大學出版社，2021。

13. 常建華編，中國日常生活史讀本〔M〕，北京：北京大學出版社，2017。

14. 陳大康，明代小說史〔M〕，北京：人民文學出版社，2020。

15. 陳大康，明代商賈與世風〔M〕，上海：上海文藝出版社，1996。

16. 陳大齊，論語輯釋〔M〕，周春健校訂，北京：華夏出版社，2016。

17. 陳鼓應，老子注譯及評價〔M〕，北京：中華書局，2015。

18. 陳繼儒，小窗幽記〔M〕，成敏評注，北京：中華書局，2013。

19. 陳繼儒，妮古錄〔M〕，印曉峰點校，上海：華東師範大學出版社，2011。

20. 陳來，守望傳統的價值：陳來二十年訪談錄〔M〕，北京：中華書局，2018。

21. 陳來，現代儒家哲學研究〔M〕，北京：北京大學出版社，2018。

22. 陳來，古代宗教與倫理：儒家思想的根源〔M〕，北京：生活・讀書・新知三聯書店，2017。

23. 陳來，古代思想文化的世界：春秋時代的宗教、倫理與社會思想〔M〕，北京：北京大學出版社，2017。

24. 陳來，從思想世界到歷史世界〔M〕，北京：北京大學出版社，2015。

25. 陳來，有無之境：王陽明哲學的精神〔M〕，北京：北京大學出版社，2013。

26. 陳寶良，狂歡時代：生活在明朝〔M〕，北京：人民出版社，2020。

27. 陳寶良，明代秀才的生活世界〔M〕，北京：北京師範大學出版社，2020。

28. 陳寶良，明代士大夫的精神世界〔M〕，北京：北京師範大學出版社，2017。

29. 陳寶良，明代風俗〔M〕，上海：上海文藝出版社，2017。

30. 陳寶良，明代社會生活史〔M〕，北京：中國社會科學出版社，2004。

31. 陳逢源，「鎔鑄」與「進程」：朱熹《四書章句集注》之歷史思維〔M〕，臺北：政大出版社，2013。

32. 陳立勝，入聖之機〔M〕，北京：生活・讀書・新知三聯書店，2019。

33. 陳立勝，自我與世界：以問題為中心的現象學運動研究〔M〕，北京：燕山出版社，2017。

34. 陳立勝，「身體」與「詮釋」——宋明儒學論集〔M〕，臺北：臺大出版中心，2011。

35. 陳立勝，王陽明萬物一體論：從「身—體」的立場看〔M〕，北京：北京

燕山出版社，2018。

36. 陳榮捷，朱熹〔M〕，上海：東方出版中心，2020。

37. 陳子龍等選輯，明經世文編〔M〕，北京：中華書局，1962。

38. 成中英，中國古典政治哲學發微〔M〕，北京：商務印書館，2021。

39. 成中英，本體詮釋學（一）〔M〕，北京：中國人民大學出版社，2017。

40. 成中英，倫理與美學〔M〕，北京：中國人民大學出版社，2017。

41. 成中英，儒家哲學的本體重建〔M〕，北京：中國人民大學出版社，2017。

42. 成中英，儒家與新儒家哲學的新向度〔M〕，阮航譯，北京：中國人民大學出版社，2017。

43. 柯律格，大明：明代中國的視覺文化與物質文化〔M〕，黃小峰譯，北京：生活·讀書·新知三聯書店，2021。

44. 柯律格，蘊秀之域：中國明代園林文化〔M〕，孔濤譯，鄭州：河南大學出版社，2019。

45. 柯律格，長物：早期現代中國的物質文化與社會狀況〔M〕，高昕丹、陳恒譯，北京：生活·讀書·新知三聯書店，2015。

46. 崔在穆，東亞陽明學的展開〔M〕，錢明譯，臺北：臺大出版中心，2011。

47. 島田虔次，中國近代思維的挫折〔M〕，甘萬萍譯，南京：江蘇人民出版社，2018。

48. 董其昌，董其昌全集（全八冊）〔M〕，嚴文儒、尹軍編，上海：上海書店出版社，2013。

49. 狄百瑞，東亞文明：五個階段的對話〔M〕，何冰、何兆武譯，南京：江蘇人民出版社，2012。

50. 杜維明，青年王陽明　行動中的儒家思想〔M〕，北京：生活·讀書·新知三聯書店，2017。

51. 杜維明，仁與修身：儒家思想論集〔M〕，北京：生活·讀書·新知三聯書店，2013。

52. 杜維明，儒家思想：以創造轉化為自我認同〔M〕，北京：生活·讀書·新知三聯書店，2013。

53. 方東美，中國人生哲學〔M〕，北京：中華書局，2012。

54. 樊樹志，明史十二講〔M〕，北京：中華書局，2021。

55. 樊樹志，重寫晚明史：朝廷與黨爭〔M〕，北京：中華書局，2018。

56. 樊樹志，晚明大變局〔M〕，北京：中華書局，2015。

57. 范濂，雲間據目抄〔M〕，上海：上海進步書局，出版日期不詳。

58. 范曄，後漢書〔M〕，李賢等注，北京：中華書局，2012。

59. 范仲淹，范仲淹全集〔M〕，李勇先、劉琳等點校，北京：中華書局，2020。

60. 馮友蘭，中國哲學史〔M〕，上海：華東師範大學出版社，2011。

61. 敏澤，中國美學思想史〔M〕，北京：中國社會科學出版社，2014。

62. 溝口雄三，中國思想史：宋代至近代〔M〕，龔穎、趙士林等譯，北京：生活·讀書·新知·三聯書店，2014。

63. 溝口雄三，中國的歷史脈動〔M〕，王瑞根譯，北京：生活·讀書·新知·三聯書店，2019。

64. 溝口雄三，中國的思維世界〔M〕，刁榴、牟堅等譯，北京：生活·讀書·新知·三聯書店，2014。

65. 溝口雄三，李卓吾：兩種陽明學〔M〕，孫軍悅、李曉東譯，北京：生活·讀書·新知·三聯書店，2014。

66. 岡田武彥，王陽明大傳：知行合一的心學智慧〔M〕，楊田、馮瑩瑩譯，重慶：重慶出版社，2015。

67. 內藤湖南，中國史通論〔M〕，夏應元、錢婉約等譯，北京：九州出版社，2018。

68. 高濂，高濂集〔M〕，王大淳整理，杭州：浙江古籍出版社，2015。

69. 葛兆光，古代中國文化講義〔M〕，北京：人民文學出版社，2020。

70. 葛兆光，宅茲中國──重建有關「中國」的歷史論述〔M〕，北京：中華書局，2020。

71. 葛兆光，中國思想史第二卷：七世紀至十九世紀中國的知識、思想與信仰〔M〕，上海：復旦大學出版社，2011。

72. 葛蘭言，中國文明〔M〕，楊英譯，北京：中國人民大學出版社，2012。

73. 貢華南，味覺思想〔M〕，北京：生活·讀書·新知·三聯書店，2020。

74. 貢華南，味與味道〔M〕，桂林：廣西師範大學出版社，2015。

75. 顧起元，客座贅語〔M〕，孔一校點，上海：上海古籍出版社，2012。

76. 顧憲成，涇臬藏稿〔M〕//景印文淵閣四庫全書（第一二九二冊），臺北：臺灣商務印書館，1986，第1～252頁。

77. 顧炎武，天下郡國利病書〔M〕，黃坤、顧宏義校點，//《顧炎武全集》

（第十二冊至第十七冊），上海：上海古籍出版社，2011。

78. 顧炎武，日知錄〔M〕，嚴文儒、戴揚本校點 //《顧炎武全集》（第十八冊至第十九冊），上海：上海古籍出版社，2011。

79. 龔鵬程，儒學新思〔M〕，北京：北京大學出版社，2009。

80. 龔鵬程，晚明思潮〔M〕，北京：商務印書館，2005。

81. 谷應泰，明史紀事本末〔M〕，河北師範學院歷史系點校，北京：中華書局，2015。

82. 谷應泰，博物要覽〔M〕，北京：商務印書館，1960。

83. 歸莊，歸莊集〔M〕，上海：上海古籍出版社，2010。

84. 韓愈，韓昌黎文集校注〔M〕，馬其昶校注，上海：上海古籍出版社，2018。

85. 哈佛燕京學社、三聯書店主編，儒家與自由主義〔M〕，北京：生活·讀書·新知·三聯書店，2001。

86. 漢寶德，中國建築文化講座〔M〕，北京：生活·讀書·新知三聯書店，2020。

87. 漢寶德，物象與心境：中國的園林〔M〕，北京：生活·讀書·新知三聯書店，2014。

88. 洪應明，菜根譚〔M〕，楊春俏評注，北京：中華書局，2017。

89. 何良俊，四友齋叢說〔M〕，北京：中華書局，1959。

90. 何心隱，何心隱集〔M〕，容肇祖整理，北京：中華書局，1960。

91. 何俊，西學與晚明思想的裂變〔M〕，上海：上海人民出版社，2013。

92. 黃景昉，自敍宦夢錄卷〔M〕 // 羅振玉輯，羅氏雪堂藏書遺珍（九），北京：全國圖書館文獻縮微複製中心，2001。

93. 黃俊傑，東亞儒學仁學史論〔M〕，臺北：臺大出版中心，2017。

94. 黃俊傑，儒家思想與中國歷史思維〔M〕，上海：華東師範大學出版社，2016。

95. 黃俊傑，東亞儒學：經典與詮釋的辯證〔M〕，上海：華東師範大學出版社，2012。

96. 黃宗羲，黃宗羲全集〔M〕，吳光編，杭州：浙江古籍出版社，2012。

97. 黃宗羲，明儒學案〔M〕，沈芝盈點校，北京：中華書局，2008。

98. 胡學春，真：泰州學派美學範疇〔M〕，北京：社會科學文獻出版社，2009。

99. 李光地，榕村全集〔M〕 // 榕村全書（第八、九冊），陳祖武點校，福州：

福建人民出版社，2013。

100. 李惠儀，明清文學中的女子與國難〔M〕，許明德譯，臺北：臺大出版中心，2022。

101. 李玉芝，明代中晚期的休閒美學思想〔M〕，北京：中國社會科學出版社，2021。

102. 弗朗索瓦·于連，聖人無意：或哲學的他者〔M〕，閆素偉譯，北京：商務印書館，2019。

103. 朱利安，山水之間：生活與理性的未思〔M〕，卓立譯，上海：華東師範大學出版社，2017。

104. 朱利安，功效：在中國與西方思維之間〔M〕，林誌明譯，北京：北京大學出版社，2013。

105. 朱利安，論「時間」：生活哲學的要素〔M〕，張君懿譯，北京：北京大學出版社，2012。

106. 呂坤，呂坤全集〔M〕，王秀梅、王國軒整理，北京：中華書局，2008。

107. 孟森，明史講義〔M〕，鄭州：中州古籍出版社，2019。

108. 聶豹，聶豹集〔M〕，吳可為編校，南京：鳳凰出版社，2007。

109. 計成，園冶注釋〔M〕，陳植注釋，北京：中國建築工業出版社，1988。

110. 金學智，中國園林美學〔M〕，北京：中國建築工業出版社，2006。

111. 李春青，中國詩學：從古典到現代〔M〕，合肥：黃山書社，2019。

112. 李春青，在文本與歷史之間：中國古代詩學意義生成模式探微〔M〕，北京：人民出版社，2019。

113. 李健，比興思維研究：對中國古代一種藝術思維方式的美學考察〔M〕，北京：商務印書館，2019。

114. 李健，魏晉南北朝的感物美學〔M〕，北京：中國社會科學出版社，2007。

115. 李世葵，《園冶》園林美學研究〔M〕，北京：人民出版社，2010。

116. 李澤厚，倫理學新說〔M〕，北京：人民文學出版社，2021。

117. 李澤厚，中國古代思想史論〔M〕，北京：生活·讀書·新知三聯書店，2017。

118. 李澤厚，美的歷程〔M〕，北京：生活·讀書·新知三聯書店，2014。

119. 羅宗強，明代後期士人心態〔M〕，北京：中華書局，2019。

120. 李贄，焚書〔M〕//張建業主編，李贄全集注（第一、二冊），張建業、

張岱注，北京：社會科學文獻出版社，2010。

121. 李鑄晉編，中國畫家與贊助人——中國繪畫中的社會及經濟因素〔M〕，石莉譯，天津：天津人民美術出版社，2013。

122. 李學勤編，十三經注疏·尚書正義〔M〕，北京：北京大學出版社，1999。

123. 李漁，閒情偶寄〔M〕// 李漁全集（第三冊），單錦珩點校，杭州：浙江古籍出版社，2014。

124. 劉成紀，自然美的哲學基礎〔M〕，北京：中國社會科學出版社，2020。

125. 劉成紀，漢代身體美學考論〔M〕，北京：中國社會科學出版社，2020。

126. 劉思宇，重回天人之際：反思新時期古代文論研究方式的轉換〔M〕，北京：北京師範大學出版社，2019。

127. 柳宗元，柳宗元集〔M〕，衛紹生注譯，鄭州：中州古籍出版社，2013。

128. 陸九淵，陸象山全集〔M〕，明王宗沐編，臺北：世界書局，2010。

129. 陸容，菽園雜記〔M〕，北京：中華書局，1985。

130. 陸紹珩等，醉古堂劍掃：外三種〔M〕，長沙：嶽麓書社，2002。

131. 劉侗、於弈正，帝京景物略〔M〕，孫小力校注，上海：上海古籍出版社，2001。

132. 劉小楓，儒教與民族國家〔M〕，北京：華夏出版社，2015。

133. 劉宗周，劉宗周全集〔M〕，吳光主編，杭州：浙江古籍出版社，2007。

134. 羅汝芳，羅汝芳集〔M〕，方祖猷、梁一群等編校，南京：鳳凰出版社，2007。

135. 毛文芳，董其昌之逸品觀〔M〕，新北：花木蘭文化出版社，2011。

136. 毛文芳，物·性別·觀看——明末清初文化書寫新探〔M〕，臺北：臺灣學生書局，2001。

137. 毛文芳，晚明閒賞美學〔M〕，臺北：臺灣學生書局，2000。

138. 牟宗三，中國哲學十九講〔M〕，上海：上海古籍出版社，2005。

139. 祁彪佳，祁彪佳集〔M〕，中華書局上海編輯所編輯，北京：中華書局，1960。

140. 歐陽修，歐陽修集編年箋注（全八冊）〔M〕，李之亮箋注，成都：巴蜀書社，2007。

141. 潘黎勇，中國美育思想通史：明代卷〔M〕，濟南：山東人民出版社，2017。

142. 潘立勇、陸慶祥等，中國美學通史：宋金元卷〔M〕，南京：江蘇人民出

版社，2014。

143. 彭聖芳，微言：晚明設計批評的文人話語〔M〕，上海：上海人民出版社，2014。

144. 祁志祥，中國美學全史第四卷：明清現代美學〔M〕，上海：上海人民出版社，2018。

145. 錢伯城、魏同賢等編，全明文（第一冊）〔M〕，上海：上海古籍出版社，1992。

146. 錢穆，理學與藝術〔M〕// 中國學術思想史論叢（六），北京：生活‧讀書‧新知三聯書店，2019。

147. 錢穆，晚學盲言〔M〕，桂林：廣西師範大學出版社，2004。

148. 錢謙益，錢牧齋全集〔M〕，錢曾箋注，錢仲聯標注，上海：上海古籍出版社，2003。

149. 錢泳，履園叢話〔M〕，張偉校點，北京：中華書局，1979。

150. 喬迅，魅感的表面：明清的玩好之物〔M〕，劉芝華、方慧譯，北京：中央編譯出版社，2017。

151. 嵇文甫，晚明思想史論〔M〕，北京：東方出版社，1996。

152. 阮籍，阮籍集校注〔M〕，陳伯君校注，北京：中華書局，2014。

153. 雅克‧洪席耶，感性配享：美學與政治〔M〕，楊成瀚、關秀惠譯，臺北：商周出版社，2021。

154. 朗西埃，歧義：政治與哲學〔M〕，劉紀蕙、林淑芬等譯，西安：西北大學出版社，2015。

155. 蘇輿，春秋繁露義證〔M〕，鍾哲點校，北京：中華書局，2015。

156. 蘇舜欽，蘇舜欽集編年校注〔M〕，傅平驤、胡問濤校注，成都：巴蜀書社，1990。

157. 蘇轍，龍川略志、龍川別志〔M〕，俞宗憲點校，北京：中華書局，1982。

158. 沈鯉，亦玉堂稿〔M〕// 景印文淵閣四庫全書（第一二八八冊），臺北：臺灣商務印書館，1986，第 209～360 頁。

159. 理查德‧舒斯特曼，通過身體來思考：身體美學文集〔M〕，張寶貴譯，北京：北京大學出版社，2020。

160. 理查德‧舒斯特曼，身體意識與身體美學〔M〕，程相占譯，北京：商務印書館，2011。

161. 理查德・舒斯特曼，生活即審美：審美經驗和生活藝術〔M〕，彭鋒等譯，北京大學出版社，2007。

162. 孫希旦，禮記集解〔M〕，沈嘯寰、王星賢點校，北京：中華書局，2020。

163. 商傳，明代文化史〔M〕，合肥：安徽文藝出版社，2019。

164. 沈德符，萬曆野獲編〔M〕，北京：中華書局，1959。

165. 宋巍、董惠芳，中國審美意識通史：宋元卷〔M〕，北京：人民出版社，2017。

166. 蘇費翔、田浩，文化權力與政治文化〔M〕，肖永明譯，北京：中華書局，2018。

167. 本傑明・史華慈，思想史的跨度與張力——中國思想史論集〔M〕，王中江編，鄭州：中州古籍出版社，2009。

168. 譚玉龍，世紀以來出土簡帛文獻美學思想研究〔M〕，北京：新華出版社，2023。

169. 譚玉龍，明代美學之雅俗精神研究〔M〕，北京：中國社會科學出版社，2019。

170. 唐順之，唐順之集〔M〕，馬美信、黃毅點校，杭州：浙江古籍出版社，2014。

171. 童強編，藝術理論基本文獻：中國古代卷〔M〕，北京：生活・讀書・新知三聯書店，2014。

172. 屠隆，考槃餘事〔M〕，北京：金城出版社，2012。

173. 汪暉，現代中國思想的興起（全四冊）〔M〕，北京：生活・讀書・新知三聯書店，2008。

174. 汪民安、陳永國編，後身體：文化、權力和生命政治學〔M〕，長春：吉林人民出版社，2011。

175. 汪學群，明代遺民思想研究〔M〕，北京：中國社會科學出版社，2012。

176. 王守仁，王陽明全集〔M〕，吳光、錢明等編校，杭州：浙江古籍出版社，2010。

177. 王守仁，陽明先生集要〔M〕，施邦曜輯評，北京：中華書局，2008。

178. 王汎森，晚明清初思想十論〔M〕，北京：北京師範大學出版社，2020。

179. 王夫之，船山全書（共十六冊）〔M〕，船山全書編輯委員會編校，長沙：嶽麓書社，1996。

180. 王艮，王心齋全集〔M〕，陳祝生等校點，南京：江蘇教育出版社，2001。

181. 王畿，王畿集〔M〕，吳震編校，南京：鳳凰出版社，2007。

182. 王世襄，髹飾錄解說：中國傳統漆工藝研究〔M〕，北京：文物出版社，1998。

183. 王煒編校，《清實錄》科舉史料彙編〔M〕，王煒編校，武漢：武漢大學出版社，2015。

184. 王先謙，荀子集解〔M〕，沈嘯寰、王星賢點校，北京：中華書局，1988。

185. 萬斯同，萬斯同全集〔M〕，寧波：寧波出版社，2013。

186. 文震亨，長物志〔M〕// 景印文淵閣四庫全書（第八七二冊），臺北：臺灣商務印書館，1986，第 31～89 頁。

187. 文震亨，長物志校注〔M〕，陳植校注，南京：江蘇科學技術出版社，1984。

188. 巫仁恕，品味奢華：晚明的消費社會與士大夫〔M〕，北京：中華書局，2008。

189. 吳承學，晚明小品研究〔M〕，北京：北京大學出版社，2017。

190. 吳震編，宋明理學新視野〔M〕，北京：商務印書館，2021。

191. 吳震，朱子思想再讀〔M〕，北京：生活・讀書・新知三聯書店，2018。

192. 吳震，泰州學派研究〔M〕，北京：中國人民大學出版社，2009。

193. 吳功正，宋代美學史〔M〕，南京：江蘇教育出版社，2009。

194. 吳洋洋，宋代士民的「花生活」〔M〕，北京：中國社會科學出版社，2019。

195. 許蘇民、申屠爐明編，明清思想文化變遷〔M〕，南京：南京大學出版社，2009。

196. 許慎，說文解字注〔M〕，段玉裁注，上海：上海古籍出版社，2003。

197. 姚文放，泰州學派美學思想史〔M〕，北京：社會科學文獻出版社，2008。

198. 姚偉軍、李國祥等編，明實錄類纂：經濟史料卷〔M〕，武漢：武漢出版社，1993。

199. 夏燮，明通鑒（全六冊）〔M〕，北京：中華書局，2009。

200. 肖鷹，中國美學通史（明代卷）〔M〕，江蘇人民出版社，2021。

201. 夏咸淳，中國園林美學思想史：明代卷〔M〕，上海：同濟大學出版社，2015。

202. 夏咸淳，明代山水審美〔M〕，北京：人民出版社，2009。

203. 謝華，文震亨造物思想研究——以《長物志》造園為例〔M〕，武漢：武

漢大學出版社，2016。

204. 謝肇淛，五雜組〔M〕，韓梅、韓錫鐸校點，北京：中華書局，2021。

205. 宣朝慶，泰州學派的精神世界與鄉村建設〔M〕，北京：中華書局，2010。

206. 楊乃喬，東西方比較詩學——悖論與整合〔M〕，北京：文化藝術出版社，2006。

207. 楊國榮，道論〔M〕，上海：華東師範大學出版社，2022。

208. 楊國榮，人與世界：以「事」觀之〔M〕，北京：生活‧讀書‧新知三聯書店，2021。

209. 楊國榮，心學之思：王陽明哲學的闡釋〔M〕，上海：華東師範大學，2022。

210. 楊國榮，善的歷程：儒家價值體系研究〔M〕，北京：中國人民大學出版社，2009。

211. 楊儒賓，儒家身體觀〔M〕，上海：上海古籍出版社，2019。

212. 楊儒賓，異議的意義：近世東亞的反理學思潮〔M〕，臺北：臺大出版中心，2012。

213. 楊儒賓、馬淵昌也、艾皓德編，東亞的靜坐傳統〔M〕，臺北：臺大出版中心，2012。

214. 楊儒賓編，中國古代思想中的氣論及身體觀〔M〕，臺北：巨流圖書公司，2009。

215. 葉朗，葉朗美學講演錄〔M〕，北京：北京大學出版社，2021。

216. 葉朗，觀‧物：哲學與藝術中的視覺問題〔M〕，北京：北京大學出版社，2019。

217. 葉朗，中國美學史大綱〔M〕，上海：上海人民出版社，2014。

218. 葉朗，美在意象〔M〕，北京：北京大學出版社，2010。

219. 于慎行，穀山筆塵〔M〕，呂景琳點校，北京：中華書局，1997。

220. 余英時，現代儒學的回顧與展望〔M〕，北京：生活‧讀書‧新知三聯書店，2012。

221. 余英時，朱熹的歷史世界：宋代士大夫政治文化的研究〔M〕，北京：生活‧讀書‧新知三聯書店，2004。

222. 余英時，中國知識分子論〔M〕，鄭州：河南人民出版社，1997。

223. 袁宏道，袁宏道集箋校（全四冊）〔M〕，錢伯城箋校，上海：上海古籍出版社，2018。

224. 袁燮：是亦園記〔M〕，秀野園記〔M〕// 全宋文（第二八一冊），曾棗莊，劉琳主編，上海：上海辭書出版社，合肥：安徽教育出版社，2006，第 241～243 頁。

225. 曾繁仁，曾繁仁學術文集（十）‧生生美學〔M〕，北京：人民出版社，2021。

226. 趙希鵠，洞天清祿集〔M〕，北京：中華書局，1985。

227. 張履祥，楊園先生全集〔M〕，陳祖武點校，北京：中華書局，2002。

228. 張廷玉等，明史：清乾隆武英殿原刊本（七卷本）〔M〕，王雲五編，臺北：臺灣商務印書館，2010。

229. 張世英，哲學導論〔M〕// 張世英文集（六），北京：北京大學出版社，2016。

230. 張顯清編，明代社會研究〔M〕，北京：中國社會科學出版社，2015。

231. 張顯清編，明代後期社會轉型研究〔M〕，北京：中國社會科學出版社，2008。

232. 張獻忠，從精英文化到大眾傳播：明代商業出版研究〔M〕，桂林：廣西師範大學出版社，2015。

233. 張薇，《園冶》文化論〔M〕，北京：人民出版社，2006。

234. 張載，張載集〔M〕，章錫琛點校，北京：中華書局，1985。

235. 張岱，陶庵夢憶〔M〕，北京：中華書局，2020。

236. 張岱，琅嬛文集〔M〕，沈復燦鈔本，路偉、馬濤點校，杭州：浙江古籍出版社，2016。

237. 張翰，松窗夢語〔M〕，蕭國亮點校，上海：上海古籍出版社，1986。

238. 趙翼，廿二史箚記校正〔M〕，王樹民校正，北京：中華書局，2013。

239. 趙園，家人父子：由人倫探訪明清之際士大夫的生活世界〔M〕，北京：北京大學出版社，2015。

240. 趙園，明清之際的思想與言說〔M〕，上海：復旦大學出版社，2010。

241. 趙園，制度‧言論‧心態：《明清之際士大夫研究》續編〔M〕，北京：北京大學出版社，2006。

242. 趙強，「物」的崛起：前現代晚期中國審美風尚的變遷〔M〕，北京：商務印書館，2016。

243. 趙明誠，金石錄校證〔M〕，金文明校證，北京：中華書局，2019。

244. 周振甫，周易譯注，北京：中華書局，2013。

245. 周敦頤，通書：朱熹解附〔M〕，北京：中華書局，2009。

246. 竺洪波，西遊記辨〔M〕，上海：上海三聯出版社，2021。

247. 竺洪波，西遊釋考錄〔M〕，上海：上海文藝出版社，2016。

248. 竺洪波，英雄譜與英雄母題〔M〕，上海：上海古籍出版社，2013。

249. 朱忠元等，中國審美意識通史：明代卷〔M〕，北京：人民出版社，2017。

250. 朱良志，中國美學通史（清代卷）〔M〕，南京：江蘇人民出版社，2014。

251. 朱良志，中國藝術的生命精神〔M〕，合肥：安徽教育出版社，2006。

252. 朱良志，扁舟一葉——理學與中國畫學研究〔M〕，合肥：安徽教育出版社，2006。

253. 朱國華等，西方前沿文論闡釋與批判〔M〕，北京：科學出版社，2023。

254. 朱國華，權力的文化邏輯：布迪厄的社會學詩學〔M〕，上海：上海書店，2017。

255. 朱國華，文學與權力：文學合法性的批判性考察〔M〕，北京：北京大學出版社，2014。

256. 朱國華，烏合的思想〔M〕，上海：上海文藝出版社，2012。

257. 朱國禎，湧幢小品〔M〕，王根林校點，上海：上海古籍出版社，2012。

258. 朱海坤，郭象適性美學研究〔M〕，北京：中國社會科學出版社，2023。

259. 朱熹，四書章句集注〔M〕，北京：中華書局，2016。

260. 朱熹，朱子全書（全二十七冊）〔M〕，朱傑人、嚴佐之、劉永翔編，上海：上海古籍出版社，合肥：安徽教育出版社，2010。

261. 朱曦林，繪扆宸夢：黃景昉與晚明政局〔M〕，北京：中國社會科學出版社，2022。

262. 朱志榮，中國古代美學思想研究方法論〔M〕，合肥：安徽教育出版社，2022。

263. 朱志榮，中國審美理論〔M〕，上海：人民出版社，2013。

264. 朱志榮，中國藝術哲學〔M〕，上海：華東師範大學出版社，2012。

265. 左東嶺，王學與中晚明士人心態〔M〕，北京：商務印書館，2014。

266. 左東嶺，明代心學與詩學〔M〕，北京：學苑出版社，2002。

（二）中文論文

1. 陳大康，通俗短篇小說的興起、衰落與復興〔J〕，華東師範大學學報（哲學社會科學版），2018（2）：106～118。

2. 陳寶良，明代官員的收入與生活水平〔J〕，人民論壇，2022（13）：126～128。

3. 陳寶良，明代的名士及其風度〔J〕，安徽史學，2018（1）：5～17。

4. 陳寶良，說「妖」：明代中晚期社會與文化的異動及其妖魔化〔J〕，安徽史學，2015（1）：12～25。

5. 陳才訓，儒學平民化思潮與明代通俗小說〔J〕，天津社會科學，2016（2）：132～136。

6. 陳立勝，「大抵心安即是家」：陽明心學一系「家」哲學及其現代影響〔J〕，開放時代，2022（6）：107～123。

7. 陳立勝，「以心求心」「自身意識」與「反身的逆覺體證」——對宋明理學通向「真己」之路的哲學反思〔J〕，哲學研究，2019（1）：73～84。

8. 陳立勝，王陽明「致良知」工夫論中的「依循」向度〔J〕，杭州師範大學學報（社會科學版），2018（6）：11～18。

9. 陳立勝，王陽明思想中的「獨知」概念——兼論王陽明與朱子工夫論之異同〔J〕，中山大學學報（社會科學版），2016（5）：79～92。

10. 陳立勝，靜坐在儒家修身學中的意義〔J〕，廣西大學學報（哲學社會科學版），2014（4）：1～12。

11. 陳文新，明代文學與明代的政治、經濟、文化生態〔J〕，文藝研究，2013（10）：44～53。

12. 陳贇，天經・地義・人情：具體普遍性的結構〔J〕，中山大學學報（社會科學版），2023（3）：110～125。

13. 陳贇，歷史意義的焦慮：「普遍歷史」的回應及其病理〔J〕，學術月刊，2022（1）：34～45。

14. 陳贇，治教分離視域下人性善惡問題之勘定〔J〕，社會科學戰線，2021（4）：49～55。

15. 陳贇，「家天下」還是「天下一家」——重審儒家秩序理想〔J〕，探索與爭鳴，2021（3）：104～114。

16. 陳贇，「三代王制」與中國思想的開端問題〔J〕，船山學刊，2018（2）：7～13。

17. 陳贇，「繼所自出」：「宗統」與「君統」之間的連接〔J〕，學術月刊，2017（9）：41～52。

18. 陳贇，朱熹與中國思想的道統論問題〔J〕，齊魯學刊，2012（2）：5～13。

19. 格羅斯伯格，使文化具有重要性，使文化具有政治性〔J〕，李輝譯，熱風學術（第十輯），郭春林編，上海：上海人民出版社，2016：3～27。

20. 黨聖元，儒家文學價值觀的創建〔J〕，甘肅社會科學，2022（2）：55～66。

21. 黨聖元、湯敬一，論清初「正統」論建構及其影響〔J〕，中國社會科學院研究生院學報，2019（3）：99～107。

22. 戴登雲，繞道中國而思的可能——評弗朗索瓦·朱利安《間距與之間：論中國與歐洲之間的哲學策略》〔J〕，中國圖書評論，2023（8）：83～101。

23. 戴登雲，文心：傳統文學的本源探求及現代闡釋〔J〕，中國文學批評，2020（1）：38～44。

24. 范明華，中國古代哲學宇宙觀的美學向度〔J〕，中南民族大學學報（人文社會科學版），2017（5）：122～128。

25. 貢華南，從知形、知聲到知味——中國古典認識論演變脈絡及當代價值〔J〕，江蘇社會科學，2021（2）：110～118。

26. 貢華南，從見、聞到味：中國思想史演變的感覺邏輯〔J〕，四川大學學報（哲學社會科學版），2018（6）：78～83。

27. 貢華南，說「玩」——從儒家的視角看〔J〕，哲學動態，2018（6）：38～43。

28. 貢華南，味覺思想與中國味道〔J〕，河北學刊，2017（6）：34～39。

29. 貢華南，從解義到解味——兼論宋儒的思想方法〔J〕，文史哲，2017（5）：152～164。

30. 貢華南，從「形與體之辯」到「體與理之辯」——中國古典哲學思想範式之嬗變歷程〔J〕，中國社會科學，2017（4）：129～149。

31. 貢華南，中國早期思想史中的感官與認知〔J〕，中國社會科學，2016（3）：42～61。

32. 貢華南，中國思想世界中身體觀之演進脈絡〔J〕，深圳大學學報（人文社科版），2015（1）：12～17。

33. 貢華南，理、天理與理會：論「理」在中國古代思想世界的演進〔J〕，復旦學報（社會科學版），2014（6）：11～16。

34. 何乏筆，身體與山水：探索「自然」的當代性〔J〕，西北大學學報（哲學社會科學版），2012（11）：5～10。

35. 何乏筆，修身・個人・身體──對楊儒賓《儒家身體觀》之反省〔J〕，中國文哲研究通訊，2000（3）：293～308。

36. 梁海、陳政，物慾的批判與超越──生活美學視域下的宋代士人鑒藏審美觀念與實踐〔J〕，江海學刊，2017（1）：215～222。

37. 賈乾初，平民儒者的政治態度和政治功能──以韓貞為典型個案〔J〕，政治學研究，2014（4）：102～113。

38. 賈乾初，愚夫愚婦：平民儒學語境中的「人」──基於政治文化立場的考察〔J〕，文史哲，2013（2）：88～98。

39. 李春青，論「士人公共空間」及「子學闡釋」之特徵〔J〕，江海學刊，2023（1）：62～70。

40. 李佳，君主政治的演進與權力關係格局──關於晚明政治史研究的範式、問題與線索的思考〔J〕，求是學刊，2018（3）：145～153。

41. 李佳，論明代君臣衝突中士大夫的政治價值觀〔J〕，西南大學學報：社會科學版，2013（1）：140～145。

42. 李健，詹文偉，天文、人文與文章：先秦兩漢之「文」的美學意蘊〔J〕，學習與探索，2023（2）：165～171。

43. 李健，「氣韻」美學意義的構成及其當代價值〔J〕，中國文學批評，2021（1）：85～95。

44. 李旭然，周敦頤「立人極」思想的三個面向〔J〕，現代哲學，2018（2）：141～147。

45. 何曉靜，南宋江南園林的意象與表達〔J〕，學術界，2018（7）：164～172。

46. 賴銳，身體美學與實踐美學的對話〔J〕，南昌大學學報（人文社會科學版），2022（1）：115～124。

47. 林麗月，衣裳與風教──晚明的服飾風尚與「服妖」議論〔J〕，新史學，1999（3）：111～157。

48. 劉千美，日常與閒適：小品散文書寫的美學意涵〔J〕，哲學與文化，2010（9）：119～134。

49. 羅成，作為方法的「歷史─人心」──重構當代中國文化批評〔J〕，探索與爭鳴，2023（2）：143～153。

50. 羅成，「錯畫」的秩序──《文心雕龍・原道》的「自然─歷史」闡釋及文明論意義〔J〕，文藝爭鳴，2020（6）：110～116。

51. 羅成,「記憶」的文明史理解及詩意認知潛能〔J〕,文藝爭鳴,2018(10): 121～128。

52. 羅成,隱匿的社會想像:論審美的現代性與公共性〔J〕,文化與詩學,2011 (2):325～335。

53. 劉成紀,中國美學史研究:限界、可能與目標〔J〕,南京大學學報,2022 (4):114～130。

54. 劉成紀,禮樂美學與傳統中國〔J〕,學術月刊,2021(6):171～182。

55. 馬凌,雅人深致:《長物志》的政治與美學〔J〕,書城,2011(4):23～ 30。

56. 毛文芳,閒賞——晚明美學之風格意涵析論〔J〕,中正大學中文學術年 刊,1999(1):23～50。

57. 牛建強,明代中後期士風異動與士人社會責任的缺失〔J〕,史學月刊, 2008(8):90～101。

58. 潘黎勇,天道與人情:先秦儒家禮樂美學形而上之維釋證——以《禮記》 為中心〔J〕,西北大學學報(哲學社會科學版),2023(3):116～128。

59. 潘黎勇,論蔡元培美學的「萬物一體」精神〔J〕,首都師範大學學報(社 會科學版),2019(3):90～99。

60. 潘立勇,宋明理學休閒審美哲學的內在張力〔J〕,文藝研究,2022(4): 33～43。

61. 潘立勇,陽明心學的當代意義——我們向陽明學什麼〔J〕,社會科學輯 刊,2019(2):17～26。

62. 龐曉菲、王金鑫,晚明文人畫的審美轉向——從董其昌以「淡」為宗的繪 畫美學思想說起〔J〕,山東工藝美術學院學報,2018(1):116～120。

63. 彭國翔,陽明學的政治取向、困境和分析〔J〕,深圳社會科學,2019(3): 22～31。

64. 彭聖芳,身體經驗:晚明文人造物理論的一個面向〔J〕,藝術設計研究, 2014(4):90～93。

65. 彭爽,從張岱的暮夜書寫看晚明的身份認同〔J〕,古代文學理論研究, 2020(2):494～514。

66. 孫寶山,論王陽明與陸象山的學術承繼關係〔J〕,中國哲學史,2010(1): 61～67。

67. 孫傑，民生、國計與求道之方——明代「本業」觀的多重內涵〔J〕，中國經濟史研究，2016（3）：41～51。

68. 湯元宋，「北溪之怒」：嘉定年間的朱陸後學道統之爭〔J〕，北京大學學報（哲學社會科學版），2023（4）：36～46。

69. 譚玉龍，走向自由樂感境界的「聖人」：陽明心學的審美之維〔J〕，魯東大學學報（哲學社會科學版），2023（2）：8～13。

70. 田婧媛，靜心·格己·古雅：《溪山琴況》中的樂境創構觀——兼論與明代江南審美文化的關係〔J〕，南京藝術學院學報（音樂與表演），2021（4）：125～129。

71. 田婧媛，明代「意象」範疇的演進脈絡〔J〕，美育學刊，2021（3）：94～100。

72. 田軍，論晚明文人的日常生活審美實踐——以《長物志》為例〔J〕，福州大學學報（哲學社會科學版），2017（5）：70～75。

73. 田軍，《長物志》的生活美學研究〔博士學位論文〕，上海：華東師範大學，2014。

74. 田軍，論晚明書籍中圖像視覺再現的缺席——以《長物志》為例〔J〕，東南學術，2013（5）：213～218。

75. 土田健次郎，朱熹的帝王學〔J〕，復旦學報（社會科學版），2019（1）：23～30。

76. 史笑添，「大病則大佳」——論晚明士人的疾病體驗與性靈思想〔J〕，古代文學理論研究，2022（1）：438～456。

77. 妥建清，情理文化傳統與晚明浪漫主義〔J〕，學術研究，2019（11）：169～176。

78. 妥建清，間性審美風格與晚明文學現代性〔J〕，思想戰線，2019（1）：150～158。

79. 妥建清，生活即審美：晚明社會生活美學探蠡〔J〕，哲學動態，2018（8）：104～111。

80. 妥建清，論晚明士人的頹廢生活審美風格——以晚明士人任侈生活為中心〔J〕，人文雜誌，2013（5）：57～63。

81. 萬晴川，論明代通俗小說的政治書寫——以重大歷史事件題材小說為例〔J〕，文藝理論研究，2020（3）：95～106。

82. 王鴻泰，情竇初開——明清士人的異性情緣與情色意識的發展〔J〕，新史學，2015（3）：1～76。

83. 王鴻泰，明清感官世界的開發與欲望的商品化〔J〕，明代研究，2012（1）；105～143。

84. 王鴻泰，一百年來明清社會史研究的透視〔J〕，東吳歷史學報，2009（2）：73～130。

85. 王鴻泰，雅俗的辯證——明代賞玩文化的流行與士商關係的交錯〔J〕，新史學，2006（4）：73～143。

86. 王嘉軍，他異和間距：經由列維納斯和朱利安思考文化間性〔J〕，華東師範大學學報（哲學社會科學版），2020（5）：106～119。

87. 王坤、楊水遠，文明共同體視野與文論話語的學理建構〔J〕，暨南學報（哲學社會科學版），2018（2）：11～18。

88. 王論躍，「具體的形上學」之構建——楊國榮哲學思想初探〔J〕，社會科學，2013（3）：115～120。

89. 王論躍，當前法國儒學研究現狀〔J〕，湖南大學學報：社會科學版，2008（4）：25～32。

90. 王孟圖，從「陽明心學」到「王學左派」：「浪漫」的召喚、轉向和終結〔J〕，福建論壇·人文社會科學版，2019（1）：99～107。

91. 王確，中國美學轉型與生活美學新範式〔J〕，哲學動態，2013（1）：83～88。

92. 魏朝金，《長物志》：晚明士人清居美學思想研究〔J〕，中州大學學報，2013（5）：52～57。

93. 魏月萍，悟道之機——晚明儒者「屢空」、「屢中」的詮釋特色〔J〕，漢學研究，2017（2）：129～158。

94. 吳功正，明代賞玩及其文化、美學批判〔J〕，南京大學學報（哲學·人文科學·社會科學），2008（3）：114～122。

95. 吳孟謙：晚明「身心性命」觀念的流行：一個思想史觀點的探討〔J〕，清華學報，2014（2）：215～253。

96. 吳晗，明代的新仕宦階級，社會的政治的文化的關係及其生活〔J〕，明史研究論叢（第五輯），1991（2）：1～68。

97. 吳衍發，論晚明藝術觀念的美學精神〔J〕，學術界，2017（5）：199～209。

98. 吳洋洋，知識、審美與生活——宋代花卉譜錄新論〔J〕，中國美學研究（第九輯），2017（1）：69～78。

99. 吳娛玉，「間距」/「之間」的能量——兼論中國古典美學之於朱利安的啟示〔J〕，求是學刊，2019（22）：162～170。

100. 吳震，明清之際人性論述的思想轉變及其反思〔J〕，道德與文明，2022（2）：106～116。

101. 吳震，「名教罪人」抑或「啟蒙英雄」？——李贄思想的重新定位〔J〕，現代哲學，2020（3）：118～129。

102. 吳震，心學道統論——以「顏子沒而聖學亡」為中心〔J〕，浙江大學學報（人文社會科學版），2017（3）：59～71。

103. 蕭延中，中國傳統思維中的「身體政治症候學」〔J〕，華中師範大學學報（人文社會科學版），2006（3）：44～50。

104. 蕭延中，「身體」：中國政治思想建構的認知基礎〔J〕，中國人民大學學報，2005（6）：138～144。

105. 謝雲霞，清雅・文雅・淡雅——論晚明江南文人造園崇「雅」的三種審美範式〔J〕，文藝爭鳴，2016（9）：204～212。

106. 徐贛麗、張寒月，辨物居方：明代文人生活文化及其當代啟示〔J〕，華東師範大學學報（哲學社會科學版），2023（3）：96～105。

107. 余同元，明初「抑商」到「便商」政策下的商人與商業〔J〕，煙台師範學院學報（哲學社會科學版），2002（2）：40～43。

108. 閆月珍，器物比德與中國文學批評——以《文心雕龍》為中心的考察〔J〕，四川大學學報：哲學社會科學版，2022（3）：114～124。

109. 閆月珍，作為儀式的器物——以中國早期文學為中心〔J〕，中國社會科學，2017（7）：161～184。

110. 閆月珍，儒家的製作圖式及其與道家的分判——以中國早期哲學為中心〔J〕，中山大學學報（社會科學版），2020（2）：127～136。

111. 楊國榮，陽明心學的價值取向〔J〕，浙江社會科學，2023（2）：108～112。

112. 楊儒賓，喚醒物學——北宋理學的另一面〔J〕，漢學研究，2017（2）：57～94。

113. 楊儒賓，理學的仁說：一種新生命哲學的誕生〔J〕，臺灣東亞文明研究刊，2009（1）：29～63。

114. 姚才剛、李莉,「左派王學」倫理思想的特色及其影響〔J〕,價值論與倫理學研究,2017(2):209~221。

115. 於芝涵,朱熹「道統論」的注釋表達:以《孟子集注》中的道統構建為中心〔J〕,哲學與文化,2021(11):177~191。

116. 曾繁仁,雖由人作,宛自天開——山水寫意園林之美學理念及其當代價值〔J〕,文藝研究,2018(7):107~116。

117. 曾軍、林非凡,「化」作為方法:中西文論互鑒的方法論反思〔J〕,濟南大學學報(社會科學版),2022(3):32~41。

118. 曾軍,尚未完成的「替代理論」:論中西研究中的「漢學主義」〔J〕,中國比較文學,2019(2):2~17。

119. 戰雪雷,「文化資本」視域下的明代中後期文人畫——文化要素的資本化與藝術生產的商業化〔J〕,榮寶齋,2023(6):220~229。

120. 戰雪雷,雅的裁量權——論明代士大夫集團在文化商業化中對話語權的壟斷〔J〕,故宮博物院院刊,2015(4):97~109。

121. 張大為,「本天道為用」:文明儒學引論——以張載、王夫之為中心〔J〕,學術界,2021(5):125~136。

122. 張卉,《中庸》與朱熹「道統」論之構建〔J〕,哲學與文化,2018(12):131~143。

123. 張明富,抑商與通商:明太祖朱元璋的商業政策〔J〕,東北師大學報(哲學社會科學版),2001(1):27~32。

124. 張詩洋,論祁彪佳戲曲批評的突破與局限〔J〕,文藝理論研究,2021(2):158~166。

125. 張獻忠,明代儒生棄舉從醫現象略論〔J〕,江西社會科學,2022(1):167~175。

126. 張獻忠,晚明科舉與思想、時政之關係考察——以袁黃科舉經歷為中心〔J〕,中國史研究,2020(4):190~203。

127. 張獻忠,廟堂與天下:晚明社會輿論與朝廷政治〔J〕,山東社會科學,2018(9):86~89。

128. 張循,精英意識與趨俗意念——晚明王學社會性格的內在緊張〔J〕,天津社會科學,2017(4):156~162。

129. 展龍,從「一律」到「多元」:明代輿論生態的生成邏輯與歷史圖景〔J〕,

史學集刊，2023（3）：22～38。

130. 趙強，當「賞鑒家」遇到「好事者」——明清鑒賞趣味話語建構的歷史邏輯與美學動向〔J〕，文藝研究，2023（1）：35～48。

131. 趙強，「中國美學」的現代出場及蟬蛻軌跡——一個問題史的考察〔J〕，文藝理論研究，2019（4）：10～22。

132. 趙強，作為尺度的「物」：明清文人生活美學的內在邏輯〔J〕，江蘇行政學院學報，2018（4）：38～44。

133. 趙強、王確，「大禮議」與明代後期士人心態蛻變〔J〕，東北師大學報（哲學），2014（5）：13～19。

134. 趙強、王確，說「清福」：關於晚明士人生活美學的考察〔J〕，清華大學學報（哲學社會科學版），2014（4）：124～134。

135. 趙卿，中國山水畫論之「我為山川代言」命題的生態審美意蘊〔J〕，江蘇行政學院學報，2017（3）：31～37。

136. 趙軼峰，王朝、天下、政權、文明——中國古代國家形態問題的若干概念〔J〕，中國史研究動態，2022（5）：33～40。

137. 趙軼峰，明代嘉隆萬時期政治文化的嬗變〔J〕，社會科學輯刊，2012（4）：152～162。

138. 鄭治文、傅永聚，明代「生活儒學」從陽明學向泰州學的展開〔J〕，中國哲學史，2016（1）：77～80。

139. 朱國華，漸行漸遠？——論文學理論與文學實踐的離合〔J〕，浙江社會科學，2020（12）：138～144。

140. 朱國華，身體表徵的現代中國發明：以劉海粟「模特兒事件」為核心〔J〕，文藝爭鳴，2019（2）：34～43。

141. 朱國華，本土化文論體系何以可能〔J〕，浙江社會科學，2018（10）：124～127。

142. 朱國華，兩種審美現代性：以郁達夫與王爾德的兩個文學事件為例〔J〕，揚州大學學報（人文社會科學版），2017（5）：6～29。

143. 朱國華，漫長的革命：西學的中國化與中國學術原創的未來〔J〕，天津社會科學，2014（3）：100～107。

144. 朱海坤，比興與諷寓的相遇與耦合——從海外漢學到當代文論話語〔J〕，中國文學批評，2021（2）：60～69。

145. 朱建磊，晚明社會文化變遷與政治秩序的互動〔J〕，青海社會科學，2019（6）：226～231。

146. 朱良志，中國藝術中非時間的「古雅」觀〔J〕，北京大學學報（哲學社會科學版），2023（1）：55～68。

147. 朱良志，中國傳統藝術關於「瞬間性」的思考〔J〕，天津社會科學，2022（1）：110～119。

148. 朱良志，論中國傳統藝術哲學的「無名藝術觀」〔J〕，南京大學學報（哲學・人文科學・社會科學），2019（1）：133～146。

149. 竺洪波，《西遊記》心學思想源自邵雍辨〔J〕，文藝理論研究，2018（4）：39～47。

150. 朱志榮，追源溯流・融匯古今・會通適變──中國古代美學思想研究繼承與創新的方法和原則〔J〕，天津社會科學，2023（1）：43～49。

151. 朱志榮，意象創構中的觀物取象〔J〕，文學評論，2022（2）：41～49。

152. 朱志榮，論《周易》的意象觀〔J〕，學術月刊，2019（2）：124～130。

153. 朱志榮，論審美活動中的意象創構〔J〕，文藝理論研究，2016（2）：156～163。

154. 朱志榮，論中華美學的尚象精神〔J〕，文學評論，2016（3）：18～23。

155. 朱忠元，「自然」的審美訴求與「體道」境界〔J〕，中國美學研究（第三輯），北京：商務印書館，2014（1）：1～14。

二、外文文獻

（一）外文著作

1. Adorno T W. *Aesthetic Theory* [M]. Gretel Adorno and Rolf Tiedemann eds. Robert Hullot-Kentor trans. London and New York: Continuum, 2002.

2. Theodor W. Adorno. *The Culture Industry: Selected Essays on Mass Culture* [M]. London and New York: Routledge, 2001.

3. Stephen C. Angle and Michael Slote eds. *Virtue ethics and Confucianism* [M]. New York and London: Routledge, 2013.

4. Sébastien Billioud and Joël Thoraval. *Le Sage et le Peuple: Le Renouveau Confucéen en Chine* [M]. Paris: CNRS Édition, 2014.

5. Cynthia J. Brokaw and Kai-wing Chow eds. *Printing and Book Culture in Late*

Imperial China [M]. Berkeley Los Angeles and London: University of California Press, 2005.

6. Wonsuk Chang and Leah Kalmanson eds. *Confucianism in Context: Classic Philosophy and Contemporary Issues, East Asia and Beyond* [M]. New York: SUNY Press, 2010.

7. Shelley Hsueh-lun Chang. *History and Legend: Ideas and Images in the Ming Historical Novels* [M]. Ann Arbor: University of Michigan Press, 1990.

8. Craig Clunas. *Fruitful Sites: Garden Culture in Ming Dynasty China* [M]. Durham: Duck University Press, 1996.

9. Mark Csikszentmihalyi. *Material Virtue: Ethics and the Body in Early China* [M]. Leiden, Boston: Brill, 2004.

10. Stanislaus Fung. Longing and Belonging in Chinese Garden History [M] // Michel Conan ed. *Perspectives on Garden Histories. Washington*. D.C.: Dumbarton Oaks, 1999: 205~220.

11. Joachim Gentz and Dirk Meyer. *Literary Forms of Argument in Early China* [M]. Leiden and Boston: Brill, 2015.

12. Kwang-Kuo Hwang. The Deep Structure of Confucianism: A Social Psychological Approach [M] // Xinzhong Yao and Wei-ming Tu eds. *Confucian Studies: Reassessing Confucian Ideals (Volume IV)*. London and New York: Routledge, 2011: 173~205.

13. Xinyan Jiang eds. *The Examined Life: Chinese Perspectives: Essays on Chinese Ethical Traditions* [M]. Albany: SUNY Press, 2002.

14. John Makeham ed. *Dao Companion to Neo-Confucian Philosophy* [M]. Heidelberg, London and New York: Springer Science & Business Media, 2010.

15. Joseph P. McDermott. *A Social History of the Chinese Book: Books and Literati Culture in Late Imperial China* [M]. Hong Kong: Hong Kong University Press, 2006.

16. Siu-chi Huang. *Essentials of Neo-Confucianism: Eight Major Philosophers of the Song and Ming Periods* [M]. Westport, Connecticut and London: Creenwood Press, 1999.

17. J. P. Park. *Art by the Book: Painting Manuals and the Leisure Life in Late Ming*

China [M]. Seattle and London: University of Washington Press, 2012.

18. James F. Peterman. *Whose tradition? Which Dao?: Confucius and Wittgenstein on Moral Learning and Reflection* [M]. Albany: SUNY Press, 2015.

19. Jacques Rancière. *Disagreement: Politics and Philosophy* [M]. Julie Rose Trans. Minneapolis and London: University of Minnesota Press, 1999.

20. John Storey: *From Popular Culture to Everyday Life* [M]. London and New York: Routledge, 2014.

21. Sor-Hoon Tan eds. *The Bloomsbury Research Handbook of Chineses Philosophy Methodologies* [M]. London, Oxford and New York: Bloomsbury, 2018.

22. Frédéric Wang. *Wang Tingxiang (1474~1544) et le Néo-Confucianisme Mis en Question* [M]. Paris: Les Indes Savantes, 2023.

23. Thomas A. Wilson. Genealogy and History in Neo-Confucian Sectarian Uses of the Confucian Past [M] // Xinzhong Yao and Wei-ming Tu eds. *Confucian Studies: Reassessing Confucian Traditions (Volume I)*. London and New York: Routledge, 2011:143~169.

（二）外文論文

1. 卓夢德，理學前提面對美學問題：論周敦頤思想中的藝、德與道（英文）〔J〕，文藝理論研究，2013（2）：67～76。

2. Benjamin Elman. Collecting and Classifying: Ming Dynasty Compendia and Encyclopedias (Leishu) [J]. *Extrême-Orient Extrême-Occident*, 2007: 131~157.

3. Rivi Handler-Spitz. Provocative Texts: Li Zhi, Montaigne, and the Promotion of Critical Judgment in Early Modern Readers [J]. *Chinese Literature: Essays, Articles, Reviews (CLEAR)*, 2013(Dec.): 123~153.

4. Sungmoon Kim. Politics and Interest in Early Confucianism [J]. *Philosophy East and West*, 2014(2): 425~448.

5. Sungmoon Kim. Confucian Constitutionalism: Mencius and Xunzi on Virtue, Ritual, and Royal Transmission [J]. *The Review of Politics*, 2011(3): 371~399.

6. Li Wai-Yee. Gardens and Illusions from Late Ming to Early Qing [J]. *Harvard Journal of Asiatic Studies*, 2012(2): 295~336.

7. Wai-yee Li. The Collector, the Connoisseur, and Late-Ming Sensibility [J]. *T'oung Pao*, 1995(4/5): 269~302.

8. Tobie Meyer-Fong. The printed world: Books, publishing culture, and society in late imperial China [J]. *The Journal of Asian Studies*, 2007(3): 787~817.

9. Jing Xiao & Charlie Q. L. Xue. Architecture in Ji Cheng's The Craft of Gardens: a visual study of the role of representation in counteracting the influence of the pictorial idea in Chinese scholar gardens of the Ming period [J]. *Studies in the History of Gardens & Designed Landscapes*, 2015, 35(3): 218~234.

10. Julia K. Murray. Illustrations of the Life of Confucius: Their Evolution, Functions, and Significance in Late Ming China [J]. *Artibus Asiae*, 1997(1/2): 73~134.

11. Hajime Nakatani. Body, Sentiment, and Voice in Ming Self-Encomia (Zizan) [J]. *Chinese Literature: Essays, Articles, Reviews (CLEAR)*, 2010(Dec.): 73~94.

12. Yinghua Lu. The Inversion of Values and the Renunciation of Desire and Love: An Investigation through Max Scheler and Wang Yangming [J]. *Asian Philosophy*, 2020(4): 324~339.

13. Keith McMahon. Eroticism in Late Ming, Early Qing Fiction: The Beauteous Realm antidaixd the Sexual Battlefield [J]. *T'oung Pao*, 1987(4/5): 217~264.

14. Julia K. Murray. Illustrations of the Life of Confucius: Their Evolution, Functions, and Significance in Late Ming China [J]. *Artibus Asiae*, 1997(1/2): 73~134.

15. J. P. Park. The Art of Being Artistic: Painting Manuals of Late Ming China (1550~1644) and the Negotiation of Taste [J]. *Artibus Asiae*, 2011(1): 5~54.

16. Patricia Sieber. Seeing the World Through "Xianqing ouji" (1671): Visuality, Performance, and Narratives of Modernity [J]. *Modern Chinese Literature and Culture*, 2000(2): 1~43.

17. Joanna F. Handlin Smith. Gardens in Ch'i Piao-chia's Social World: Wealth and Values in Late-Ming Kiangnan [J]. *The Journal of Asian Studies*, 1992(1): 55~81.

18. WANG Frédéric. Faut-il servir le prince? Les points de vue de Mencius et de Zhuangzi [J]. *Diogène*, 2017(1): 53~66.

19. Tu Wei-ming, Bingyi Yu and Zhaolu Lu. Confucianism and Modernity,

Insights from an Interview with Tu Wei-ming [J]. *China Review International*, 2000(2): 377~387.

20. Hang Lin. Intersecting Boundaries: Manuscript, Printing, and Book Culture in Late Ming China [J]. *Oriens Extremus*, 2013, Vol. 52, pp. 263~304.

21. Mary Evelyn Tucker. Religious Dimensions of Confucianism: Cosmology and Cultivation [J]. *Philosophy East and West*, 1998(1): 5~45.

22. Peng Xu. Courtesan vs. Literatus: Gendered Soundscapes and Aesthetics in Late-Ming Singing Culture [J]. *T'oung Pao*, 2014(4~5): 404~459.

23. Jie Zhao. A Decade of Considerable Significance: Late-Ming Factionalism in the Making, 1583~1593 [J]. *T'oung Pao*, 2002(1): 112~150.

章節發表情況

1. 丁文俊，作為方法的「身體—空間」視域——從文化社會學視野進行中國美學研究的可能性〔J〕，美育學刊，2020（1）：86～94。

2. 丁文俊，「欲望化身體」的生成：晚明士人階層的審美轉向——以《長物志》居室藝術為例〔J〕，中國美學研究，2020（2）：66～76。

3. 丁文俊，欲望的生成邏輯：對《長物志》審美法則的考察〔J〕，漢語言文學研究，2020（2）：98～107。

4. 丁文俊，晚明士人群體的日常空間的生成及其特徵——聚焦美學的視角〔J〕，長安學術，2020（2）：183～198。

5. 丁文俊，審美和道統的共通與間距：論晚明審美思潮的政治潛能〔J〕，社會科學論壇，2021（5）：110～121。

6. 丁文俊，晚明士人群體日常空間的分化和審美建構——聚焦園林藝術的視角〔J〕，東莞理工學院學報，2021（6）：12～16。

後　記

　　這部書稿來源於我的博士學位論文，我於 2019 年 5 月 19 日通過博士論文答辯，在華東師範大學獲得文藝學專業的博士學位，其後在中山大學中文系從事博士後和專職科研崗的工作，期間研究的重心偏向於當代社會批判理論，同時我繼續對博士學位論文進行修改工作，尤其進一步擴大閱讀明代的史學文獻，盡可能將論述建立在豐富史料的基礎上，在 2023 年的暑假完成最後的修訂。

　　回顧我在華東師範大學的求學生涯，思緒彷彿回到 2011 年的 9～10 月，獲得保研資格後，我榮幸獲得華東師大中文系錄取，對於當時甚少遠行的我而言，對上海市和華東師大充滿了幻想和期待。從 2012 年 9 月入學至 2019 年 7 月博士畢業，我在華東師範大學中文系文藝學專業完成了碩士和博士階段的學習，七年的時光證明了當初選擇的正確，學校的圖書館和自修室一直充滿寧靜而積極的學習氛圍，上海市區的各大博物館不間斷地舉辦豐富多彩的藝術展覽活動，不僅有利於我潛心進行閱讀和寫作，而且為提供了接觸、體驗大都市多樣文化氛圍的機會。對於博士生來說，研究生生涯中印象最深刻的自然是學位論文的準備和撰寫，就我個人而言，總共 7 個月完成了博士學位論文的寫作，全程在相對緊迫的節奏中進行，圖書館、中文系自修室、夜晚的校園，組成了論文寫作過程中辛勞又充實的回憶。

　　最需要感謝我的導師朱國華教授，有幸在碩博階段在先生門下受教，在學業、生活等方面均得到朱老師全方位的關心和指導，甚為感激。朱老師在文學社會學方向的卓越研究，為我的博士論文從文化社會學的視野展開中國美學

研究提供了重要的方法論指導。在論文的構思、撰寫和修改的過程中，朱老師全程關注我的研究進度，一方面鼓勵我在研究中以開放的視野參考西方漢學的研究成果，另一方面又指引我重視《明史》作為文獻材料的權威性，並建議補充閱讀文人筆記材料，要將研究建基於詳盡的歷史文獻積累，博士論文的完成離不開朱老師的學術指引和精神激勵。我在博士畢業之後的四年裏，朱老師繼續關注我的學術進展和生活狀態，當他每次來廣州出差，無論行程多麼緊密，他都會專門抽出時間和我們這幾個在廣州工作的學生相聚。朱老師的關懷和愛護，學生銘記於心，期待日後在學術道路有所進步，以回報老師的培育之恩。

我在華東師大的學習歷程一直深得文藝學專業的諸位老師的指導和關懷，朱志榮教授一直對我的學業多加指引和鼓勵，我先後修讀朱老師開設的多門中國美學專題的課程，獲益良多。竺洪波教授對待學生熱情友善，他在《西遊記》主題的課程中推薦的晚明思想史著作，成為了我的博士論文的重要參考文獻。我曾經參加王峰教授組織的維特根斯坦主題的讀書會，在王老師的引領下精讀哲學文本並結合日常情境進行語言思辨。劉陽教授在預答辯時候對我的論文初稿存在的問題提出了針對性的修改意見，每次在校園相遇總能得到劉老師的鼓勵。湯擁華教授思維敏銳，不僅在預答辯時候對論文的修改提出了細緻的建議，而且還需要盡心盡力為我們安排答辯會的事宜。感謝復旦大學張寶貴教授、上海大學曾軍教授在預答辯、論文評閱和答辯的全過程對我的論文提出了詳盡、中肯的指導意見。

承蒙王論躍教授的邀請，我有機會前往法國國立東方語言文化學院訪學，王老師主講的中國思想史課程的研讀著作《中庸》《明儒學案》，成為我在博士論文中多次引用的文獻，他又根據我的選題推薦相應的海外漢學家和臺灣學者的研究著作，開拓了我的學術視野。在法期間，我得到徐德敏博士在學業和生活多方面的幫助。轉眼間回國已有 5 年，回想 21 個月的歐洲歷程是一段美好新奇的文化歷險。

師門的友誼是上海求學期間最溫馨的記憶，感謝諸位同門，匡驍、周鍵、呂峰、葛躍、王嘉軍、潘黎勇、何褘文、黃金城、張成華、劉芊玥、吳洋洋、陰志科、趙卿、張巧、章朋、王婷、呂東、馬驍遠、林雲柯、唐銘、馮源、聶世昌、吳芷淨、周逸群、樓逸秋、王寧寧，我們分享學術的困惑和生活的喜樂，感謝各位對我的關心和鼓勵。

　　博士畢業後，我有幸回到中山大學中文系先後從事博士後和專職科研崗的工作，回到了大學求學的起點。感謝我的博士後導師王坤教授，我在大學就讀的第一門專業課恰好是王老師講授的《文學概論》，正是在王老師的啟蒙下我選擇文藝學專業作為深造的方向。當我面臨各類課題申報的難題，王老師每次均細緻審閱我的申報書初稿，在題目的擬定和關鍵詞的選擇等方面給予諸多讓我豁然開朗的建議。回想起第一次步入王老師的課堂，至今已有 15 年，感謝王老師長期以來對我的學業和發展的引導。羅成副教授是我本科階段多門課程的授課教師以及畢業論文的指導老師，他不僅在學術富有建樹，而且他對於生活的激情和敏銳觀察力，對我多有啟發。

　　最後需要感謝父母對我的求學生涯毫無保留的支持，感謝妻子李林蔚的理解和認同，異地求學七年之後，我又可以回到家人時常相聚的溫馨歲月。

丁文俊

2023 年 10 月 16 日於廣州